나는 특파원이다

가지 않으면 전할 수 없는 곳을 탐(探)하다

뉴스통신진흥총서 14

전쟁터, 내란 격전지, 남극과 북극, 쓰나미 현장, 유엔본부...
연합뉴스 특파원들이 역사의 현장을 누비며 전하는 지구촌 생생 보고서

나는 특파원이다

가지 않으면 전할 수 없는 곳을 탐(探)하다

국가기간뉴스통신사
연합뉴스

역사의 현장을 누비며

뉴스의 홍수 시대입니다.

이럴 때일수록 뉴스 이용자들은 다양한 매체를 통해 시시각각 쏟아져 나오는 뉴스 가운데 올바르고 가치있는 뉴스를 더 찾게 됩니다.

국가기간뉴스통신사인 연합뉴스는 600명에 달하는 국내 최대 규모의 취재망을 기반으로 '바르고 빠른 뉴스'를 공급해 왔습니다. 그중 특파원 등 해외 취재 인력은 60명에 달해 국내 다른 언론사들을 압도하고 있습니다.

이러한 취재망이 24시간 365일 쉬지 않고 '뉴스 현장'에서 가동됩니다. 연합뉴스는 누군가가 만들어낸 뉴스를 재가공하거나 베끼지 않고 기자가 현장에서 직접 보고 들은 사실을 뉴스 소비자들에게 가장 먼저 취재해 전달하고자 노력하고 있습니다. 국내에서 가장 많은 '원천 기사'를 생산해 내는 언론사가 다름 아닌 연합뉴스이기 때문입니다.

규모 9.0의 강진과 쓰나미, 방사능 피해 위험까지 도사리고 있었던 동일본 대지진(2011년), 포탄이 날아다니던 이라크(2003년) · 아프가니

스탄(2001년~)과 리비아 내전(2011년), 그리고 최근 전투기까지 동원
돼 쿠데타가 시도됐던 터키 이스탄불(2016년) 등 곳곳의 현장에 연합뉴
스 기자는 어김없이 달려갔습니다.

현장 취재 원칙을 고집해 온 연합뉴스 기자들은 온갖 위험을 감수해야
했습니다. 미얀마 아웅산 테러(1983년) 때에는 사진기자가 폭탄 파편에
중상을 입었고, 이집트 시민혁명(2011년) 취재 중에는 흥분한 시위대에
의해 50여m 끌려가며 폭행을 당하기도 했습니다. 특히 한국 최초의 동
북3성 특파원으로서 북한 문제에 깊이 천착했던 조계창 기자는 2008년
중국 옌지(延吉)에서 취재 중 불의의 교통사고로 순직했습니다.

연합뉴스 기자는 세계사의 조류를 바꿔놓은 굵직굵직한 사건도 놓치
지 않았습니다. KAL기 피격 사건(1983년), 옛 소련·동구권의 붕괴
(1989~1991년), 독일 통일(1990년), 한·소 수교(1990년), 김대중·
김정일 정상회담(2000년) 등 역사의 현장을 빠짐없이 기록했습니다.

북극과 남극은 물론, 안나푸르나, 아프리카, 쿠바 등 일반인들의 접근이
어려운 오지나 험지도 여지없이 연합뉴스 기자의 취재 영역이었습니다.

연합뉴스는 기자들의 다양한 취재 노력들을 '나는 특파원이다'란 제목을
달아 단행본으로 만들었습니다. 한국 언론사의 한 장면으로 길이 남을
이 책자는 국민의 알권리 충족과 정보격차 해소, 정보주권 수호 등 공적
책무를 다하고 있는 연합뉴스의 생생한 모습이기도 합니다.

연합뉴스 기자들은 시대가 바뀌어도 언론 본연의 자리를 변함없이 지
켜낼 것입니다.

이 책은 재난·재해·전쟁이나 오지·험지 등 위험지역을 취재하는 언
론인들에게 안전을 도모하고 취재 역량을 키워주는 교육·훈련 교본이

될 수 있을 것입니다. 아울러 위험지역 취재와 관련한 학계 연구에 기초 자료로 활용되고, 언론에 관심을 가진 학생에게는 저널리즘 입문서로 유용하게 읽히길 기대합니다.

이 책이 나오기까지 물심양면 지원해 주신 이문호 이사장님을 비롯한 뉴스통신진흥회 이사님들께 감사 인사를 드립니다. 그리고 무엇보다 언론인의 사명감을 갖고 빠르고 정확한 뉴스를 전하기 위해 모든 노력을 아끼지 않은 현장 기자들에게 다시금 경의를 표합니다.

연합뉴스 대표이사 사장 박노황

Contents

제3장
스포츠 현장

제4장
오지·험지의 세계

제1장 전쟁 · 재난
· 재해의 현장

동료들이 당신의 부고를 멋지게 써줄 것이오

글 | 옥 철
당시 국제뉴스부 기자, 현 로스앤젤레스특파원

블랙호크 다운

그들은 사막에 쇠말뚝을 박고는 한가롭게 편자놀이를 즐기고 있었다. 사막에서 미국 전통놀이를 하는 모습은 영락없는 텍사스 사막을 떠올리게 했다. 갑자기 닭 우는 소리 같은 경보음이 울렸다. 허겁지겁 방독면을 쓴 군인들은 화생방복을 입은 채로 셸터 Shelter(참호)까지 전속력으로 질주해야 했다.

셸터에선 방독면 환기통 사이로 거친 숨소리가 새어 나왔다. 오후에만 벌써 네 번째 스커드 경보였다. 첨단 패트리어트 요격 시스템을 갖췄다는 미군도 20세기 유물인 이라크의 스커드 미사일 발사에 매번 경보를 울려야 하는 게 현실이다.

2003년 3월 18일. 미 육군 제101 공중강습사단(AAD) 제1전투여단(BCT)이 주둔한 쿠웨이트 북서부 카발 사막. 캠프 펜실베이니아로 불린 이곳엔 켄터키주 클락스빌 포트 캠블에서 훈련받고 쿠웨이트로 건너온 6천여 명의 병력이 '사담 후세인과의 전쟁'을 기다리고 있었다.

짧게 '원오원(101)'으로 불리는 이 부대는 2차 세계대전 때부터 명성이

자자하다. 필자가 미 국방부의 제2차 이라크 전쟁 임베딩^{embedding} 프로그램에 따라 이 부대에서 종군취재를 하게 된 건 쿠웨이트에 있던 이기창 특파원의 끝없는 노력 덕분이었다. 회사로부터 특명을 받은 이 특파원이 끝임없는 구애와 협박을 한 끝에 임베드를 포기한 기자의 자리를 하나 꿰찰 수 있었던 것이다.

'블랙호크 다운'.

1993년 소말리아 내전 당시 모가디슈에서 헬기로 공중강습작전을 펼치다 18명이 사망한 실화를 바탕으로 제작된 영화다. 원오원 부대에선 이 영화 제목을 입 밖에 내는 것이 일종의 '금기'였다. 부대원들의 운명이 영화 스토리와 닮을 수도 있기 때문이다. 공중강습이란 낙하산을 타고 강하하는 게 아니라 저공비행 중인 헬기에서 로프를 타고 내려오는 현수하강, 즉 레펠^{rappel}을 말한다. 당시 쿠웨이트 북부의 캠프 우다리에는 800여 대의 블랙호크 헬기가 전진 배치돼 있었다. 한 대당 8명씩 탑승하면 2천 400여 명이 적진 깊숙이 공중강습작전을 펼칠 수 있다는 계산이 나온다. 최전선에서 가장 먼저 진격하는 미군 제3보병대와 제1해병대가 만일 이라크 남부 민병대 집결지인 바스라에서 진로가 막혀버릴 경우 제101 공중강습사단 병력이 헬기를 타고 바그다드로 날아가 강하작전을 펼쳐 대통령궁 등 주요 시설을 접수한다는 작전이다.

3, 4월 중동의 모래폭풍 속에서는 헬기가 그냥 날아가다가도 세 대 중한 대꼴로 떨어진다고 한다. 그래서인지 이 부대에 애초 지원했던 한 미국 기자가 지원을 철회했고, 쿠웨이트에서 웨이팅을 걸어놓고 마냥 취재 기회를 기다리던 필자가 '운 좋게도(?)' 원오원의 종군기자 배지를 달 수 있었다.

동료들이 당신의 부고를 멋지게 써줄 것이오

2003년 이라크전 취재를 위해 현지로 파견된 연합뉴스 옥 철 (오른쪽), 진성철 기자

필자 일행은 모래사막 맨바닥 위에 텐트 막사를 쳤다. 식당 과 화장실도 열악하기 짝이 없 었다. 그러다 보니 개전 이전엔 '종군기자 고생담'이 국내에서 한동안 화제였다. 하지만 캠프 펜실베이니아에서 만난 한 미 국계 프리랜서 노(老) 기자는 이렇게 말했다.

"독자들은 아마도 당신이 종군기자로 와서 죽도록 고생하는 것 따위엔 전혀 관심이 없을 거요. 대신 전황을 제대로 알리고 참전한 군인의 고뇌 와 고통 받는 민간인의 삶을 생생하게 전해주시오. 그러다가 만일 당신 이 총격이라도 당해 죽는다면 당신네 회사 동료들이 당신의 부고를 멋 지게 써줄 것이오."

G. 헤드릭 대위는 필자에게 '보도지침'을 알려줬다.

"구금된 이라크 병사들의 얼굴이나 부상한 아군 병사의 모습을 촬영하 지 마라." "만약 같이 죽고 싶다면 우리가 어디로 이동하고 있다고 기사 에 써도 무방하다." 같은 것들이었다.

부시의 최후통첩이 있고 나서 약 50시간 후 미군은 크루즈 미사일 40여 발을 바그다드를 향해 발사했다. 제2차 이라크 전쟁의 발발이었다.

천국의 광장과 불타는 바그다드 / 진성철

찰리, 브라보, 알파, 델타 대대와 본부중대(AHLC) 부대원들은 보급품을 챙기느라 정신이 없었다. 그중에서도 생수가 가장 중요했다. 한마디로 생명수였다. 바그다드 시가전까지 머리에 그린 부대원들은 화장실, 식당 등 곳곳에 '세이프티_{safety}', '갓 블레스_{God bless}'와 같은 낙서를 써 놓았다. 특수훈련을 받은 공중강습 대원들이지만 전쟁을 앞둔 불안감마저 씻어내긴 어려웠던 모양이다. 군장을 싸는 부대원들은 너나 할 것 없이 필수품을 배낭에 챙겨 넣더니 물건들이 흩어지지 않게끔 성조기를 수건처럼 깔아 덮었다. 그리고는 곧바로 기도하는 부대원도 있었다. 그렇게 이동이 시작됐다.

험비 타고 바그다드로

다행히도 헬기에서 뛰어내린다는 작전이 변경됐다. 미군 선발대로 진격한 제3보병대가 바스라를 넘어 바그다드 인근 카발라까지 순식간에 진격했기 때문이다. 우리 부대원들은 3보병대와 비슷하게 육로로 진격했다.

필자는 426 전방지원대대(FSB) 험비에 탑승했다. 1차 집결지는 바그다드 남쪽 50㎞ 지점의 전술공격지역(TAA)이었다. 직선거리는 520㎞. 쿠웨이트 국경을 넘어 북서쪽으로 계속 올라가면 바그다드가 나온다. 한국의 건설회사가 깔았다는 압달리 로드를 타고 이동이 시작됐다.

차량이 제 속도를 내고 달렸다면 7~8시간이면 도착할 거리를 이동하는데 꼬박 72시간이 걸렸다. 필자가 탄 무장 험비가 지뢰와 매복을 의식해 시속 5㎞로 달려야 했기 때문이다. 몇 십 분 가다 보면 차에서 내려 양옆으로 엎드려야 하는 상황이 이어졌다.

동승한 존 스위프트 대위는 "실전 상황"이란 말을 몇 번씩 반복했다. 병사들은 차에서 내리는 즉시 M240 중화기와 로켓포를 들고 양옆으로 뛰어갔다. 10분 정도 초긴장 상태가 이어지다 상황이 종료됐다는 "노 앰부시No ambush, 올 클리어All clear"라는 말이 들리면 그때서야 숨이 멎을 듯한 긴장감에서 헤어 나올 수 있었다. 그러다 신호를 받고 다시 차량에 탑승해 이동이 재개되는 식이었다.

전방 몇 백m 앞에서 총성이 들렸다. 국경을 넘은 뒤로 가장 긴박한 순간이었다. 선두에 선 장갑차에 탄 병력이 내려 로켓포를 들고 한동안 주변을 수색하는 시간이 흘렀다. 미군은 당시 이라크 공화국 수비대 3개 사단과 대치중이라고 했다. 바그다드로 향하는 길에는 남루한 이슬람 전통복장 차림의 농가 아이들이 떼를 지어 뭔가를 구걸하려는 듯 차량을 쫓아오기도 했다.

미군들은 이라크 민간인과 조우해도 절대 차량을 멈추지 않는 것이 기본 수칙이었다. 민간인 차림의 무리 속에 민병대원이나 이라크 공화국 수비대원들이 숨어있을 수 있다는 이유에서였다.

긴 여정 끝에 전술 공격 지역에 도착했다. 바그다드 남쪽 안 나자프 인근이라고 했다. 사막 기후의 특성상 회오리 같은 모래폭풍이 끊이지 않고 불어댔다. 심할 땐 바로 몇m 앞사람도 식별이 불가능할 정도였다. 3월의 이라크는 낮에는 섭씨 30도를 훌쩍 넘지만, 밤에는 섭씨 5도까지 기온이 내려간다.

미군은 세 가지와 싸워야 했다. 우선 향수병이 심했다. 아내도 군인으로 참전했다는 벤 수퍼 상병은 "지금 아내가 어디 있는지조차 모른다. 아마 이라크 중부나 남부 사막 어딘가에 있을 것 같다. 전화도 이메일도 되지 않아 걱정돼 미칠 지경이다."고 했다.

두 번째 전쟁은 보급과의 싸움이었다. 그 많던 생수가 어느새 1인당 하루 500㎖로 제한 급수되고 있었다. MRE(군용식량) 한 개로 끼니를 때우는 경우도 많았는데, 1천200㎉ 정도의 열량에 불과했다.

마지막으로 박테리아였다. 사막에 무슨 박테리아가 있느냐고 하겠지만 사막 기후에선 손발이 썩어 들어가는 병이 자주 발생한다. 요즘은 일반화된 액상 손 소독제가 필수품이다. 소독제를 발에 바르고 말린 뒤 잠자리에 들어야 한다. 그렇지 않으면 이름 모를 박테리아에 감염될 수 있다.

위성전화 감청돼 블랙호크로 목숨 건 귀환

필자가 속한 전방 지원 대대 베이스캠프에 이라크 병사들이 출현해 교전상황이 펼쳐진 건 2003년 4월 2일 밤으로 기록돼 있다. 대위 스위프트가 잠을 청하던 필자에게 조용히 다가왔다.

"교전이 발생했다. 사막도로 건너편인 것 같다. 어떤 경우도 절대 혼자 움직이지 마라. 밤이니까 누가 물으면 '프레스'라고 답해라. 그 다음 수은등을 비춰 배지를 보여줘라."

순간 머리카락이 쭈뼛 섰다. 당시 교전으로 미군 부대원 한 명이 사망하고 이라크 군인 10여 명이 생포돼 임시 포로수용소에 구금됐다. 이라크 군인 사망자 수는 알려지지 않았다. 교전 상황은 좋은 기삿거리였다. 미군의 지루한 일상만 전하던 차에 진짜 전쟁 같은 스토리가 나온 것이다. 필자의 손에는 당시 기사와 사진 송고도 가능한 '수라야'라는 위성전화가 있었다. 그런데 교전 며칠 후 갬블 중령이 필자를 불렀다.

"아무래도 당신 위성전화가 감청되는 것 같다. 얼마 전 박격포 공격을 받았는데 감청 때문인 걸로 파악됐다. 위성전화기를 압수할 수밖에 없다."

이게 무슨 청천벽력이란 말인가. 기자에게 통신수단이 없어지는 순간 존재의 의미도 함께 사라지는데…. 하지만 바로 위성전화기를 내줄 수밖에 없었다. 그리고는 회사와 나흘 정도 연락이 두절됐다. 갬블 중령은 위성전화를 압수한 후 곧바로 헬기를 수배해 필자의 철수를 결정했다. 그것이 필자가 난생처음 블랙호크(UH60) 헬기를 탄 이유다. 종군 취재 기간 중 가장 위험한 순간이 아마도 그때였던 것 같다. 블랙호크 헬기는 박격포나 로켓포를 맞지 않으려고 땅을 스치듯 날았다. 창밖을 내려다 보면 헬기가 계속 사막 한가운데로 곤두박질처 추락하는 것만 같았다. 때마침 모래폭풍도 심했다. "이러다 죽는구나."하는 생각이 수도 없이 들었다. 블랙호크 안에서 마주 보고 앉아있던 엄청난 덩치의 미군 부상병도 식은땀을 줄줄 흘렸다.

천신만고 끝에 쿠웨이트로 돌아온 필자에게 또 다른 특명이 떨어졌다. 먼저 기다리던 이기창 특파원과 함께 바그다드로 향하라는….

NEWS TIP

이라크 전쟁

2001년 9월 11일 미국의 9.11 테러 사건이 일어난 뒤 2002년 1월 미국은 북한, 이라크, 이란을 '악의 축'으로 규정했다. 그 후 이라크의 대량살상무기(WMD)를 제거함으로써 자국민 보호와 세계 평화에 이바지한다는 대외 명분을 내세워 동맹국인 영국 · 오스트레일리아와 함께 2003년 3월 20일 오전 5시 30분 바그다드 남동부 등에 미사일 폭격을 가함으로써 전쟁이 시작됐다. 작전명은 '이라크의 자유(Freedom of Iraq)'였다.

미국은 이라크 전쟁에서 1991년 걸프전 때와 비교할 수 없는 가공할 위력의 첨단 무기들을 동원했다. 이로 인해 미국의 이라크 침공 이후 전쟁을 반대하는 시위가 세계 곳곳에서 잇따라 열렸다.

한 달여에 걸친 공격으로 4월 12일 미국과 영국의 점령군이 이라크에 들어섰으며, 후세인은 체포됐다. 조지 부시 미국 대통령과 토니 블레어 영국 총리는 정상회담을 열고 '이라크 전후 3단계 처리 방안'에 합의했다. 미국과 영국은 △군정 △과도정부 수립 △제헌의회 구성 등 3단계의 새 이라크 건설 방안을 마련했다.

지옥으로 가는 티켓…
임베딩 자격을 따라

글 | 이기창
당시 바그다드 단기 특파원, 현 기획조정실장

'Embed'란 원래 '단단히 박다' 또는 '끼워 넣다'라는 뜻의 단어다. 하지만 '종군기자를 파견하다'라는 뜻으로도 쓰인다. 2003년 이라크 전쟁이 끝난 뒤에는 '취재를 위해 전쟁이나 군부대에 파견된 기자'를 가리키는 신조어가 됐다. 미군은 이라크전 당시 대규모 '임베드 프로그램'을 운용했고 전 세계 언론사들 사이에 치열한 물밑 경쟁이 벌어졌다. 그러나 미 국방부가 발표한 임베드 리스트에 한국 신문사는 두 곳밖에 없었다. 비상이 걸렸다. 회사로부터 미 국방부 리스트에는 빠졌지만 전선 현장에서 임베드를 성사시킬 방법이 없는지 찾아보라는 지시가 떨어졌다.

걸프해 취재하는 이기창 기자 / 진성철

모든 결정권은 펜타곤에 있다

엄청난 부담을 안고 이라크 전쟁 한 달 전인 2003년 2월 21일 미군이 속속 집결 중인 쿠웨이트에 도착했다. 일단 '전운 감도는 이라크 · 쿠웨이트 국경 르포' 등의 기사를 써 보냈다.

그러나 필자에게 내려진 특명은 '임베드 성사'였다. 쿠웨이트시티 남쪽 힐튼호텔에 차려진 미영연합지상군 사령부 합동 미디어센터를 찾아가 임베드 참여를 종용했다. 하지만 돌아오는 건 "모든 결정권은 펜타곤에 있다."는 대답뿐이었다.

뭔가 방법이 없을까 고심 끝에 아프가니스탄 카불 취재 때 안면을 튼 한 한국계 미국 기자에게 임베드를 도와줄 만한 미군 담당자를 소개해 달라고 부탁했다. 그가 소개해 준 사람이 맥스필드(가명) 대위다.

김치로 따낸 임베드

"오! 소주, 불고기…."

주한미군으로 근무했던 그는 소주와 불고기 맛을 잊지 못하고 있었다. 독감에 걸린 맥스필드는 코가 막혔다며 "이럴 땐 김치를 먹으면 코가 뚫릴 텐데…."라고 했다. 때마침 필자에겐 최조영 쿠웨이트 주재 한국대사의 만찬 초대 자리에서 얻은 김치가 있었다. 필자는 냉큼 그걸 맥스필드에게 가져다 줬다. 예상대로 그는 무척 좋아했다. 이를 계기로 가까워진 그를 거의 날마다 찾아갔다.

그를 통해 미디어센터의 실무책임자인 크리스토퍼 소령(가명)을 알게 됐고, 계속해서 그를 졸라댔다. 그 즈음 한국 신문사 기자 두 명 등 임베드 기자들이 속속 도착하고 있었다. 속이 타들어갔다.

옥 철 기자도 벌써 도착해 기다리고 있는 상황이었다. 그러나 "기다려 보자."는 얘기만 며칠째 계속됐다. 끝내 낭패로 끝나나 싶던 3월 12일 새벽, 맥스필드가 전화를 걸어왔다.

"기자 한 명이 포기하는 바람에 자리가 났다. 101 공중강습사단 임베드 가 결정됐다."는 낭보였다.

"I'm so jealous!"

날마다 임베드를 조르던 캐나다와 멕시코, 폴란드 기자들이 필자를 부러워하는 모습에 그동안의 피로가 눈 녹듯 사라졌다.

옥 철 기자는 임베딩을 해서 전선으로 떠났고, 필자는 홀가분한 마음으로 서울로 귀국했다.

바그다드 향해 600㎞ 쉼 없는 질주

그러나 이게 끝이 아니었다. 미군의 공세는 거침이 없었다. 파죽지세로 밀고 올라가 단숨에 바그다드를 점령했다. 열흘가량 서울에 있다 쿠웨이트로 다시 향해야만 했다. 임베딩을 마친 옥 철, 진성철 기자와 합류해 이라크 국경이 열리길 기다렸다.

쿠웨이트시티에서 바그다드까지는 600㎞가 넘는 거리였다. 사륜구동 자동차를 렌터해 식료품과 물 등을 가득 실었다. 음식을 사 먹을 엄두도 못 내고 미리 준비한 빵이나 과자, 통조림 등으로 끼니를 때웠다.

사막 길을 달리다 기름이 떨어지는 건 끔찍한 일이다. 차를 움직이지 못

긴장감 도는 쿠웨이트-이라크 국경지대 / 이기창

하는 사이 약탈자들의 습격이라도 받는다면 생명이 위태로울 수 있기 때문이다. 전쟁 통에 주유소가 모두 파괴됐으니 휘발유 통을 최대한 많이 실었다. 자동차에는 큼지막하게 TV라고 써 붙였다. 방송 차량이라는 의미가 아니라 '취재 차량이니 공격하지 말아 달라'는 표시였다.

4월 11일. 미국 AP통신, 터키 방송사 차량과 행렬을 이뤄 이라크로 진입했고 12일 오후 바그다드에 도착했다. 바그다드에선 여전히 총격전이 계속되고 화염이 피어올랐다. 곳곳에서 약탈이 행해지는 무법천지였다. 바그다드 공항에서 시내 세라톤 호텔까지 1시간여 동안 무려 9차례나 총성 또는 포성이 들려왔다.

공항에서부터 연합뉴스와 AP, CNN, 터키 방송사 등 4대의 취재 차량을 호위하던 미군들은 교전지구가 다가오자 "더 이상은 안전을 보장할 수 없다."며 돌아가 버렸다. 우리 일행은 온통 화염으로 그을린 채 피로 범벅이 된 길을 지나 무사히 호텔에 도착했다.

전 세계에서 몰려온 외신기자들은 거의 모두 도심에 나란히 마주 선 팔레스타인과 셰라톤 호텔 두 곳에 묵었다. 미군이 삼엄하게 지키고 있어 유일하게 안전한 곳이었기 때문이다.

문제는 방이 없다는 것이었다. 방을 구하지 못한 기자들은 호텔 로비나 뜰에서 노숙해야 했다. 필자는 3년간의 중동 특파원 경험을 살려 셰라톤호텔 매니저를 상대로 방 구하기 협상에 나섰다. 기나긴 줄다리기 끝에 두둑한 '박시시'(팁)를 건네고서야 겨우 방 하나를 얻었다.

우여곡절 끝에 여장을 풀었지만, 치안이 너무 불안해 호텔 밖 취재에 나서긴 쉽지 않았다. 그래도 방탄조끼에 방탄 헬멧 등으로 무장을 하고 바그다드 시내 티그리스 강변에 있는 한국대사관 건물부터 찾아갔다. 3층짜리 한국대사관 건물은 커다란 포탄 구멍이 뚫리고 가구와 사무집기 등도 대부분 약탈당하거나 파괴된 상태였다. 이어 바그다드 아동병원과 혼돈의 무법천지로 변해버린 바그다드 시가지, 이라크 가족의 전쟁 수난사 등을 취재했다.

동료 기자들과 쿠웨이트로 다시 머나먼 길을 되돌아 나와 서울에 도착한 것은 4월 19일. 그날 회사에서는 "지난 2월 21일부터 약 2개월간 미국의 이라크 공격을 취재하기 위해 파견됐던 이라크전 취재팀이 귀국했다."는 내용의 〈社告〉를 냈다.

좀체 끝나지 않는 이라크와의 끈질긴 인연

미국은 전후 이라크 안정화를 지원하기 위해 한국군의 파병을 강력히 요청했다. 다시 필자에게 파병 후보지로 거론되는 키르쿠크를 미리 찾아가 취재하라는 지시가 떨어졌다. 2003년 12월 15일 출국해 요르단 암만을 통해 바그다드까지 1천km를 육로로 들어갔다.

거기서 알게 된 사실 한 가지. 쿠르드계와 아랍계, 터키계는 종족과 종파별로 이해관계가 다르다는 거였다. 때문에 전쟁 후 확산되는 종족 종파 갈등은 한국군 파병에 커다란 걸림돌로 보였다. 게다가 아랍계 저항세력은 한국군을 가차 없이 공격할 것이라고 경고했다. 이런 다각적인 취재 끝에 내린 결론은 한국군을 파병하기에 키르쿠크는 문제가 많다는 것이었다.

일부 방송과 신문사 기자들이 왔지만, 파병 문제를 이라크 현지에서 장기간 심층 취재한 한국 언론사는 연합뉴스가 거의 유일했다. 이런 상황에서 연합뉴스마저 이라크를 떠날 수는 없었다.

일단 사무소를 내고 후임자가 올 때까지 계속 머물겠다고 보고하고 바그다드 지국을 개설했다. 박세진 바그다드 단기 특파원이 2004년 1월 26일자로 발령을 받아 부임했다. 임기 두 달인 바그다드 단기 특파원은 박세진 기자에 이어 안수훈 기자까지 이어지다 폐쇄됐다.

연합뉴스 바그다드지국은 비록 단시간 내에 문을 닫았지만, 당시 국내에서 이라크 뉴스의 거의 전부를 연합뉴스를 통해 접했을 정도로 그 성과는 작지 않았다. 물론 연합뉴스 기사 때문만은 아니었겠지만, 한국군 자이툰 부대의 파병지도 당초 후보지인 키르쿠크에서 아르빌로 바뀌었다.

치누크 다운

글 | 성연재
당시 사진부 기자, 현 콘텐츠사업부 부장대우

이라크 나시리야 공군기지에 한국군 파병부대 1진인 서희 · 제마 부대가 막 첫발을 내디디려는 순간, 사진을 찍던 필자가 부대원들에게 소리쳤다.

"활주로 옆 풀밭에 대전차 지뢰다!"

더위를 피해 잠시 풀밭으로 이동하던 전 부대원은 깜짝 놀라 이글거리는 아스팔트로 다시 재빠르게 옮겨갔다. 죽는 것보다야 당연히 더위 지옥이 나았다. 이라크 개전 2개월을 맞은 2003년 5월, 치누크 헬기에 탄 한국군이 막 나시리야의 탈릴공항에 내리던 그 현장이었다.

'이라크 파병 한국군 1진 도착'.

국군 파병 부대 이라크에 첫발 / 성연재 2003. 5. 7

필자는 곧바로 사진을 찍고 위성전화기로 기사와 사진을 송고했다. 당시 현장에 필자를 제외하고 기자는 아무도 없었다. 쓰면 기사가 되었고, 찍으면 보도 사진이 되었다. 그렇다고 말처럼 그리 쉽게 이뤄진 건 아니었다.

임베딩 없으니 알아서 전장에 와라

당시 국방부는 국군 파병의 경우 임베딩 시스템은 없다고 알려왔다. 전세기가 병력과 무기 등으로 꽉 차서 단 한 명의 기자도 태워줄 수 없으니, 모든 걸 알아서 해결한 후 이라크 현장에서 만나자는 거였다.

필자는 연합뉴스 소속 기자라는 사실 하나만 믿고 일단 쿠웨이트행 비행기 표를 끊었다. 아무런 증명서도 없이 달랑 혼자 미군을 찾아가 미 공군기지 안으로 보내달라고 요청해야 하는데, 과연 성공할 수 있을까. 더욱이 5월의 이라크는 섭씨 40~50도를 넘나드는 더위와 모래바람, 테러의 위협까지…. 출장 전부터 걱정이 태산이었다. 운 좋게 이라크에 들어간다 해도 어떤 호위 병력도 없이 혼자 움직여야 했다.

쿠웨이트 공보 당국자들은 프레스 카드를 내줄 수 없다고 버텼다. 필자는 '이쪽으로 가라, 저쪽으로 가라.'는 식의 불성실한 태도의 쿠웨이트 공보 담당자와의 싸움에 지쳐만 갔다. 그러길 3일째, 마침내 필자는 쿠웨이트 프레스 카드를 손에 들고 환호할 수 있었다. 하지만 프레스 카드는 쿠웨이트 정부가 내준 것이어서 그걸로 국경을 통과할 길은 없었다. 한창 전투가 벌어지고 있는 상황이라 국경이 막혀 있었기 때문이다. 고심 끝에 필자는 쿠웨이트시티 남쪽 힐튼호텔에 있는 미영연합지상군

사령부 합동미디어센터를 찾아가 이틀간 미군 측과 승강이를 벌였다. 담당자는 마침내 귀찮은 듯 미 공군기지 출입 허가증을 내줬다. 미군처럼 파병 부대 임베딩을 했다면 편안하게 취재할 수 있었을 텐데, 그야말로 지옥과 천당을 오간 느낌이었다. 그나마 다행히 시간에 맞춰 한국군의 도착 장면을 찍고 기사를 써서 전송할 수 있었다.

이 후, 쿠웨이트 공군기지 안에서 주쿠웨이트 공사로부터 한국과 쿠웨이트 간 소파협정이 체결됐다는 말을 들었다. 아직 본국에 보고하지 않았다고 했다. '이건 쓰면 기사군….' 이라크에서 한국군 파병을 취재하는 기자는 오로지 필자 혼자였기에 모든 게 단독이었다. 사진도 단독, 기사도 단독이었다. 눈에 빤히 보이는 모든 게 단독인데, 놓칠 기자가 있겠는가.

절대 멈추면 안 되는 고속도로에서 유리창 '박살'

베테랑 종군기자들에게 불문율이 하나 있다. '고속도로에서 절대 멈추면 안 된다.' 그러나 파병 부대의 차량 행렬은 국경을 통과하자마자 멈춰 서 버렸다. 앞뒤로 미군 장갑차의 호송을 받으며 이라크 국경을 통과해 속력을 낼 때쯤이었다. 갑자기 우리가 탄 지프의 앞 유리가 '퍽' 하는 소리를 내며 깨졌다. 조수석에 타고 있던 영관급 간호장교가 비명을 질렀다. 국군이 이용하던 테라칸 RV 조수석 유리창이 박살난 것이다. 순간 모든 차량이 멈춰 섰고 특공대 병력이 하차해 경계 태세에 들어갔다.

근처에는 수백 명은 족히 보이는 이라크 사내들과 아이들이 몰려들었다. 이미 트럭 위로 올라탄 아이들도 있었다. 구호품 약탈이었다.

다행히 유리창이 깨진 것은 어디선가 날아온 커다란 돌 때문이었고, 필자가 탄 차는 다시 출발했다. 앞 유리창이 박살난 상태로 시속 150㎞의 속도로 내달렸다. 숨이 멎을 듯 긴장됐지만, 아무도 불평하지 않았다. 총기 피습이 아니어서 천만다행이라고 가슴을 쓸어내렸을 뿐.

사막 한가운데 치누크 다운

치누크 헬기에서의 필자

회사에 보고하지 않은 이야기 하나. 두 번째 이라크로 진입할 때 필자와 일부 국군 정보장교, 미군 공보장교를 태운 수송용 대형 헬기인 치누크가 사막 한가운데 불시착할 뻔한 일이 있었다.

기자 경력 10년 차가 넘는 필자는 그간 꽤 많은 헬기를 탔다. 그런데 헬기가 그렇게까지 비정상적으로 요동친 건 처음이었다. 불안감이 엄습하고, 식은땀이 비 오듯 쏟아졌다. 그러나 신의 가호 덕분인지 사막 한가운데로 곤두박질치는 일은 일어나지 않았다.

오히려 생각지도 않았던 사막 한가운데의 미군 부대에 헬기가 멈춰 섰다. 덕분에 PX에 들러 맘껏 맥주를 마시는 행운을 누렸다. 종군취재 중 가장 행복한 순간이었다.

(왼쪽) 이라크 사막의 강한 모래바람을 맞으며 작업준비를 하고
있는 서희부대원들 / 성연재
(오른쪽) 피폭 건물 정찰하는 부대원들 / 성연재

다 쓰고 덮어버린 '일촉즉발' 기사

이라크 취재 비화 하나 더. 기자가 한 명밖에 없으므로 필자가 요청하면
부대는 적극적으로 반응했다. 필자가 어느 한 마을에 들어가 진료를 해
야 하지 않겠느냐고 운을 떼자 다음날 특공대가 그 마을을 수색하기 시
작했다. 수색을 끝내고 들어온 날 밤 수색대장은 "무장 세력과 10m 거리
에서 5분간 총부리를 겨누고 대치했다."고 했다. 10년처럼 긴 5분이 흐
르고 무장 세력은 총부리를 떨어뜨리며 통과해도 좋다는 표시를 했단다.
이에 필자는 실감 나는 박스기사 하나를 완성했다. 그러자 부대장이 달
려와 다급히 말했다.

"지금 한국군 파병이 엄청난 반대를 무릅쓰고 첫발을 내디딘 상태인데
'일촉즉발의 긴장'식의 기사가 나가면 여론이 엄청 안 좋아진다. 곧 2진
이 출발할 예정인데 이 기사는 국익을 위해 제발 내보내지 말아 달라."
필자는 고민 끝에 눈 한 번 질끈 감고 노트북을 덮었다.

'격발' 위기 상황 부대장의 기지로 넘겨

다음날 드디어 마을로 들어섰다. 당초 수색팀은 보고를 통해 약 50여 명의 주민이 있다고 했고, 그 정도 분량의 약품과 의료병이 동원됐다. 그런데 낌새가 좀 이상했다.

10여 분이 지난 후 마을에서 나오는 사람들은 족히 300명이 넘어 보였다. 한국군은 언제나 미군 정보팀과 함께 움직인다. 미군 정보팀은 그야말로 영화의 한 장면처럼 'F'로 시작되는 욕지거리를 짧게 내뱉으며 M-16의 안전장치를 풀었다. 쏘면 바로 총탄이 발사되는 '격발' 상태로 놓고 방아쇠에 손가락을 갖다 댄 것이다.

순간 필자는 자꾸 영화의 한 장면이 연상됐다. '상황이 벌어지면 어떻게 해야 하나.' 사람들은 점점 많아졌고 우리가 갖고 간 약간의 기념품은 곧 바닥이 났다. 물품을 전달받지 못한 사람들 사이에서 갑자기 목소리가 높아지기 시작했고 부대원들은 당황한 기색이 역력했다. 뭔지는 모르지만, 직감적으로 분위기가 살벌해지고 있다는 걸 알 수 있었다. 일각일초가 마치 슬로비디오처럼 흘렀다.

순간 갑자기 부대장인 최 모 대령이 눈부신 아이디어를 냈다. 방탄조끼를 벗어버린 것이다. 방탄조끼를 벗은 부대장은 촌장 일행들과 일일이 악수를 나눴다. 주민들에게 적의가 없음을 보여주자는 전략이었다. 그러자 전 부대원이 방탄조끼를 벗었고, 그들은 곧 안도하는 표정을 지어보였다. 수백 명의 이라크인이 바라보는 가운데 2개 소대가량의 전 인원이 방탄조끼를 벗었는데, 단 2명만은 벗지 않았다. 바로 필자와 미군 정보장교였다. 물론 죽고 싶지 않아서였다.

촌장은 차를 준비했고 모
두가 차를 마시며 긴장을
풀었다. 이후 필자는 군
의관이 진료하는 장면을
촬영했다.

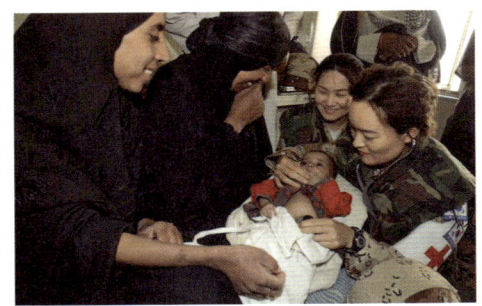

이라크 주민들로부터 폭발적 환호 받은 파병부대 순회 진료

3주 동안 전투식량만 먹고 버텨

박스기사 몇 꼭지와 현대건설의 이라크 첫 공사 수주 등 스트레이트 기
사도 몇 꼭지 전송했다. 나중엔 하루하루가 견디기 힘들 정도로 체력의
한계를 느꼈다. 살인적인 더위와 달아오를 대로 달아오른 모래를 도저
히 견디기 힘들어서 다시 목숨을 걸고 국경을 넘었다.

평생 겪어보지 못한 더위였고, 입을 벌리면 쩍쩍 갈라지는 소리가 났다.
가래를 뱉으면 진흙이 나왔다. 개인에게 지급되는 1.8ℓ 짜리 물통을 머
리통에 끼얹으면 10분도 안 돼 머리카락 한 올 한 올이 푸석푸석 말라
버렸다. 전기도 없고 물도 없었다. 머리 위에는 오로지 이글거리는 태양
뿐이었다. 말 그대로 사막이었다. 선풍기는 고사하고 취사 시설도 없었
다. 전 부대에 단 하나의 발전기가 있을 뿐이었다.

씻지 못하는 것은 당연하고, 무려 3주 동안을 미군 전투식량인 MRE만
먹으며 버텼다. 사막의 살인 더위를 MRE에만 의존해 버텨가는 것은 사
실 미친 짓에 가까웠다.

전후 혼란,
테러리즘이냐 저항이냐

글 ㅣ **박세진** 당시 바그다드특파원, 현 출판부장

폭격으로 흉물스럽게 변한 건물들이 쓰레기더미처럼 널려 있는 도시. 꼬박 이틀 걸려 도착한 이라크 수도 바그다드의 모습은 그랬다.

이라크 취재 현장에 첫발을 디딘 것은 미국과의 전쟁이 끝난 후인 2004년 1월 하순이었다. 미국은 2003년 3월 20일 사담 후세인 정권을 무너뜨리기 위한 공습에 돌입한 지 불과 20일 만에 바그다드를 장악하고 승전을 선언했다.

어디론가 종적을 감췄던 후세인은 그해 11월 고향인 티크리트 지역의 토굴에 숨어 있다가 초라한 모습으로 생포됐다. 미국은 이를 계기로 이라크 개조 정책을 본격적으로 추진하면서 우방에 추가 파병을 압박했다. 한국도 그 대상이었기에 이라크는 한국 언론의 관심 지역으로 부상했다. 그런 상황에서 연합뉴스는 바그다드에서 단기(3개월) 특파원을 운용했는데 첫 주자가 필자였다.

바그다드 폭발 현장 / 박세진

'목숨 갖고 특종 경쟁' 언론의 씁쓸한 자화상

당시 이라크에는 한국 언론이 취재할 이슈들이 쌓이고 있었다. 최대 관심사는 우리 군의 추가 파병지가 어디로 결정될지와 교민 150여 명의 안전문제였다. 교민 안전문제는 우리 정부가 추가 파병을 추진하던 상황이었기 때문에 언제든 터질 시한폭탄이었다. 이미 이라크 전력선 복구사업에 참여하던 한국인 근로자가 무장괴한의 공격으로 사망한 사건이 발생한 뒤여서 한국군 파병에 반발하는 세력들이 한국인을 노릴 것이라는 우려가 점증하고 있었다. 필자가 바그다드 근무를 마친 뒤 이런 우려는 현실로 나타났다. '유일신과 성전'이라는 무장단체가 미군 부대에 물품을 공급하는 일을 하던 김선일 씨를 납치해 살해하는 충격적인 사건이 일어난 것이다.

필자가 이라크에 있는 동안 한국인 안전문제와 관련해 큰 이슈가 된 것은 세 건이었다. 그 가운데 KBS 취재진 세 명이 억류된 사건은 가해자가 미군이라는 점에서 논란이 됐다. 이들은 숙소인 팔레스타인호텔 검문소에서 미군의 폭발물 탐지견에 걸렸다. 며칠 전 폭탄이 터진 현장을 취재한 적이 있는데, 그때 취재장비에 묻은 화약이 문제였다. 미군은 테러범 다루듯이 이들의 두 손을 뒤로 묶은 채 한국대사관 측이 사태 수습에 나설 때까지 3시간 동안이나 구금 상태로 뒀다. 이 사건은 한국군의 이라크 추가 파병을 앞두고 한미 간에 악재로 작용했다. 필자는 피해자(취재진)와 가해자(미군 측) 및 우리 대사관을 모두 취재해 사건 경위와 문제점을 보도했다. 그 영향인지 미군 측은 비교적 신속하게 과도한 조치에 대해 유감 입장을 표명하며 진상 조사를 약속했고 논란은 가라앉았다.

지구촌나눔운동의 한재광 씨가 이라크 남부 나시리야에서 민병대원들에게 억류됐다가 풀려난 일도 있었다. 이 사실은 외신을 통해 먼저 알려지긴 했지만 필자가 한 씨와의 인터뷰 내용을 보도함으로써 한층 자세한 내용이 전해지게 됐다.

선교 목적으로 이라크에 들어온 목사 일행이 무장괴한들에게 잡혔던 사건은 씁쓸한 기억으로 남아 있다. 기자들의 특종싸움은 때와 장소를 가리지 않고 벌어지게 마련이지만 사람 목숨이 걸린 문제를 놓고도 그런 경쟁을 하는 자화상을 봤기 때문이다. 전말은 이렇다. GMC 택시 두 대에 나눠 타고 암만을 떠나 바그다드로 향하던 목사 일행(8명)이 바그다드 서쪽의 라마디에서 무장괴한들에게 잡혔다. 괴한들은 미국의 스파이인지 조사해야 한다며 차에서 내리도록 한 뒤 스카프로 눈을 가렸다. 그 와중에 한 이라크인 운전사가 뒷좌석에 한 명을 태운 채 차를 몰고 달아났다. 억류된 일행에서 이탈한 목사는 외국인들이 주로 묵던 팔레스타인호텔을 찾아갔다. 그는 거기에서 모 언론사 취재진을 우연히 만나 급박한 사정을 전했다. 이 언론사는 곧바로 취재원을 빼돌리고 단독취재를 시도했다. 이를 알게 된 타사 기자들은 "취재원을 내 놓으라."며 얼굴을 붉히고 언성까지 높였지만 해당 언론사는 버티기로 일관했다. 그러나 다른 목사 일행이 사건 당일 운 좋게 풀려나는 바람에 그 언론사의 취재원 독점은 의미가 없어지고 억류사건은 해프닝으로 마무리됐다.

글로벌 매체 보도의 실체와 간극

이라크에서 취재를 하는 동안 필자는 전후 사태를 전하는 주요 글로벌 매체들의 보도 내용이 실체와 부합하지 않는다는 느낌을 많이 받았다. 애초 조지 부시 대통령이 이끌던 미국은 후세인 정권이 대량살상무기 (WMD)를 보유하고 알—카에다를 지원해 세계평화를 위협한다는 점을 이라크 공격의 주된 명분으로 내세웠다. 이를 세계 주요 언론은 별다른 검증 없이 그대로 보도함으로써 미국의 침공에 정당성을 부여했다. 그러나 부시 정부의 주장은 나중에 터무니없는 거짓으로 드러났다.

전후 이라크를 내전 상태로 몰아간 세력과 관련한 서방언론 보도도 같은 실수를 되풀이하는 듯했다. 이라크 전쟁은 단기전이었지만 종전 14년째가 되는 지금까지도 이라크에선 지독한 내전 상태가 이어지고 있다. 전후 우후죽순처럼 등장한 다양한 저항세력의 성격을 초기에 정확히 파악하는 데 실패한 게 주된 원인이라고 본다. 저항의 성격을 제대로 모르니 거기에 맞는 적절한 해법을 찾지 못하는 것은 당연한 일이다. 당시 서방 언론은 저항테러의 배후를 미국 사람들이 듣기만 해도 경기(驚氣)를 일으키는 알—카에다 연계세력으로 몰아갔다. 전후 이라크를 안정시켜야 할 미군은 배후를 명확히 알 수 없는 폭탄 공격이 발생할 때마다 틀에 박힌 듯이 "공격 형태로 미루어 알—카에다 연계세력의 소행일 가능성이 크다."고 주장했고, 거의 모든 언론은 그대로 받아쓰는 데만 급급했다. 그러나 전후 이라크에서 빈발한 자폭형 폭탄 공격은 미국에 9.11 테러를 가한 알—카에다와는 직접적인 연관성이 없다는 쪽에 무게가 실린다. 이른바 폭탄테러를 감행한 이들은 자신들의 나라를 침공한 외세인 미국을 배척하면서 미국을 추종하는 내부 세력에 반발하고 저항하는 쪽에 가까웠다고 봐야 한다. 그중에는 전쟁 후 기득권을 빼앗긴 후세인 정권 시절의 수혜자들이 많이 포함됐을 것이다.

그들이 미국 본토 공격을 감행한 알-카에다를 심정적으로 지지하는 것은 어렵지 않게 이해할 수 있는 일이다. 알-카에다의 이념을 지지했다고 해서 그와 연계된 세력으로 몰아가는 것은 억지일 수밖에 없다. 시간이 한참 흐른 지금 시점에 이라크 내전을 이끄는 것은 알-카에다 연계세력에서 이슬람국가(IS)라는 다른 이름의 조직으로 바뀌어 있다. 그들을 단순한 테러세력으로 볼지, 아니면 외세의 침공에 저항하는 세력으로 규정할지 등을 놓고 객관적 접근과 분석이 필요하다고 생각한다.

전후 혼란, '테러리즘이냐, 저항이냐'

당시 이라크에서 테러로 보도된 수많은 폭발 사건 가운데는 명확한 근거 없이 테러로 규정된 것도 적지 않았다. 언젠가 대낮인데 갑자기 바람이 일어나더니 엄청난 굉음이 고막을 때렸다. 숙소 겸 사무실로 쓰고 있던 호텔 인근에서 큰 폭발이 일어난 것이다. 현장으로 달려가 보니 주변은 초토화돼 있었고 철골만 남은 차량이 널브러져 있었다. 그런데 이상한 것은 폭발이 일어난 그라운드 제로 지점의 모양이었다. 지름과 깊이가 각각 2m는 넘어 보이는 원통형 웅덩이가 만들어졌는데 이는 일반적인 차량폭탄 공격이 빚어낸 양태와는 달랐다. 당시 이라크에선 폭탄을 가득 실은 차량이 미군기지 주변이나 관공서를 겨냥해 자폭형 공격을 많이 했는데, 그런 현장을 보면 그라운드 제로가 그 정도로 깊게 패어 있지는 않았다. 군사용어로 '콜래트럴 대미지'Collateral Damage라는 게 있다. 표적이 아닌 것에 입히는 손상을 뜻하는 말인데, 군사 행동으로 의도치 않게 초래되는 민간인의 인적·물적 피해를 일컫는다. 필자가 그날 취재한 차량폭탄이 터진 현장은 바로 전형적인 콜래트럴 대미지일 가능성이 크다는 심증을 갖게 했다. 현장에서 만난 목격자들이 이구동성으로 한 얘기 때문이다. 그들은 하늘에서 섬광이 번쩍하더니 폭발이 일어났다고 했다. 그러면서 미군의 전투 헬기가 공중을 선회하고 있었는데 헬기에서 미사일 같은 게 갑자기 떨어졌다는 의혹을 제기했다.

그들은 다른 기자들에게도 똑같이 얘기해 줬는데 TV에는 폭탄테러라는 얘기만 나오고 있다고 했다. 현장을 조사하던 한 미군 장교도 "테러범의 시신 조각a piece of flesh으로 보이는 게 저 건물 벽에 붙어 있다."고 가리키면서 취재하던 필자에게 폭탄테러라고 단정적으로 말했다. 그러나 필자와 함께 다니면서 취재를 도와준 아사드 무라드 씨는 "이라크가 경험이 부족하고 겁먹은 미군 병사들의 군사훈련장이 되는 것 같다."는 말로 콜래트럴 대미지 사례일 것이라는 의혹을 제기했다.

이처럼 이라크에서는 저항세력의 공격인지, 알-카에다 연계세력의 테러인지, 미군이 관련된 사고인지, 아니면 종파ㆍ부족 간의 싸움인지 정확한 원인이 드러나지 않지만 한꺼번에 수십~수백 명의 목숨을 앗아가는 참사가 이어졌다. 그런데도 미국의 이라크 점령 정책을 감시해야 할 유력 서방언론은 '팩트 파인딩(사실 확인)' 역할을 제대로 하지 못했다. 그러는 사이 애꿎은 이라크 양민이 희생되는 참사들은 일상사로 전락해 웬만해선 글로벌 언론의 관심을 끌지 못하는 분위기가 되어버렸다. 필자는 이라크의 전후 혼란 상황을 테러리즘이 아니라 '저항'의 관점으로 보는 게 사실에 더 부합한다고 생각했고, 그런 맥락의 기사를 많이 썼다. 연합뉴스가 당시 이라크 관련 뉴스를 현장에서 벗어난 채 서방언론의 관점에서만 전했더라면 테러리즘이라는 틀로만 보도가 이뤄졌을 것이다.

엉뚱한 곳에 한국군 파병이 신(神)의 한 수?

우리 정부는 이라크 전쟁이 끝난 직후 공병대인 서희부대와 의료지원단인 제마부대를 이라크 남부 나시리야 지역으로 보내 미국을 도왔다. 이후 미국의 추가 요청에 따라 독립 사단 규모의 자이툰 부대 파병을 추진했고, 파병 후보지로는 중부의 나자프, 북부의 키르쿠크와 하위자, 쿠르드족 자치지역인 아르빌 등이 거론됐다. 필자는 이 과정에서 후보지 곳곳을 다니면서 각 지역 상황을 점검하고 민심을 살핀 결과를 보도했다. 결국 자이툰 부대가 주둔할 곳으로 아르빌이 낙점됐는데 사후적으로 평가하면 나쁜 결정이 아니었다. 특히 우리 장병의 안전문제만을 놓고 본다면 매우 훌륭한 선택이었다.

우리 정부는 미군 측과 추가 파병 지역 선정을 위한 협상 과정에서 미국이 요구한 '캡처 앤드 킬'Capture & Kill 전술을 거부한 것으로 알려졌다. 캡처 앤드 킬은 전후 안정화 작업을 방해하는 세력을 적극적으로 색출하고 저항할 경우 사살도 불사하는 것이다. 자이툰 부대의 임무를 평화재건으로 정했던 우리 정부가 이 원칙을 끝까지 수용하지 않자 미국은 자이툰 부대 주둔지를 쿠르드 자치지역인 아르빌로 정했다고 한다.

그 덕분에 2004년 9월 아르빌로의 전개를 완료한 자이툰 부대는 4년 3개월여 만인 2008년 12월 임무 종료를 선언하면서 무사히 철수했다. 만일 키르쿠크나 나자프 같은 지역으로 자이툰 부대가 갔더라면 저항 세력의 공격으로 우리 장병의 희생이 불가피했을지 모른다. 다만 파병 부대의 임무인 전후 재건 지원의 잣대로 따지면 아주 엉뚱한 곳에 군대를 보낸 셈이었다.

(왼쪽 위) 이라크 북부 티크리트의 송전설비 공사
현장에서 한국인 근로자 경호를 맡았던 미국 민간
보안요원과 필자
(오른쪽 위) 전후 미군정 당국이 있는 바그다드
그린존을 둘러싼 철조망
(왼쪽 아래) 바그다드 연합뉴스 지국 문패

미국의 선제공격으로 이라크 전쟁은 2003년 3월 발발했다. 그런데 쿠
르드 자치지역인 아르빌은 이 전쟁하곤 사실 전혀 상관이 없는 곳이었
다. 후세인 정권은 이란-이라크 전쟁(1980~1988)이 끝날 무렵 쿠르드
지역인 할라브자 마을에서 수천 명을 화학무기로 학살하는 만행을 저
질렀다. 미국 주도의 서방국들은 유엔을 앞세워 이 사실이 알려진 뒤인
1990년 아르빌을 포함하는 북부 쿠르드족 지역을 이라크군 비행금지구
역으로 정하고 쿠르드족 자치를 지원했다.

이때부터 쿠르드 지역은 사실상 후세인 정권의 통제를 받지 않는 준 독
립지역이 되었다. 2003년 전쟁 때 미국의 공격을 받을 하등의 이유가
없었던 곳이니 전후 재건이란 명분의 작업이 펼쳐질 여지가 사실상 없
었던 것이다.

다급할 땐 완력과
신분위장도 불사

글 | **황대일** 당시 사회부 기자, 현 콘텐츠총괄본부장

인도네시아가 점령한 수십 년 동안 동티모르에서는 전체 인구 80만 명 가운데 약 4분의 1이 학살당했다. 특히 1999년 8월 30일 강제합병을 반대해 온 동티모르가 주민투표를 통해 독립을 가결하자, 인도네시아는 군을 동원해 학살과 방화를 자행하면서 대규모 유혈사태가 일어났다. 당시 인도네시아 군부와 연결된 무장 민병대는 주민을 닥치는 대로 살해해 1천500여 명이 목숨을 잃었다.

'종족 청소'가 국제문제로 불거지자 국제사회가 나섰다. 인근 호주 주도의 다국적군이 결성됐고, 한국도 특전사 병력을 중심으로 상록수 부대를 파견했다. 주둔지는 동티모르 최남단 로스팔로스였다.

당시 국방부를 출입한 필자는 상록수부대 1진이 도착한 1999년 10월 20일부터 보름간 종군취재에 나섰다. 필자는 한국군 주둔지의 치안, 주민 인명 피해 실태, 목숨을 위협하는 풍토병 등 '생지옥'의 실상을 보도함으로써 한국 정부의 각종 지원을 이끌어내는 데 기여하는 성과를 냈다. 하지만 개인적으로는 매우 힘든 시간이었다. 무엇보다 주둔지 지역 정보가 부족하고 통신장비 등이 열악한 탓에 '고난의 행군'을 해야만 했다. 사전 준비가 치밀했다면 피할 수 있는 고통이었다.

동티모르로의 출발을 앞두고 있는 상록수부대원들이 호주 타운스빌에서 마지막 인원점검을 하며 파이팅을
외치고 있다 / 김재영 1999. 10. 15

통신수단 확보가 급선무

현장으로 가는 길 곳곳에는 유혈 참상의 흔적이 생생했다. 썩어가는 소
와 돼지 사체, 방화로 파괴된 관공서와 주택, 말라리아 등 각종 전염병
에 걸려 쓰러진 주민의 비참한 모습이 눈에 들어왔다. 트럭 위에서 이
런 광경을 취재 노트에 열심히 담았다. 하지만 비포장도로를 달리느라
트럭이 심하게 덜컹거리고, 피습 우려 때문에 고개를 들 수 없어서 한
계가 있었다.

우여곡절 끝에 스케치 기사를 작성했으나 송고까지 숱한 고생을 감수해
야만 했다. 통신시설이 모두 불타거나 파괴되고 서울에서 준비해 간 위
성전화마저 작동되지 않았기 때문이다. 생명의 위험을 무릅쓰고 준비한
기사를 제때 보낼 수 없을지도 모른다고 생각하니 눈앞이 캄캄했다. '그
래도 뭔가 길이 있을 거야.'하는 믿음으로 주둔지 곳곳을 헤매고 다녔다.

덕분에 구세주를 만날 수 있었다. 군용 위성전화를 들고 있는 상록수 부대장이었다. 천우신조란 말이 가장 어울리는 순간이었다.

하지만 기사를 송고할 수 있다는 기쁨은 곧바로 실망으로 변했다. 부대장에게 잠시만 위성전화를 빌려달라고 요청했으나 단박에 거절당한 것이다. 배터리 용량이 얼마 남지 않아 한국 합동참모본부에 도착 사실을 보고하기도 벅차다는 이유에서였다. 요청과 설득, 하소연, 아양 등 할 수 있는 모든 수단을 동원했으나 백약이 무효였다. 순간 필자는 위험 부담이 크지만 히든카드를 꺼내들 수밖에 없다고 판단했고, 그게 주효했다. 권총을 휴대한 부대장의 팔을 비틀어 전화기를 빼앗아 연합뉴스 사회부로 기사를 보낼 수 있었던 것이다.

통화 음질이 매우 나빴음에도 국방부 출입 경험이 있는 당시 성기준 사회부 차장이 기사를 잘 받아친 덕분에 조간 마감 전에 1신을 송고할 수 있었다. 천신만고 끝에 보낸 이 기사는, 여타 언론사에서 연합뉴스 크레디트를 붙여 크게 보도됐다.

기사 송고를 무사히 끝내고는 곧바로 부대장을 찾아가 머리를 조아리며 '강탈 행각'을 사과했고, 이해한다는 답변을 들었다. 하지만 부대장 전화도 더는 이용할 수 없었다. 배터리 용량이 바닥났기 때문이다.

대체 통신수단을 찾으러 또 다시 로스팔로스 곳곳을 헤매고 다녔다. 역시 포기하지 않고 두드리는 자에게 문은 열렸다. 호주군 주둔지에서 위성전화 차량을 발견한 것. 운이 좋게도 호주군에게는 '선의의 거짓말'이 통했다. "기자냐?"는 질문에 "한국군 정보장교다."라고 둘러댔는데, 그게 통해서 위성전화를 며칠간 쓸 수 있었다. 양심에 찔리는 일이긴 했지만, 급한 상황에서는 이런 임시변통도 필요악이다.

교통수단이 취재 성패 갈라

분쟁지역에 들어가려면 적절한 교통수단 확보가 필수다. 전투 현장에는 십중팔구 대중교통이 없다. 이런 상황을 맞으면 누구나 심한 갈등을 겪는다. 안전한 후방에서 외신이나 군 브리핑을 토대로 기사를 만들 것인가, 위험을 각오하고 전투현장에 직접 갈 것인가를 놓고 번민하게 된다. 동티모르 주도 딜리에는 독립투표 직후 한국 기자들이 일부 파견됐으나 내전이 격화되자 전원 철수했다. 상록수부대가 주둔할 무렵에는 기자들의 입국이 철저히 통제됐다.

당시 다국적군을 이끈 호주군은 연합뉴스, 조선일보, 동아일보, 중앙일보, 국민일보 등 5개 언론사에만 종군을 허용했다. 해당 언론사 기자들이 공동취재를 하려 했으나 그 계획은 무산됐다. A일보 기자가 특종 욕심에 하루 먼저 출국해서 호주 군용기 편으로 딜리로 들어갔기 때문이다. 나머지 기자들은 이 사실을 뒤늦게 알고 서둘러 호주까지 갔으나 거기서 발이 묶이고 말았다. 동티모르 입국에 필요한 비자를 받지 못해서였다.

필자는 우회로를 선택했다. 전시에는 정상 출입국이 힘들다고 판단해 호주 공군기지를 찾아갔다. 그 선택은 적중했다. 거기서 딜리까지 왕복하는 군용 수송기에 무작정 올라타고서 동티모르에 갈 수 있었다.

딜리에서는 난관의 연속이었다. 우선 차량 편으로 7시간 걸리는 한국군 주둔지 로스팔로스까지 이동할 교통수단이 없었다. 딜리에 도착하자마자 밥도 굶은 채 시내 곳곳을 둘러봤다. 딜리 곳곳에는 중무장 군인들이 삼엄한 경계망을 펴고 있는 상태라 분위기가 살벌했다.

수 시간을 뒤진 끝에 바닷가에 세워진 승용차 한 대를 발견할 수 있었

로스팔로스 지역에 도착한 상록수 부대원들 / 김재영   상록수 부대원들이 치안을 담당한 동티모르 로스팔로스 지역 / 김재영

다. 일본의 한 신문사 기자가 이미 하루 500달러에 빌린 차량이었다. 곧
바로 협상에 들어갔고, 반칙을 썼다. 하루 렌터비를 700달러로 올려주
는 조건으로 차를 확보한 것이다. 그리고 다음날 오전 2시에 출발하기로
운전사와 약속했다. 심야에는 민병대 공격이 없을 거라는 판단에서였
다. 전투식량으로 끼니를 때우고 긴장과 설렘 속에서 몇 시간을 기다렸
다가 출발 시간에 바닷가로 갔다. 그런데 거기서 복병을 만났다. 중무장
한 호주군이 가는 길이 너무 위험해서 통행을 허락할 수 없다는 것이다.
천신만고 끝에 여기까지 왔는데 상록수부대 주둔지 취재를 할 수 없다
고 생각하니 절로 '막가파'가 됐다. 평소 입에서만 맴돌던 영어도 술술
나왔다.

"로스팔로스로 무조건 떠나겠다. 어떠한 위험이 있어도 가겠다."고 연
신 큰소리를 쳤다. 심야 소동에 놀란 호주군 공보장교들이 달려와 자초
지종을 묻더니 차선책을 제시했다. 한국군 상록수부대 헬기가 바우카우
(딜리와 로스팔로스 중간 지점)에서 고장 나 정비 중인데 내일 그곳으로 가
는 헬기가 있으니 함께 타고 가자는 제안이었다.

다음날 아침 일찍 다국적군 헬기편으로 바우카우 군용 공항으로 갔다.

거기서 수리를 마치고 막 이륙하려던 한국군 헬기에 간신히 탈 수 있었다. 단 몇 분만 늦었어도 놓칠 뻔한 아찔한 순간이었다. 당시 한국에서 5명의 기자가 호주로 특파됐으나 필자와 다른 기자 한 명만이 로스팔로스 취재를 할 수 있었다. 교통수단이 성패를 가른 것이다.

식량 · 의약품은 생명줄

동티모르 출장 지시가 내려진 직후 출입처인 국방부에 부탁해 군용 건빵과 전투식량을 대거 확보했고, 이를 더플백에 담아 출국 비행기에 올랐다. 싱가포르와 호주를 거쳐 동티모르로 이동할 때마다 이 무거운 더플백은 그야말로 천덕꾸러기였다. 그러나 로스팔로스에서는 생명줄 역할을 톡톡히 했다.

현지에선 상록수부대의 물자가 하역되기도 전에 1진 병력이 도착한 상태라 '보급투쟁'은 각자의 몫이었다. 초기 며칠은 밥을 지을 식수를 확보하지 못해 건빵과 전투식량이 유일한 먹을거리였다.

반면 해충 퇴치용 약품을 준비하지 않은 대가는 톡톡히 치렀다. 풀밭에 설치한 군용텐트에서 잠잘 때 벌레 떼가 달려들어 전신을 물어뜯는 바람에 뜬 눈으로 밤을 새워야 했다. 낮에는 물린 상처 부위의 간지러움을 참다못해 나무에 등을 대고 소처럼 비벼댔다. 그 때문에 온몸에 피와 진물이 끊이지 않았다.

복수 취재원이 오보 방지

분쟁지역에는 온갖 유언비어가 난무한다. 희생자 숫자나 재산 피해액이

엄청나게 부풀려지기도 한다. 이런 점을 고려하지 않으면 오보는 피할
수 없다. 정확한 전황과 피해 실태를 취재하려면 야전군 사령부에 접근
해야 한다. 사정이 여의치 않으면 직접 발로 뛰어야 한다.

주민들은 피해 규모를 과장하려는 경향이 있다. 객관적 상황을 얘기해
줄 수 있는 인물을 복수로 만나 소문으로 떠도는 피해 숫자를 검증해야
오보의 위험을 낮출 수 있다.

필자도 특전사 요원들과 함께 심야에 산악지대를 돌며 민병대 학살 실
태를 취재할 당시 대형 오보를 날릴 뻔한 일이 있었다. 주민들이 전하는
사망자 인원이 턱없이 많았기 때문이다. 상식에 비춰 과장됐을 것으로
의심하고서 기사 반영은 보류했다. 나중에 종교 지도자들을 인터뷰하면
서 사망자 숫자가 부풀려진 사실을 확인할 수 있었다.

중요 인물 인터뷰가 기사 신뢰 높여

현장에 도착하면 주민들과 만나 분쟁 과정, 역사, 잔학상, 피란민 생활
상 등을 취재해야 한다. 제한된 시간과 공간에서 진실에 근접하려면 전
쟁의 모든 과정을 몸소 겪은 인물을 찾되 인터뷰 대상은 우선순위를 정
해야 한다. 일반 주민이 전하는 말은 스케치로 활용한다. 이런 스케치는
그들이 느끼는 공포 등을 생생하게 전달하는 데 가장 유용하다.

하지만 분쟁의 실상을 알리려면 스케치로는 부족하다. 고급 정보를 가
진 인사들을 찾아 별도 인터뷰를 해야 취재의 완성도가 높아진다. 필자
는 현지 도착 이튿날 가톨릭 신부를 만났다. 동티모르 주민의 95%가 가
톨릭 신자인 점을 고려한 조치였다. 덕분에 다국적군 도착 전에 자행된

민간인 학살과 주민 피란 실태, 한국군 지원 방안 등을 취재할 수 있었다. 독립 투표 이후 무정부 상태가 되고서 전국 성당이 정부 기능을 대신했다는 사실을 안 것도 신부와의 인터뷰에서 얻은 성과였다.

무조건 현장 확인

분쟁지역 취재를 지시받으면 대체로 인터넷이나 대사관 자료 등을 토대로 현지 사정을 알리는 박스기사를 미리 준비한다. 현장에 도착하는 날짜에 맞춰 송고되도록 엠바고를 달아놓기도 한다. 하지만 이런 관행은 자칫 대형 사고를 부를 수 있다.

필자도 상록수 부대원들의 최대 적은 무장민병대가 아니라 열대 정글 속에 득실거리는 전갈과 코브라 등 맹독성 동물이라는 오보를 날린 적이 있다. 해당 기사를 호주에 체류할 당시 작성해 놓고 이틀 뒤 송고되도록 했다가 낭패를 본 것이다. 합동참모본부가 인도네시아 주재 한국무관에게서 입수한 동티모르 관련 정보를 그대로 믿은 게 화근이었다.

동티모르에는 인도네시아 밀림에서 흔히 볼 수 있는 독충이나 독사가 많지 않다는 사실을 현지에 가서야 알았다. 적도 부근의 동티모르는 날씨로 보면 열대지방이지만, 단기간에 폭우가 내리는 것을 제외하고는 연중 대부분이 건기여서 일반적인 밀림 환경과는 전혀 다르다. 발품을 팔지 않고 쓰는 기사가 얼마나 위험한지를 새삼 일깨워 준 사례였다.

동티모르 유혈사태

1976년 동티모르가 인도네시아로 강제 합병된 이후부터 1999년 유엔의 신탁통치 결정이 내려지기까지 인도네시아가 동티모르에 가한 유혈탄압 사태.

인도네시아 순다 열도에 있는 티모르섬은 1859년 동과 서로 분할돼 포르투갈과 네덜란드의 지배를 받았다. 1956년 인도네시아는 서티모르가 네덜란드 식민지에서 벗어나자 이를 흡수했고, 1975년 포르투갈이 철수하자 1976년 동티모르마저 27번째 주로 강제 편입시켰다. 인도네시아가 강제 합병한 이후, 가톨릭 교도가 대부분인 동티모르 주민들은 이슬람 국가인 인도네시아의 합병에 반대해 독립운동을 벌였고, 이 과정에서 수많은 사람들이 학살됐다.

인도네시아의 탄압에도 불구하고 유엔의 지지를 얻은 동티모르는 1999년 8월 동티모르의 독립 여부를 묻는 주민투표를 했다. 투표에서 주민의 78.5%가 독립에 찬성했으나 결과에 불복한 인도네시아군과 민병대는 동티모르 전역에서 학살·방화를 자행해 1천500여 명이 학살됐으며, 살아남은 주민들은 산 속으로 숨어들었다.

이에 9월 유엔은 다국적군을 동티모르에 파병해 친인도네시아 민병대를 공격하고 피신한 동티모르 주민들을 보호하는 등 동티모르 평화유지 활동을 펼쳤다. 이후 2002년 5월 동티모르는 인도네시아로부터 독립했다. 한국 정부는 1999년 9월 유엔 평화유지군으로 상록수부대를 파병해 2003년 10월 임무를 마치고 철수시켰다.

중국의 화약고에
무방비로 가다

글 | 홍제성 당시 베이징특파원. 현 연합뉴스TV 정치부 차장대우

'중국의 화약고'로 불리는 신장(新疆) 위구르자치구의 성도 우루무치(烏魯木齊). 필자가 이곳에 도착한 것은 대규모 유혈 사태 다음날인 2009년 7월 6일 밤이었다. 이 사건은 5일 저녁 시위 군중과 경찰의 충돌로 두 명이 숨졌다는 외신 보도로 알려지기 시작했다. 6일 오전이 되자 급박한 소식이 날아들기 시작했다. 인명 피해가 속출했다는 기사에 이어 140명이 사망했다는 충격적인 소식이 잇따라 터져 나왔다. 비상사태였다.

도착한 우루무치는 사실상 비상계엄

곧바로 회사에 출장보고를 한 뒤 항공편을 알아보는 등 준비를 시작했다. 마침 중국 외교부에서 외신기자들을 인솔해 현지 취재를 안내하겠다는 공지를 냈다. 후다닥 짐을 챙겨 공항으로 달려가 비행기에 몸을 실은 시간은 오후 7시쯤.

베이징발 우루무치행 남방항공(CZ) 6910편 여객기에는 한국 특파원들을 포함해 외신기자들로 가득했다. 밤 11시께 도착한 우루무치 공항에

는 적막감과 긴장감이 감돌았다. 공항에서 시내 중심가 호텔로 가는 도로에는 차량통행이 제한됐고 곳곳에서 경찰이 검문검색을 하고 있었다. 방패와 곤봉으로 무장한 감청색 차림의 경찰들이 3명이 한 조로 배치돼 있었고 소방차와 경찰을 태운 트럭이 곳곳에서 눈에 띄었다. 사실상 '비상계엄' 상태라는 걸 한눈에 알 수 있었다.

우루무치 도심에 배치된 무장 중국 경찰 / 홍제성

급한 대로 르포 1신 격의 기사를 베이징지사로 불러 새벽녘에 전송했다. 그렇게 우루무치에서의 약 일주일간의 현장취재가 시작됐다. 중국 정부가 지정한 호텔에 여장을 풀고 첫날을 보냈다.

이튿날인 7일 새벽 눈을 뜨기가 무섭게 호텔 로비에 마련된 프레스센터로 달려갔다. 통제로 객실 인터넷은 먹통이었고 오로지 프레스센터에서만 인터넷을 사용할 수 있었기 때문이다. 그러나 20여 개 회선에 100여 명의 취재진이 몰리는 통에 오히려 그곳이 '전쟁터' 같다는 느낌마저 들었다.

대규모 시위로 불에 탄 차량들 / 홍제성

어렵게 자리를 잡고 본격적인 현장취재에 앞서 사건을 담은 영상을 기사로 처리했다. 신장자치구 정부가 외신기자들에게 7분 42초짜리 '7.5 폭력방화 사건'이란 제목의 영상을 제공한 것이다. 위구르인 3천여 명이 5일 늦은 오후 시내 중심가에 모여드는 장면으로 시작한 영상에는 시위대가 불을 지르고 폭력을 사용하는 장면과 피를 흘리며 널브러진 시신의 모습 등 유혈사태의 참상이 고스란히 담겨 있었다. 중국 정부가 이 영상을 외신기자에게 제공한 것은 시위대의 폭력성과 잔인함을 부각시키려는 의도가 있다는 생각이 들었다.

기사를 송고하고 중국 정부의 안내를 받아 유혈시위가 발생했던 시내 곳곳을 둘러봤다. 남부 경마장 인근의 성리루(勝利路)에는 자동차 대리점과 주차장에 있던 승용차 10여 대가 시커멓게 탄 채 뒤집혀 있었다. 주차장과 건물 역시 아수라장으로 변해 있었다.

목발의 위구르 여인 장갑차 앞으로 성큼성큼

취재가 시작된 지 30여 분이 지났을까. 눈앞에서 돌발 시위가 발생했다. 위구르인 부녀자들 수십 명이 몰려들기 시작했다. 여성들과 아이들이 대거 포함된 시위대가 "당국이 위구르인 거주 지역을 샅샅이 조사해 사건과 관련이 없는 아버지와 남편들을 모조리 잡아갔다."며 1시간 가까이 시위를 벌였다. 이들은 고질적인 위구르인에 대한 차별이 이런 사태를 불렀다고 울부짖었다. 일부 피 끓는 청년들은 웃옷을 벗어 던지고 돌을 던지는 등 과격한 양상을 보였다.

그러던 찰나 영화와 같은 장면이 눈앞에 펼쳐졌다. 목발을 짚은 30대로 보이는 위구르인 여성이 장갑차를 향해 한 걸음씩 나아갔고, 그녀 뒤로 여성들과 아이들이 울부짖으며 따라갔다. 무장경찰 바로 앞까지 한 발 한 발 내딛는 모습을 지켜보던 필자는 혹시 이들을 강제진압하면 어쩌나 하는 긴장감에 휩싸였다. 그 와중에 20대로 보이는 위구르인 여성이 갑자기 쓰러졌고, 급히 병원으로 옮겨졌다. 이후에도 위구르인과 무장경찰 사이에 몸싸움이 벌어지는 등 팽팽한 긴장감이 계속됐다. 하지만 다행히 유혈 사태로까지 번지지는 않았다. 프레스센터로 돌아와 기사를 처리하는데 취재진이 웅성거리기 시작했다. 이번엔 호텔 인근에서 한족들의 시위

무장경찰 코앞에서 항의시위하는 위구르 여인 / 홍제성

가 발생했다는 것이었다. 카메라와 노트북을 들고 냅다 뛰어나갔다. 아닌 게 아니라 거리엔 대규모 인파가 시위를 벌이고 있었다. 어림잡아 4천 명쯤은 돼 보이는 한족들이 쇠 파이프, 칼, 각목 등으로 중무장한 채 중산루(中山路)에 모여 맞불 시위를 벌이고 있었다. 필자는 취재를 위해 시위대 속으로 파고들었다가 성난 군중 속에 휩쓸려 수차례 위기 상황을 겪기도 했다.

이곳 외에도 한족 시위대 수백 명이 곳곳에서 시가행진에 나서다 경찰과 대치했다는 소식이 들려왔다. 유혈시위 사태가 위구르인과 한족 간 민족 대결의 국면으로 치달은 것이다.

신장자치구 정부는 위구르인과 한족들의 시위로 몸살을 앓자 그날 밤부터 8일 오전까지 시 전체에 전면적인 통행금지를 시행했다. 도시 전체가 폭풍 전야의 고요함 속으로 빠져들었다. 그렇게 현장에서의 둘째 날이 저물었다.

위구르족 시위에 맞선 한족의 보복시위 / 홍제성

다음날 날이 밝자 시내로 나가 현지 분위기 취재에 나섰다. 통행금지가 막 풀렸음에도 여전히 수많은 무장경찰과 군용트럭이 도로를 점거한 채 차량과 행인들의 통행을 완전히 막고 있었다. 시내 상점 대부분도 셔터를 내린 채 언제 영업을 재개할지 알 수 없는 상황이었다. 회사들도 대부분 문을 닫아 사실상 정상적인 생활이 불가능했다. 이러다 도시 기능이 완전히 마비될 것이란 우려감마저 들었다.

병원서 중국 당국 실탄 발사 확인

필자는 프레스센터로 돌아와 기사를 처리하고서 저녁 무렵에는 부상자들이 치료받고 있는 병원을 찾아갔다. 외신기자들의 질문에 병원 부원장이 답변을 했는데, 거기서 놀라운 사실을 알아낼 수 있었다. 일련의 시위 과정에서 총격으로 한 명이 사망했다는 것이었다. 당시는 중국 당국이 시위 진압 과정에서 실탄을 발사했는지가 초미의 관심사였다. 필자는 다른 의사로부터 임신부 한 명이 오른쪽 발목 위에 산탄총이 아닌 총에서 발사된 것으로 추정되는 총탄에 부상했다는 증언을 확보했다. 중국 당국이 시위대를 향해 실탄을 발사하지 않았다고 주장하는 상황에서 실탄 사용 가능성을 뒷받침하는 증언이 나온 것이다. 부랴부랴 프레스센터로 돌아와 관련 상황을 기사로 송고했다.

다음날에는 로이터TV 등 외신으로부터 위구르인 마을에서 총성이 들렸다는 보도가 잇따랐다. 점점 더 실탄 발사가 의혹이 아닌 사실로 드러나고 있었다. 이후 중국 당국의 실탄 발사 사실은 외신 보도를 통해 뒤늦게 확인됐다.

이방인으로 고립된 위구르인들

필자는 위구르인의 목소리를 듣기 위한 취재에도 공을 들였다. 이 사태를 계기로 중국에서 인종과 종교가 다른 소수민족으로 살아가는 위구르인들의 한 많은 삶이 새삼 주목받고 있는 터였다.

9일 오전 우루무치 소재 신장(新疆) 의과대학을 찾아갔다. 차도르를 머리에 두른 전통 복장의 위구르인 여대생들의 모습이 곳곳에서 눈에 띄었다. 이들과 인터뷰를 시도했지만 번번이 거절당했다. 민감한 상황이어서 인터뷰를 했다가 혹시 일어날지 모를 피해를 두려워한 때문이었다. 수차례 시도 끝에 어렵사리 한 명을 섭외할 수 있었다. 자신을 이 대학 3학년이라고 밝힌 한 위구르인 여대생은 이름과 얼굴을 드러내지 않는 조건으로 조심스럽게 속내를 털어놓았다.

"위구르인들은 한족들보다 공부도 더 잘하고 실력도 뛰어나지만 뿌리 깊은 차별 탓에 사회에서는 제대로 자리를 잡지 못해요."

인터뷰 도중 눈가에 눈물이 맺히던 그녀의 표정이 한동안 필자의 뇌리에서 사라지지 않았다.

다른 곳에서 만난 위구르인들도 크게 다르지 않았다. 위구르인 집단 거주지인 성리루에서 만난 당시 스물두 살의 카이하이런 씨는 더듬거리는 중국어로 말을 건넸다.

"상당수의 위구르인들은 교육을 제대로 못 받아서 중국어를 구사하지 못해요. 우리는 차별을 몸으로 느끼면서 중국인이 아닌 이방인으로 고립돼 살아가고 있습니다."

새로운 사실도 접할 수 있었다. 위구르인 밀집 거주지인 수이모거우

(水磨溝)시장에서 열심히 꼬치를 굽던 위구르인 마이마이티밍(麥麥提名)씨는 이번 사태의 발단에 대한 견해를 이렇게 털어놓았다.

"광둥(廣東)성 사오관(韶關)시 완구공장에서 발생한 폭력사건을 당국이 편파적으로 처리한 게 원인입니다. 사오관 사건으로 무고한 위구르인 30명이 사망했지만, 당국은 두 명이 숨졌다고 발표했을 뿐입니다. 우리는 그것을 믿을 수 없습니다."

필자가 만난 위구르인들은 자체 집단거주 지역에 모여 살면서 허름한 재래시장에서 장사를 하거나, 청소부로 일하는 등 최하층의 삶을 영위하고 있었다. 아랍인을 연상케 하는 파란 눈의 얼굴, 텁수룩한 수염, 여성들의 경우 머리에 두른 차도르 등 중국인과 다른 생김새와 차림새만큼이나 이들은 전혀 다른 세상에서 온 사람처럼 느껴졌다.

국민통합 얼마나 어려운지 실감

9일을 기해 우루무치는 서서히 안정을 되찾고 있었다. 시내버스와 택시 등이 정상운행을 재개했고 쇼핑센터와 상점들도 대부분 영업을 재개했다. 하지만 다음날 찾아간 이슬람사원의 정문은 굳게 닫혀 있었다. '비상시국이므로 여러분의 안전을 위해 예배를 일시적으로 중단한다.'는 통지문이 기둥에 붙어 있었다. 또 다른 사원에서는 경찰이 삼엄한 경비를 펴고 있었다.

한국 언론들도 11일께 대부분 철수했고 필자 역시 12일을 마지막으로 베이징으로 돌아왔다. 유혈시위는 약 일주일이 지나면서 진정 국면을 맞았지만 이후에도 우루무치를 비롯한 신장자치구 곳곳에서는 주사기

테러와 같은 후속사건과 민족 간 갈등이 잇따르면서 후유증이 계속됐다. 이 사건을 취재하면서 한 국가나 사회의 이질적인 문화를 어떻게 통합하느냐에 관한 많은 생각을 하게 됐다. 특히 거대한 국토에서 서로 다른 문화를 가진 다양한 민족들이 살아가는 중국 사회에서 국민통합, 국가통합이 얼마나 어려운지를 직접 느낄 수 있었다.

우루무치 사태 취재 요령은 '인터넷 선' 확보?

당시 현장에서 가장 어려웠던 점은 인터넷 사용이었다. 통상 중국 출장 취재를 할 경우 기사는 인터넷이 가능한 호텔 객실이나 현장에서 직접 인터넷으로 처리할 때가 많았다. 그러나 시위로 중국 당국이 도시 전체의 인터넷을 사실상 모두 차단해 놓는 바람에 호텔 프레스센터 한 곳에서만 기사 처리가 가능했다. 이런 탓에 도착 다음날 새벽부터 프레스센터에서는 좋은 자리를 잡기 위한 경쟁이 치열했다. 회선은 20여 개에 불과한데 전 세계 각지에서 몰린 취재진 100여 명이 북적대니 프레스센터는 마치 시장바닥 같았다. 이상하게 들리겠지만, 당시 가장 중요한 취재 요령은 인터넷 선 확보였다.

우루무치에서는 한족들의 대응 시위, 위구르인들의 추가 시위가 계속됐기 때문에 상당히 위험했다. 그러나 당시 필자에겐 보호 장비가 전혀 없었다. 앞으로 유사한 사건을 취재하게 될 취재진은 만일에 대비해 자신을 보호할 수 있는 방독면이나 호신장비 등을 준비해 갈 필요가 있을 거 같다. 물론 가장 중요한 것은 신속하고도 요령 있게 취재를 해 가면서 기자 스스로의 안전도 도모할 수 있어야 하지만 말이다.

또 하나의 애로점을 꼽는다면 중국이라고는 하지만 위구르인들이 많이 사는 곳이기 때문에 현지에서 중국어로 의사소통을 하기가 쉽지 않은 경우가 많았다. 앞으로 소수민족 관련 취재를 할 때는 중국어와 영어, 현지 소수민족 언어 등으로 의사소통이 가능한 현지 인력을 섭외하는 게 취재에 큰 도움을 줄 것 같다.

이 밖에 뉴스통신사 기자로서 현장 분위기를 생생하게 전달하는 것도 중요하지만 사건의 큰 흐름을 놓치지 않고 스트레이트와 분석 박스기사 등을 처리하는 것도 매우 중요하다고 생각한다. 특히 대형사건의 경우에는 원활한 취재와 기사 처리를 위해 현장 출장 기자와 내근 인력 간의 유기적인 협조가 필수적이다. 당시 필자도 베이징지사 선배들과 내근자들의 적극적인 지원과 도움이 없었더라면 큰 어려움을 겪었을 것이다.

**NEWS
TIP**

우루무치 유혈시위

2009년 7월에 중국 신장 위구르자치구 우루무치시에서 위구르족이 분리 독립을 요구하며 발생한 소요 사태. 중국에는 56개의 소수민족이 있는데 이 중 하나가 위구르족이다. 위구르족은 오랜 시절 동안 소수민족 탄압을 겪어 오면서 분리독립을 주장했고, 이에 대해 중국은 위구르자치구를 지정했다. 그러나 분리독립에 대한 주장은 끊이지 않았다.

중국 정부 기관에 의해 보고된 이 시위의 사망자 수는 197명이다. 하지만 사망자 수가 400명에서 840명에 이른다는 언론 보도도 있었다. 우루무치 유혈시위는 중국 내에서 1989년 톈안먼 사건 이후로 가장 많은 사상자를 낸 시위이기도 하다.

혼돈의 트리폴리
무차별 총격 속으로

글 | 한상용 카이로특파원(2011. 7~)

카이로 특파원으로 정식 부임한 지 한 달 반 정도 지난 2011년 8월 중순. 리비아 내전의 현장을 취재해 보라는 지시를 받았다. 당시 독재자로 악명을 떨치던 무아마르 카다피 국가원수의 거점이자 수도인 트리폴리가 곧 함락될 것 같은 예감 속에 필자는 타 언론사보다 먼저 트리폴리 땅을 밟아야겠다는 의욕이 생겼다.

게다가 리비아는 이집트와 국경을 맞대고 있는 북아프리카의 이웃국가가 아닌가. 카이로 특파원의 이점을 발휘할 좋은 기회로 보였다. 실제이 출장을 통해 분쟁지에서 많은 경험을 했고 교훈도 얻었다. 하지만 안전 담보와 통신 수단 확보 없이 무작정 리비아에 갔다가는 오히려 득보다 실이 많을 수 있겠다는 생각도 들었다. 급박한 상황에서 언제든 취재를 떠날 수 있게끔 사전 준비의 중요성도 깨달았다.

이라크 국경을 넘자마자 방치된 탱크 앞에 선 필자

튀니지인 가이드(왼쪽) 및 리비아 반군(오른쪽)과 함께

국경도시 제르바로

리비아와 같은 내전 현장 취재는 기자들에게 흔치 않는 기회이다. 그러다 보니 출장 준비 초반부터 혼선이 빚어졌다. 리비아로 가는 육로나 바닷길에 대한 정보가 전혀 없었던 것이다. 내전이 언제 완전히 끝날지 모르는 상황에서 당장 무엇부터 준비해야 할지 판단이 잘 서지 않았다. 이집트 카이로에서 밤새 차를 몰아 이집트−리비아 국경을 넘어 상징적 차원에서 한국 언론사 가운데 가장 먼저 리비아 땅을 밟는 게 중요한지, 아니면 비행기를 타고 튀니지로 넘어간 뒤 수도 트리폴리로 가는 게 더 의미 있는지 우선순위를 정하기 어려웠다.

당시 리비아 상공은 비행금지구역이라 비행기로 리비아에 직행할 수도 없는 노릇이었다. 여기에 방탄조끼와 헬멧 등 방탄 장비는 물론 인터넷의 연결과 사용을 위한 위성 장비를 이집트 현지에서 구할 수 있는지 여부도 알아봐야 했다. 또 하루라도 빨리 튀니지에 도착할 수 있는 비행기 티켓 확보, 리비아 교민과 리비아 대사관을 통한 사전 정보 획득 등 할 일이 산더미 같았다.

우여곡절 끝에 트리폴리 입성을 목표로 8월 23일 오전 튀니지 수도 튀니스행 비행기에 몸을 실었다. 튀니지의 튀니스국제공항에 도착했지만 한시도 지체할 이유가 없었다. 일단 리비아 국경에서 가까운 튀니지 남부 도시 제르바에 도착하면 리비아 국경 상황도 알고 새로운 정보도 얻을 수 있을 것 같았다. 제르바는 트리폴리 주재 한국대사관이 리비아를 빠져 나와 임시로 거처를 정한 곳이라 대사관 취재도 가능하다는 판단이 들었다. 공항에서 승합차를 빌려 점심 겸 저녁을 위해 30분 정도 지체한 것을 빼고는 꼬박 8시간을 달려 23일 밤 마침내 국경 근처의 1차 목적지인 제르바에 도착했다.

제르바의 한 호텔에서 2시간가량 토막잠을 자고 24일 새벽 튀니지-리비아 국경선을 향해 또다시 긴 여정에 나섰다. 국경 근처에 가면 리비아 영토에 진입할 방법을 알 수 있을 것 같았다. 제르바에 도착해선 정면 돌파를 해 보기로 했다. 며칠간 잠을 제대로 못 자 피곤한 몸이었지만 25일 새벽 4시 해가 뜨기도 전에 숙소를 출발했다. 아니나 다를까, 국경에 닿기도 전에 문제에 봉착했다. 트리폴리와 연결된 국경지대의 해안 도로가 전면 봉쇄된 것이다. 무장한 튀니지 군인들이 취재 허가서 등을 요청해서 국경 검문소까지 가지도 못한 채 발길을 돌려야 했다. 국경지대의 취재 허가를 받기 위해 제르바 경찰서와 관련 기관을 수소문해 찾아갔지만 진척되는 게 없었다. 그나마 국경 근처에서 리비아 난민을 인터뷰하고 국경지대의 분위기를 전하는 르포 기사를 처리할 수 있었다. 그곳에서 필자는 매일 차량을 타고 국경지대를 오가며 여러 경로를 탐색했다. 그런 끝에 튀니지 남부 사막지대를 통해 리비아에 들어갈 수 있는 방법을 알아냈다. 잠을 못 자 멍한 상태로 25일 새벽 4시 제르바를 떠나 점심때쯤 남부 국경지대에 도착했다. 폐허로 변한 리비아의 국경 검문소를 통과해 당일 리비아 땅을 밟는 데도 성공했다. 원래 리비아에 입국하려면 비자가 필요하지만 내전의 소용돌이 속에 서류상의 절차가 모두 사라졌다. 검문소를 장악한 반군 무장대원이 필자의 여권을 본 뒤 몇 가지 간단한 질문을 하고는 국경 통과를 허용했다. 하지만 방탄과 위성 장비의 문제 등으로 리비아 땅을 밟은 지 반나절 만에 다시 튀니지로 돌아와야 했다. 리비아 영토에 진입한 만큼 트리폴리까지 직행하고 싶

은 욕심도 있었지만, 통신 수단과 안전 장비 등의 문제로 본사로부터 튀
니지 제르바로 복귀하라는 지시를 받았다. 아닌 게 아니라, 위성 장비가
없는 상황에서 트리폴리에 도착한다 해도 기사와 사진 송고는 물론 회
사에 보고 할 수 있을지 여부도 문제가 될 것 같았다.

제르바로 돌아온 뒤에는 트리폴리에 들어갈 수 있는 사전 정보를 계속
모으면서 다시 기회를 엿봤다. 헝가리 부다페스트에서 지원 나온 황정
우 특파원과도 합류했다. 황 특파원이 합류한 다음날인 27일 여섯 시간
을 달려 서남부 사막지대를 지나 이틀 전의 그 국경선을 다시 넘었다.
그리고 다음날 새벽 6시 결전의 트리폴리를 향해 리비아 남부의 날루
트시를 출발했다.

간신히 찾은 호텔이 반군 임시 숙소

리비아 정부군과 반군의 격전지인 트리폴리 외곽에 다다르자 '이젠 진
짜 전쟁터'란 생각에 그간의 피로감은 사라지고 긴장감이 확 몰려왔다.
국경지대에서 4시간 넘게 달려 도착한 트리폴리의 첫인상은 '유령 도
시'였다. 트리폴리 인근의 자위야 도시는 카다피군과 반군의 격전지임
을 말해주듯 도로 옆 건물들이 하나같이 포탄 공격과 폭격을 받아 거
의 초토화돼 있었다. 황 특파원이 가져온 방탄조끼와 헬멧을 입어야 할
지 망설여졌다. 트리폴리 시내에 진입하자 눈에 보이는 건 반군 차량
과 그 차량 주변에 서 있는 무장 반군들뿐이었다. 거리를 돌아다니는
시민은 한 명도 보이지 않았다. 반군이 트리폴리 대부분 지역을 장악
했다지만 일부 지역에서는 여전히 카다피 측 저격수들이 반군을 노리

고 있다는 한 반군 대원의 귀띔에 안전한 숙소를 찾는 게 급선무라는 생각이 들었다.

외신기자들이 많이 머물고 있는 호텔이 상대적으로 더 안전할 것 같다는 생각에 5성급인 코린시아 호텔과 래디슨 블루 호텔을 찾았다. 코린시아 호텔은 야권 지도자들이 자주 이용하는 거점이기도 했다. 시내와 가깝고 외신 기자들과 정보 교환도 가능하다 싶어 이 호텔에 투숙하려고 했지만 데스크에서 빈 방이 하나도 없다고 했다. 이름 있는 다른 호텔들을 수소문했으나 사정은 마찬가지였다. 코린시아 호텔 다음으로 크고 다수의 외신기자들이 머문다는 래디슨 블루 호텔에서도 빈 방이 없다는 반응을 보였다. 마음이 급해진 필자는 호텔 직원에게 다른 숙소라도 추천해 달라고 부탁하자 그가 메모지 한 장을 건넸다. 거기 적힌 주소를 보고 어렵사리 호텔을 찾아갔으나 역시 빈 방이 없다고 했다. 다만, 비용을 지불하면 로비에서 인터넷을 쓸 수 있다는 직원의 말에 곧바로 노트북을 꺼내 트리폴리발 첫 르포 기사를 작성했다. 로비에서 죽치고 앉아 기사를 작성하다가 끝내 빈 방이 나오지 않으면 코린시아 호텔 로비에서 밤을 새운다는 계획을 짰다.

다행히 운이 따라 저녁때쯤 빈 방이 나왔다. 하지만 어쩐지 호텔 분위기가 예사롭지 않았다. 일반 투숙객이 머무르는 호텔이 아닌 듯했다. 호텔 정문 앞에는 반군들이 기관총이 장착된 픽업트럭에 앉아 쉬고 있었고, 소총을 든 반군들이 수시로 호텔을 들락거렸다. 그 이유는 뒤늦게 알았다. 카다피 측근 여성의 소유였던 이 호텔을 트리폴리를 장악한 반군이 빼앗아 임시 숙소로 사용하고 있는 것이었다. 하지만 당장 다른 호텔을 찾을 수도 없는 노릇이었다.

두 살배기 옆에서도 총성

트리폴리 도착 당일 로비에서 기사를 작성할 때 갑자기 들려온 총성은 가슴을 철렁이게 했다. 아주 가까운 곳에서 들리는 총소리였기 때문이다. '혹시 전투가 벌어진 건가?'하는 불안감에 호텔 밖으로 나가보지도 못했다. 조금 있다가 무슨 일인지 확인하려고 호텔 정문 앞을 나가서 살펴보니, 밖은 태평스러워 보였다. 쉬고 있던 반군 대원들에게서도 놀란 기색을 찾을 수 없었다. 반군이 하늘을 향해 쏘아 올린 '축하용 총성'이었던 것이다. 반군은 아무 때나 장소를 가리지 않고 이렇게 총을 쏘아댔다.

트리폴리에 도착한 날 해가 지고 어둠이 밀려올 무렵 순교자광장(옛 녹색광장)에서도 비슷한 경험을 했다. 이 광장은 트리폴리의 대표적 광장으로 시민들이 가장 많이 모일 수 있는 장소다. 두 살배기 아이를 비롯해 가족을 데리고 승리를 환호하기 위해 나온 트리폴리 시민과 얘기를 나누는 도중 옆을 지나가는 차량에서 수시로 울려대는 '총성'은 아직 완전히 끝나지 않은 내전 현장의 위험성을 고스란히 드러냈다.

총기사고라도 발생하는 게 아닌가 하는 불길한 예감도 들었다. 실제 전투 상황이 아니었지만 '혹시라도 잘못 조준해 쏘면 어쩌나.'하는 불안감을 억누를 수 없었다. 반군들은 어떤 주의력이나 안전의식 없이 자동 소총이나 기관총을 장난감 다루듯 했다. 시내 전체에 울려대는 총성에 귀가 먹먹했다. 트리폴리에 있는 카다피의 바브 아지지야 요새에서 치러진 치열한 교전 때는 이보다 더한 총성이 울렸을 것이라고 생각하니 머리가 쭈뼛해졌다.

반군들이 총기를 들고 있는 모습을 며칠째 보면서도 불안감은 좀처럼 사그라지지 않았다. "하늘을 향해 총을 쏘고 있던 반군 한 명이 벨소리에 전화기를 들기 위해 무의식중에 자세가 틀어지면서 앞에 있던 반군이 맞는 걸 봤다."는 한 트리폴리 교민의 경험담도 들었다. 어디서 왔냐고 묻는 반군 대원들에게 "한국에서 왔다."고 답하면 그들은 "코레아, 웰컴"하며 활짝 웃으며 반겼다. 그렇더라도 소총을 거리낌 없이 다루는 모습에는 여전히 몸이 움츠러들었다. 반군들의 자축 세리머니의 일종인 총성이 하루도 빠짐없이 계속되면서 그 소음에도 차츰 익숙해졌다. 필자는 검문소나 거리, 호텔 정문 등지에서 반군들을 만날 때마다 최대한 우호적인 모습을 보이려고 얼굴에 미소를 짓거나 아랍어로 인사말을 건넸다. '축하한다'는 말을 건네고 V자 손짓을 보이며 우호적인 몸짓을 하기도 했지만 불안감을 씻을 수는 없었다.

빵과 비스킷으로 연명하며 취재

현지에서의 생활과 열악한 취재 여건도 결코 녹록지 않았다. 위험 요소가 다분한 현장에서 취재 여건은 둘째 치고 당장 생존을 위한 먹을거리를 걱정해야 할 처지였다. 식생활은 생존하는 자체에 초점을 뒀다. 사흘간은 빵과 비스킷, 초콜릿 등 비상식량에 의존했다. 식수는 미리 구입한 1.5ℓ 물 2개로 이틀을 버텨야 했다. 숙소는 4성급 호텔이지만 물이 나오지 않아 나흘간 씻지를 못했다. 화장실의 악취도 갈수록 심해졌다. 일주일째 3시간 정도밖에 잠을 못 잔 상태에서 기사 부담은 더욱 가중됐다. 다른 한국 언론사와의 보이지 않는 경쟁 탓이었다. 일부 국내 언론사보다 늦게 트리폴리에 들어온 탓에 차별화된 기사, 보다 현장감 있는 장소를 물색해 취재하고 인터뷰를 하는 일이 다급했다.

빠듯한 일정에 날짜 감각마저 무뎌질 무렵 본사로부터 트리폴리에서 튀니지 제르바로 철수하라는 연락을 받았다. 트리폴리에 머문 지 5일째 되는 날이었다. 애초 2박을 한 다음 튀니지로 이동하려던 계획이 바뀌어 2박을 더 머물게 됐다. 어렵게 입성한 트리폴리인 만큼 이틀 만에 철수하는 것에 대해 아쉬움과 미련이 있던 것도 사실이었다.

도착 당일 총성이 끊이지 않았던 '유령 도시' 트리폴리도 빠르게 도시 기능을 회복하고 있었다. 번화가 거리의 상점 대부분이 하나둘씩 문을 열었고 트리폴리 시민도 일상으로 복귀하느라 분주한 모습이었다. 다만, 앳되어 보이는 10대 청소년들이 자동 소총으로 무장한 모습을 보면 이들이 언제 어떻게 변할지 모른다는 두려움이 들었다. 카다피 군이 트리폴리 일부 지역에 배치한 저격수들이 여전히 총을 겨누고 있다는 한 반군의 말에 도심에서 힐끗힐끗 옥상을 보는 버릇도 생겼다.

리비아 출장에 나선 지 13일째 되는 날 트리폴리에서 철수하라는 최종 지시가 떨어졌다. 이 지시를 받았을 때 들었던 솔직한 첫 심정은 '이젠 물 걱정 없이 씻을 수 있겠구나.'하는 작은 행복감이었다.

카다피 시신 확인하러 다시 트리폴리로

리비아 출장을 다녀온 지 한 달도 안 된 2011년 9월 20일. 또다시 필자는 리비아행을 준비해야 했다. 카다피가 반군에 붙잡혀 살해됐다는 소식이 전해진 직후 또 다시 리비아 출장 지시가 떨어진 것이다.

이번에는 리비아인이 주로 머무는 튀니스의 한 호텔로 가서 리비아–튀니지를 오가는 사제 택시를 탔다. 말이 택시이지 그냥 일반 승용차와 똑같았다. 리비아인 운전사는 브로커 역할을 겸해 아르바이트 식으로 손님을 데리고 리비아와 튀니지를 오갔다. 장거리 주행 끝에 한밤중이 돼서야 튀니지–리비아 국경에 도착했다. 리비아 국경 검문소에서 비자가 없다는 이유로 여권이 한동안 압수되는 우여곡절도 있었지만 200달러의 뇌물을 제공한 끝에 국경선을 통과할 수 있었다. 리비아인 운전기사는 우리 뒤에 있던 미국인 기자의 경우 1천 달러를 뇌물로 줬다며 "당신들은 싼 가격에 입국 비자를 얻은 것"이라며 웃음을 지었다. 그 시각 손목시계의 바늘은 새벽 3시를 가리키고 있었다.

마침내 국경지대를 벗어나 희대의 독재자가 역사의 뒤안길로 사라진 리비아 수도 트리폴리로 가기 위해 리비아 국경에서 안쪽으로 약 100㎞ 떨어진 자위야에 먼저 진입했다. 42년 독재가 카다피의 참혹한 죽음과 함께 마감된 리비아로 향하는 동안 비가 추적추적 내렸지만 속도는 줄이지 않았다. 이동 도중 본사에 연락해 리비아 진입 보고를 하자 "일본 특파원이 하루 전날 리비아 출장 도중 교통사고를 당해 사망했다는 보도가 있으니 조심하라."고 했다. 나중에 알고 보니 이 일본 특파원은 필자와 카이로 등지에서 취재를 하다 여러 차례 만나고 한국식당에서 함께 식사를 했던 동료였다. 필자와 마찬가지로 카이로에 부인과 자녀들을 둔 특파원이었던 터라 안타까움이 더욱 컸다.

튀니스에서 트리폴리까지 딱 한 차례 30분 정도 쉬고 800㎞가 넘는 거리를 달린 끝에 마침내 목적지에 도착했다. 트리폴리에 진입한 다음날에도 강행군이 이어졌다. 하루 빨리 카다피의 시신이 있는 곳을 찾아가야 했기 때문이다. 트리폴리에서 동쪽으로 약 200㎞ 떨어진 미스라타가 그 다음 목적지였다. 미스라타에 도착해서 현지 주민들한테 수소문한 끝에 마침내 폐허로 변한 한 쇼핑센터 냉동 창고를 찾아냈다.

약 15평 규모의 작은 창고 안에서는 리비아 국가과도위원회(NTC) 병사 한 명이 안내를 맡고 있었다. 그 군인이 세 구의 시신 가운데 중간에 있는 시신을 덮어쓴 흰 천을 들추자 카다피의 얼굴이 나타났다. 곱슬머리에 이마에는 총상이 보였다. 얼굴 주변을 덮었던 흰색 천에는 붉은 피가 묻어 있었다. 카다피의 감은 눈 주위에는 멍 자국도 눈에 띄었다. 카다피의 시신은 모포와 흰색 천 두 겹으로 덮여 있었다. 카다피 몸 전체를 둘러싼 모포는 두 개의 흰색 끈에 묶여 고정된 상태였다. 40년간 리비아를 철권 통치한 독재자 카다피가 메케한 냄새가 진동하는 이 창고 바닥에 싸늘한 주검으로 전시돼 있다는 게 권력의 무상을 느끼게 했다. 카다피의 양쪽 옆에는 카다피의 아들 무타심과 전 리비아 국방장관 아

폐허로 변한 미스라타 / 한상용

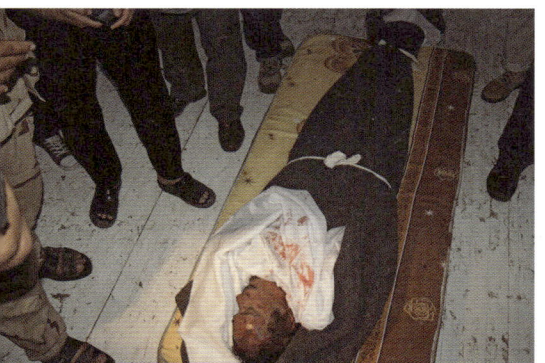

(왼쪽) **카다피 시신** / 한상용
(오른쪽 위) **카다피가 그려진 벽화** / 한상용
(오른쪽 아래) **카다피 전세기** / 한상용

부 바크르 유니스가 핏기 없는 얼굴로 나란히 숨진 채 누워 있었다. 창
고 밖에는 카다피의 시신을 브려고 미스라타와 트리폴리 등에서 온 시
민 수백 명이 50m 넘게 줄을 서 있었다. 세계 각국에서 몰려든 취재진
도 100명이 넘었다. 카다피 시신이 세계 각국의 취재진과 세인들의 구
경거리가 된 것이다.

먼저 들어가려는 인파와 이를 막으려는 병사가 승강이를 벌이는 모습
도 자주 목격됐다. 소총으로 무장한 NTC 병사 10여 명이 창고 주변에
서 삼엄한 경비를 펼친 가운데 취재진과 시민이 시간에 맞춰 번갈아가
며 창고를 오갔다.

입구가 하나밖에 없어 약 5분 간격으로 관람객들이 교대됐다. 그러나
창고 안에서 리포트를 하거나 사진을 한 장이라도 더 찍으려는 취재진,
더 가까이에서 더 오래 보려는 시민과 이를 제지하려는 병사들이 뒤엉

켜 다투는 상황이 벌어지기도 했다.

어쨌든 취재는 순조롭게 마친 편이었지만 마음 한편에선 매우 불편한 감정도 들었다. 아무리 독재자라 해도 꼭 이렇게까지 공개적으로 구경거리를 만들어 모욕하고 복수하고 싶은 걸까? 어린이와 여성들도 이 카다피의 싸늘한 시신을 보면서 기쁨을 느끼는 걸까? 그렇다면 정말 리비아인들은 감정이 무디거나 무서운 사람들일 수 있다는 생각이 들었다. 카다피의 시신을 전시하려고 한 반군들의 극단주의 사상의 일면을 엿보았다고나 할까. 실제 카다피가 죽고 나서는 반군끼리 권력 다툼을 벌이며 또 다른 내전 양상을 보이기도 했다. 독재가 끝나자 각 지역의 민병대 사이에 언제 끝날지 모르는 새로운 암투가 벌어진 것이다.

리비아 내전

리비아 내전은 2011년 2월 15일부터 발생한 북아프리카의 국가 리비아에서 무아마르 카다피의 지지 세력과 카다피에 반대하는 반카다피 세력 간에 벌어진 무장 충돌이다. 리비아 혁명(Libyan Revolution)으로도 불린다.

리비아를 42년간 통치해 온 강압적인 카다피 정권에 대한 일련의 평화적인 반정부 시위로 시작됐다. 반정부 시위는 리비아 전역으로 확대되며 봉기 수준으로 격화됐고, 반카다피 세력은 벵가지에 카다피 세력의 축출, 민주적인 선거를 목표로 하는 국가과도위원회를 설립했다. 국제연합 안전보장이사회는 초기에 카다피와 그의 측근 인사 열 명의 자산을 동결하고 여행을 제한하는 결의를 통과시켰다. 이후 카다피 체포 영장이 발부됐다. 2월 26일 국제연합은 카다피 정권에 대한 제재 조치를 결의하고, 국제사회가 공조해 카다피 정권에 대한 대응 계획을 수립했다. 3월 3일에 국제형사재판소에서 독재 기간 저지른 반인류 범죄에 대한 조사에 착수하면서 카다피의 퇴진에 압박을 가했다. 국제연합의 제재와 합의에 따라 3월 19일 미국과 유럽 연합군이 리비아 본토에 대한 공격을 개시, 참전했다.

연합군의 합류와 함께 단순 민중 봉기가 아닌 정부군과 시민군의 내전 양상을 띠게 됐다. 정부군은 카다피 정권의 지지층과 서남아프리카 용병이 주축을 이루었고, 시민군은 정권에 반대하는 사람들과 연합군으로 구성됐다. 2011년 3월부터 본격적으로 전쟁 상태에 들어갔으며, 그 후 치열한 공방전이 전개되다가, 그해 10월 카다피의 고향인 시르테를 공격해서 10월 20일에 그를 사살했다.

2012년 7월 7일 장교들이 주축이 되어 설립한 과도국가위원회를 중심으로 의회 선거를 치러 새로운 총리를 선출하고, 헌법 초안을 작성했으며, 8월 공식 국가가 수립됐다.

험지 취재,
어디서든 닥쳐오는 위험

글 | **고웅석** 2008~2011 카이로특파원, 현 사회부 부장대우

2011년 민주화를 요구하는 변혁의 목소리가 중동 지역을 뒤흔들었
다. 지중해에 면한 튀니지를 시작으로 도미노처럼 순식간에 퍼져
나간 시민혁명은 동유럽 공산권의 체제 변화를 몰고 온 1989년 베를린
장벽의 붕괴에 비교되기도 했다. 당시 카이로 특파원으로 근무하고 있던
필자는 그 한복판에서 역사적 순간을 목격하는 '행운'(?)과 맞닥뜨렸다.

무바라크 퇴진 외치는 성난 이집트 시민들 / 고웅석

무스카트에서 카이로로

이집트에서 시민혁명이 촉발된 날은 2011년 1월 25일이다. 필자는 당시 오만의 수도 무스카트에 있었다. 소말리아 해적에 피랍됐다가 청해부대의 아덴만 여명작전으로 구출된 삼호주얼리호와 관련한 취재를 하기 위해서였다. 삼호주얼리호의 석해균 선장은 청해부대원의 구출작전 과정에서 복부 관통상을 입어 오만으로 이송돼 있었다. 생사의 경계를 오가던 석 선장을 치료하기 위해 한국에서 이국종 교수 등 의료진과 석 선장 가족이 오만으로 날아왔다.

현지에 먼저 도착해 석 선장이 입원한 살랄라 병원을 밀착 커버하고 있

무바라크 대통령을 지지하는 시위대와 반대하는 시위대가 충돌하는 과정에서 불에 탄 차량 / 이성한

무바라크 퇴진을 요구하며 탱크 밑에 누운 이집트 시민들 / 고웅석

던 강종구 두바이 특파원과 함께 후속 취재를 하는 와중에도 멀리 떨어진 카이로가 걱정됐다. 1월 25일에 이집트 범야권 조직이 주도하는 대규모 반정부 시위가 예정돼 있었기 때문이다. 앞서 열흘 전쯤 튀니지에서 23년간 철권통치를 했던 벤 알리 대통령이 시민혁명으로 쫓겨나 사우디아

라비아로 망명하는 일이 벌어진 상태라 호스니 무바라크 대통령의 장기 집권에 염증이 난 이집트 시민들의 감정도 격앙돼 있었다.

일단 급한 불부터 끄자는 심정으로 오만 주재 한국대사관과 삼호주얼리호의 선사인 삼호해운 관계자가 묵는 호텔 등을 오가며 속보를 챙기면서 외신을 통해 카이로 시위 상황을 체크했다. 이집트 시위는 예상보다 거셌고, 그쪽 사태가 심각하게 돌아가자 본사에서는 급한 대로 브뤼셀 특파원을 카이로로 보냈지만 첫날부터 8명의 희생자가 발생하는 등 이집트 시위가 유혈사태로 번지며 걷잡을 수 없이 확산되자 카이로 복귀 명령이 떨어졌다.

카메라 들고 성난 시위대 속으로

좌석이 텅 비다시피 한 비행기를 타고 되돌아온 카이로는 오만으로 출장을 떠나기 닷새 전의 그 모습이 아니었다. 공항에서 차를 타고 카이로 중심의 타흐리르(해방) 광장이 내려다보이는 고가도로를 지날 때 불에 탄 호텔 건물에서 검은 연기가 치솟는 광경이 눈에 들어왔다. 도로 곳곳에서는 성난 시위대가 폐타이어를 쌓아놓고 불을 질러 차량 통행이 어려웠다.

30년 묵은 권력을 무너뜨리려는 시민들과 이를 무력으로 진압하는 권력 간의 충돌로 카이로는 전쟁터를 방불케 했다. 그달 중순 중동혁명의 발원지인 튀니지에 급파됐다가 숨 돌릴 틈도 없이 곧바로 오만을 다녀와 피로감이 쌓일 대로 쌓인 상태였지만, 집으로 향하던 차를 돌려 곧바로 현장 취재에 들어갔다.

"군인들이 시위대에 총도 쏜다. 외국인 기자라고 해서 봐주지 않는다."
현지인 운전기사인 이스마엘이 극구 만류했지만 그를 독려해 차를 몰게 하면서 긴장을 늦추지 않고 현장을 살폈다.

대통령궁으로 향하는 헬리오폴리스 인근에 이르자 완전무장을 한 병사들이 수송버스로 바리케이드를 친 채 차량 통행을 통제하고 있었다. 안와르 사다트 전 대통령의 묘역 앞 도로에서는 탱크 20여 대와 장갑차 30여 대가 두 줄로 길게 늘어서 시내 진입을 기다리고 있었다.

이집트에 진출한 우리 기업과 교민 안전 등을 체크하려고 카이로 시내 한국대사관까지 들렀다가 마아디에 있는 집에 도착하자 날이 어두워졌다. 반갑게 맞아주기는 했지만 오랜만에 마주한 아내의 얼굴이 근심으로 가득했다.

"곧 괜찮아 질 거야."

가족을 안심시키고는 짐도 풀기 전에 책상에 앉아 쓴 기사를 서울로 보내려는데 이번엔 송고가 문제였다. 무바라크 정권이 인터넷망을 전면 차단해 놓았기 때문이다. 당시 청년단체들은 페이스북과 트위터 등 소셜네트워크를 통해 시위 상황을 전파하고 시민들의 참여를 독려했다. 무바라크 정권은 이를 무력화하기 위해 인터넷망을 차단한 것이다.

작성한 기사를 본사 국제부에 전화로 불러야 하나 고민하던 중 전화선으로 기사를 송고하던 옛날 방식이 불현듯 떠올랐다. 본사 담당부서에 문의를 하자 인터넷망이 없는 험지 출장에 대비해 전화 송고 라인 하나를 살려뒀다는 반가운 이야기를 전해줬다. 덕분에 무사히 서울로 기사를 보낼 수 있었다.

낮에는 간간이 들리던 총성이 해가 떨어지면 더 자주 더 크게 들렸다.

시위는 다음날도 그 다음날도 이어졌다. 사망자 수도 눈덩이처럼 불어났다. 집계하는 기관마다 수치상 차이가 났지만 최소 수백 명의 시민이 목숨을 잃었다. 치안은 갈수록 불안해졌다. 카이로 외곽에 있는 한국학교에 흉기를 든 괴한이 침입하는 일이 발생하는 등 안전을 담보할 수 없는 혼돈 속에서 가족은 다른 교민들과 함께 한국행 피란길에 올랐다.

피의 소용돌이 속 무슬림형제단 넘버2와 단독 인터뷰

이 소용돌이 속에서 필자는 평소 알고 지내던 이집트 언론사 움마 프레스Ummah Press의 아흐메드 샤를리 편집장에게 줄을 대 시민혁명을 이끄는 핵심 세력인 무슬림형제단의 '넘버 2' 라샤드 모하메드 알-바유미 부의장과 만나 단독 인터뷰를 했다. 당시 특파원이 이집트 최대 야권 조직이기도 한 무슬림형제단의 고위층과 만난다는 것은 강제 출국까지 각오해야 하는 일이었다. 하지만 시민혁명의 소용돌이 속에 권력의 감시가 느슨해지면서 알-바유미 부의장과의 대면이 어렵사리 성사될 수 있었다. 스파이 작전을 하듯 알-바유미 부의장과 인터뷰를 하고 나서 불과 사흘 만에 그토록 강고했던 무바라크 정권이 무너졌다.

2월 11일 밤 오마르 술레이만 부통령이 이집트 국영 TV에 나와 무바라크 대통령의 하야 소식을 발표했다. 이집트 시민혁명이 승리를 거둔 순간이었다. 한 줄짜리 긴급 뉴스를 송고하고 밤늦도록 후속 기사를 쏟아냈다. 무바라크 대통령이 사퇴한 이후 '카이로의 봄'이 찾아왔지만, 과도기의 이집트 정국은 여전히 불안정했다. 가족과의 상봉은 두 달 뒤에나 이뤄졌다.

어디서든 예기치 않게 닥쳐오는 위험

헬리콥터가 쉴 새 없이 하늘을 날아다니고 밤낮을 가리지 않고 총성이 이어지던 2011년 2월 초, 이집트 시민혁명을 취재하면서 직접 겪었던 일이다. 군부대가 탱크를 앞세워 진주한 가운데 카이로 시내의 중심지 타흐리르 광장에서는 무바라크의 퇴진을 요구하는 시위대 수만 명이 텐트를 치며 농성 시위를 벌이고 있었다. 1월 25일부터 시작된 시위 과정에서 이미 수백 명의 시민이 목숨을 잃은 터라 시위대의 눈에는 핏발이 서려 있었고, 무바라크를 지지하는 친정부 세력의 준동까지 더해져 카이로 시내는 긴장감이 팽배했다.

2월 3일 오전, 영국에서 지원을 온 이성한 런던 특파원과 함께 시위 최전선인 타흐리르 광장으로 향할 때까지만 해도 취재 과정에서 봉변을 당하는 일은 남의 일로만 생각하고 있었다. 중동 시위를 촉발한 튀니지의 '재스민 혁명'을 현장에서 취재했고, 2007년에는 승려들의 시위(샤프란 혁명)가 벌어진 미얀마를, 2010년에는 강경 무장정파 하마스가 장악하고 있는 팔레스타인 가자지구를 무사히 다녀온 적이 있는 필자는 비이성적 자신감이 은연중에 작용하고 있었다.

그런 미신으로 무장한 필자는 시경캡(서울시경찰청 팀장) 등을 거친 사건 통인 이 특파원과 함께 당일 오전 타흐리르 광장을 취재하기 위해 나일강을 지나는 다리에서 하차했다. 시위대에 막혀 더는 차량으로 이동할 수 없어서 우리는 나일강변 도로를 따라 걸어서 시위대의 방화로 전소한 집권 국민민주당 당사 건물을 지나 차량 흐름이 끊긴 고가도로를 거슬러 올라갔다.

타흐리르 광장이 훤히 내려다보이는 지점에 이르러 카메라를 꺼내 들고 촬영하려는데, 20대로 보이는 청년 두세 명이 시비를 걸어왔다. 이들 청년이 촬영을 제지하며 소란을 일으키자 우리를 둘러싼 이집트인 수는 금세 10여 명으로 불어났다. 이들은 카메라를 강제로 빼앗더니 겨드랑이에 팔을 끼운 채 우리를 어디론가 끌고 갔다.

여권을 보여 달라는 청년들의 요구에 이집트 정부에서 발행한 기자증을 제시했으나 이들은 기자증을 치켜들며 주위를 선동해 사태를 더욱 악화시켰다.

"우리는 서방 기자가 아니라 한국 기자다."

이렇게 말하며 이들을 진정시키려 했으나 소용이 없었다. 오토바이를 탄 청년 두 명은 필자의 오른쪽 어깨를 가격하는 등 폭력을 행사하기도 했다.

이들에게 50m가량을 질질 끌려가면서 이러다가 잘못될 수도 있겠다는 생각이 들 즈음에 다행히 멀리서 소요를 목격한 군인 세 명이 달려왔다. 철모를 쓰고 착검이 된 소총을 든 이들 군인은 우리를 끌고 가던 군중과 언성을 높이며 말다툼을 벌였다. 잠시 후 양측 간에 뭔가 합의가 됐는지 우리의 몸을 수색하고 나서 카메라와 캠코더를 군중으로부터 빼앗다시피 되찾아 우리에게 넘겨줬다. 그러고는 우리를 이끌고 한참을 걸어서 비교적 안전한 곳까지 데려다준 뒤 풀어줬다. 오토바이를 탄 청년에게 얻어맞은 오른쪽 어깨가 욱신거리긴 했지만, 비교적 가벼운 상처만 입은 채 무사히 풀려났다.

어찌 보면 해프닝에 가까운 이 사건을 되짚어 보면 섬뜩한 느낌을 떨칠 수 없다. 이집트에서 경찰이나 보안기관에 강제 연행된 기자들은 소속 국가의 대사관이 개입해 어렵지 않게 풀려날 수 있었지만 이번 경우는 달랐다. 흥분한 익명의 군중에 끌려간다면 어떤 일을 당하게 될지 아무도 예상할 수 없기 때문이다. 우리를 린치했던 군중의 정체는 친정부세력으로 추정된다. 이들은 외신기자들이 반정부 시위를 과장·왜곡 보도해 이집트 사태를 악화시킨다고 보고 외신기자들을 상대로 동시다발적인 공격에 나섰던 것으로 확인됐기 때문이다.

우리가 봉변을 당했던 같은 날 많은 외신기자가 친정부세력의 공격을 받고 중경상을 입었다. 이들 기자 중에는 CNN의 간판 앵커이자 재난 전문 취재기자로 알려진 앤더슨 쿠퍼도 있었다. 이집트에서 취재하던 쿠퍼는 무바라크를 지지하는 시위대에 폭행을 당한 뒤 침침한 조명이 켜진 방안에서 동료 취재기자들과 함께 방송을 진행했다.

"우리는 안전문제 때문에 이곳이 어디인지 밝힐 수 없다. 솔직히 불과 몇 시간 후에 무슨 일이 일어날지 모르기 때문에 조금 무서운 게 사실이다."

방송에서 그는 이렇게 털어놓았다.

위험지역과 험지 취재시 안전 또 안전

중동 주재 특파원을 하다 보면 위험지역이나 험지 등을 취재해야 하는 경우가 적지 않다. 필자 역시 팔레스타인 무장세력 하마스가 장악하고 있는 가자지구, 시아파 조직 헤즈볼라의 근거지인 레바논 남부, 22년간 내전이 벌어졌던 남(南)수단 등을 찾아갔었다.

분쟁지역이나 험지 출장취재 중 가장 중요한 것은 역시 안전이다. 현장에 더 가까이 근접해 보려는 열정이 자칫 돌이킬 수 없는 상황을 가져오기도 한다. 미국 뉴욕에 본부를 둔 언론인보호위원회(CPJ)는 1992년부터 2017년 3월 현재까지 분쟁지역에서 숨진 언론인이 1천234명이라고 밝혔다.

위기는 언제든 나를 덮칠 수 있다는 점을 거듭 강조하면서 필자가 험지 취재를 통해 체득한 몇 가지 노하우를 조언하자면 다음과 같다.

1. 사전 준비는 철저히: 기자가 스스로 기획해서 혼자 떠나는 출장에는 철저한 사전 준비가 필수다. 출장지에서 묵을 숙소를 미리 정해야 하고 현지 취재에 필요한 차량과 코디를 물색해 놓아야 한다. 사전에 현지 공관이나 코트라, 대기업 지사 등에 연락을 취해 요청하는 것도 방법이다. 출장지의 교민회장이 누구인지 파악해서 도움을 받을 수 있다.

2. 기본 자료를 오프라인 파일로 만들어 가라: 험지에 가면 인터넷 이용이 쉽지 않다. 인터넷이 연결되는 호텔이라고 해도 속도는 기절할 정도로 느리다. 기사 작성에 필요한 기본 데이터를 미리 뽑아서 오프라인 파일로 만들어 가면 쓸모가 많다.

3. 기사를 염두에 둔 취재를 하라: 출장지에 도착하기 전에 어떤 아이템의 기사를 쓰겠다는 계획을 분명히 세워 둬야 취재가 용이하다. 특히 출장 시 대부분 르포를 쓰게 되는데, 생생한 르포 기사가 되려면 마치 사진을 찍듯 메모하면서 취재해야 한다. 또한 기사에 어떤 소재를 담을 것인지 염두에 두지 않고 무작정 취재만 하면 기사 작성에 품이 많이 들 뿐만 아니라 알찬 기사가 나오기 어렵다.

4. 두드려라 그러면 열릴 것이다: 출장지 취재 과정에서 난관에 부딪히는 일은 흔하다. 무리하게 신변의 위험을 무릅쓰면서 취재해서는 곤란하지만, 그렇지 않은 경우에는 창의력을 발휘해 열심히 돌파구를 찾으면 길이 보인다. 지레 안 될 것이라고 단정하는 태도로는 좋은 기삿거리를 발굴할 수 없다.

엄청난 희생자 불구 미완의 시민혁명

20011년 이집트 혁명은 '현대판 파라오'로 불린 호스니 무바라크 대통령 체제에 저항해 일어난 민주화운동이다. 30년간 이어져온 무바라크 대통령의 장기 독재와 부정부패에 염증을 느낀 시민들은 벤 알리 대통령을 몰아낸 '재스민 혁명'의 영향을 받아 반정부 시위에 나섰다. 높은 물가상승률과 실업률도 시민혁명을 촉발한 원인이 됐다. 당시 세계은행은 이집트 전체 인구 8천만 명 중 40%가량이 하루 수입 2달러 미만인 저소득층이라는 보고서를 낸 바 있다.

1월 25일 첫 대규모 시위는 '4.6청년운동' 등 청년시민단체들이 중심이 됐다. 이틀 뒤 이집트 최대 야권단체인 무슬림형제단이 참여하기로 결정하면서 시위가 확대됐다. 무바라크 체제는 유혈진압에 나섰으나 걷잡을 수 없이 전국으로 확산되는 시위 앞에 무릎을 꿇었다. 무바라크 대통령은 대규모 시위가 처음 시작된 지 18일 만인 2월 11일 밤 술레이만 부통령을 통해 하야 성명을 발표했다. 이집트 정부 산하 진상규명위원회는 18일간의 시민혁명 과정에서 희생된 사람들 수가 최소 846명으로 집계됐다고 밝혔다. 부상자 수는 6천400명을 넘는다.

무바라크가 물러난 이듬해인 2012년 이집트에서는 대통령 선거가 치러졌다. 첫 자유민주선거였던 당시 대선에서는 무슬림형제단 출신 무함마드 무르시가 당선됐다. 하지만 그는 2013년 군부 쿠데타로 대통령직에서 쫓겨난다. 이집트 군부는 2013년 8월 전후로 무르시 지지 시위대를 무력으로 진압했다. 이로 인한 희생자 수는 1천500명 이상인 것으로 전해졌다.

2014년에 치러진 대선에서는 국방장관 출신인 압델 파타 엘시시가 당선됐다. 엘시시 대통령은 2016년 3월 방한하기도 했다. 무바라크는 권좌에서 물러난 뒤 시민혁명 때 유혈진압을 지시한 혐의로 기소됐으나 4년간의 재판 끝에 2014년 11월 무죄 판결을 받았다.

NEWS TIP

아랍의 봄

중동과 북아프리카에서 촉발된 반정부 시위다. 중동과 북아프리카의 반정부 · 민주화 시위는 집권세력의 부패, 빈부 격차, 청년 실업으로 인한 젊은이들의 분노 등이 원인이 됐다. 2010년 말 시작된 튀니지의 반정부 시위는 2011년 1월 '재스민 혁명'으로 번졌고, 이집트는 2월 '코사리 혁명'으로 각각 정권교체에 성공했다. 리비아에서는 10월 무아마르 카다피가 사망함에 따라 42년간 계속된 독재정치가 막을 내렸다. 또한 알리 압둘라 살레 예멘 대통령이 11월 23일 권력 이양안에 서명함에 따라 33년간 계속돼 온 철권통치가 막을 내렸다.

이 밖에 바레인, 이란, 요르단, 리비아, 모로코, 이라크, 쿠웨이트, 모리타니, 오만, 사우디아라비아, 소말리아, 수단, 시리아 등 중동과 북아프리카 일부 지역에서 크고 작은 반정부 시위가 일어났다. 반정부 시위에서는 파업 참여 운동의 지속, 데모, 행진과 대집회뿐만 아니라, 페이스북과 트위터와 같은 소셜미디어를 이용한 조직, 의사 소통, 인식 확대를 통해 광범위한 시민의 저항 운동이 일어났다.

해안도시 전체가
거대한 무덤이었다

글 | 권영석 당시 홍콩특파원, 현 국제뉴스부 부국장대우

연말연시를 맞아 흥청거리던 2004년 12월 26일. 홍콩의 밤거리는 불야성을 방불케 했다. 송년회로 들떠 있던 시각, 갑자기 긴급 뉴스가 터졌다. 인도네시아 반다아체 앞 해안에서 규모 8.9의 초대형 강진이 발생한 것이다. 뒤이어 쓰나미가 반다아체를 강타해 수많은 사상자가 발생했다. 홍콩 특파원이었던 필자에게 무조건 빨리 현장으로 출발하라는 회사 데스크의 긴급 지시가 떨어졌다.

납치 공포 속 지옥으로 가는 길

화급히 출장 준비에 들어갔다. 가장 급한 것은 항공권을 구하는 일이었다. 그러나 자카르타행 항공권 구하기는 이미 하늘의 별따기였다. 홍콩에서 가정부 등을 하며 돈벌이를 하던 인도네시아 사람들이 가족의 생사 여부를 확인하기 위해 너도나도 자카르타로 떠나려 해서 항공권 쟁탈 경쟁이 벌어졌기 때문이다. 평소 친하게 지내던 한국 여행사 사장에게 급히 연락했더니 인도네시아 전문 여행사를 소개해 줬다. 그 여행사

를 통해 간신히 다음날 아침에 출발하는 자카르타행 비행기 표를 구할 수 있었다.

다음에 준비할 것은 돈이었다. 숙박비도 내야 하고 식비도 계산해야 했다. 재난지역에서 신용카드가 통용될 리 만무하다고 생각했다. 더군다나 얼마나 머무를지 예측할 수도 없었다. 우선 200만 원 정도를 인도네시아 현찰로 환전했다. 지폐가 한 보따리였다. 돈 부피가 너무 커서 여행 가방 하나로는 부족했다. 가방에는 이미 취재 장비와 옷가지로 꽉 차 있어, 따로 등산용 배낭에 지폐를 가득 채웠다.

비자도 필요했으나 시간이 없었다. 인터넷을 검색해 보니, 다행히 비자 현장 발급제라는 게 있었다. 그런데 인도네시아 공항 출입국사무소 관리들이 비자를 내주는 대신 웃돈을 요구할 수도 있으니 조심해야 한다고 했다. 더욱 가관은 공항택시의 바가지요금이나 택시기사에 의한 관광객 납치를 주의하라는 누리꾼들의 경고문이었다. 택시가 서면 도끼로 택시 유리창을 깨고 돈을 요구하는 폭도들도 있다고 했다. 갑자기 지옥으로 가는 느낌이 들었다.

다행히 자카르타 공항에 도착해 무사히 비자를 받았다. 택시 승강장은 난장판이었다. 우락부락하게 생긴 택시 기사들이 여기저기서 무질서하게 호객 행위를 했다. 택시를 한 대 잡았으나 영어가 통하지 않았다. 공항에서 호텔로 가는 길은 지옥의 사자에게 끌려가는 것만 같았다. 택시 기사는 알아듣지도 못하는 인도네시아 말로 누군가와 자꾸 통화를 했다. '현금 많은 외국인 관광객을 납치한다는 소문대로 나를 끌고 가는 게 아닐까?' 하는 의심이 들었다. 순간 손바닥에 땀이 배었다.

공항 고속도로가 심하게 막힌 것도 아닌데 택시가 갑자기 구불구불한 시골 국도로 빠졌다. 옆에 놓인 배낭 안에는 현찰이 가득하고, 두려움과 공포는 풍선처럼 부풀어 올랐다. 머릿속이 하얘졌지만 돈을 달라고 하면 다 주고 목숨만 건지면 된다고 생각하니 차라리 마음이 편해졌다. 큰 건물이 보이자 공포심은 가라앉았다. 무사히 호텔 입구에 도착한 순간 삼엄한 경비에 깜짝 놀랐다. 호텔 입구에서부터 경비원들이 폭발물 탐지 장비로 차량을 검문 중이었다. 인도네시아에서는 폭탄 테러가 자주 발생하기 때문이었다.

도움 청하러 간 한국대사관은 훼방꾼

미리 약속한 대로 자카르타 주재 한국대사관을 찾아갔다. 한국에서 온 모 방송사 취재팀이 정글용 지프 두 대에 취재 장비와 비상식량, 통역요원 등을 태우고 조금 전 반다아체로 출발했다고 귀띔했다. 하지만 반다아체까지는 2박3일 정도 걸리는데 인근 도로가 유실됐을 뿐만 아니라 반군 점령지역이라 접근 자체가 안 될 것이라며 중도에 포기하고 돌아올 가능성이 100%라고 했다.

한국대사관 측에서는 말도 통하지 않는데 반군들 만나면 목숨을 잃을 수도 있으니 그냥 자카르타에 머물면서 현지 언론을 보고 기사를 쓰라고 조언했다. 혹시 현장 접근을 시도하다가 불상사가 나면 자기들이 질책을 받는다는 것이었다. 도움을 주기는커녕 훼방꾼 같았다. 화가 치밀기도 하고, 한편으론 절망감이 엄습했다.

호텔 방으로 돌아와 반다아체로 가기 위한 묘책을 고민했다. 몇 년 전 발리에서 열린 국제 세미나에서 만나 보름 정도 같은 호텔 방을 썼던 인도네시아 기자가 떠올랐다. 전화를 걸어 도움을 요청하니 반갑다며 호텔로 찾아왔다. 그는 육로로 반다아체까지 가는 것은 불가능에 가깝다고 했다. 반군 점령지역을 통과할 수도 없고 시간도 너무 많이 걸린다는 것이었다. 대신 이튿날 가루다항공에서 특별기를 띄운다는 소식을 전해 줬다. 그러면서 자기네 사진기자가 그 특별기에 탑승하니 자리를 하나 확보해 주겠다고 약속했다.

우여곡절 끝에 도착한 현장은 거대한 난민수용소

새벽 3시에 일어나 준비를 하고 공항에 도착하니 오전 5시였다. 새벽시간인데도 공항에는 특별기가 뜬다는 소식을 듣고 전날 밤부터 몰려든 사람들로 인산인해였다. 비행기 이륙시간은 오전 8시였다. 그러나 공항 청사와 주변은 사람이 너무 많아 움직임조차 힘들었다. 발을 동동 구르며 발권을 하고 나니 이미 8시, 하지만 비행기가 언제 뜰지 알 수 없는 상황이었다. 반다아체 현지 공항의 정리가 아직 끝나지 않아서였다. 아침과 점심을 과자로 때우며 지루한 시간을 보냈다. 탑승은 오후 2시가 넘어서야 시작됐다.

비행기에 탑승할 때의 기분은 대학 합격할 때보다 더 기뻤다. 승객은 대부분 반다아체 주민과 그 친척들이었다. 옆자리 남자는 생필품을 사기 위해 자카르타에 왔다가 쓰나미 소식을 들었다며 가족이 무사한지 걱정이 많다고 했다. 그 사람은 외국 기자를 평생 처음 본다며 만약 반다아체에 도착해서 자기 집이 물에 잠기지 않으면 하룻밤 재워주겠다고 제안했다.

얼마 후 비행기가 반다아체 상공을 선회하자 여기저기서 흐느끼는 소리
가 들렸다. 비행기 유리창 밖으로 석양이 빛났다. 하지만 비행기가 고도
를 낮추자 아름다운 석양은 사라지고 처참하기 그지없는 모습이 드러났
다. 창밖으로 보이는 도시는 완전히 초토화된 것 같았다. 승객들의 흐느
끼는 소리는 급기야 통곡으로 바뀌었다.

계류장에 내리니 열풍이 몰아치면서 갑자기 숨이 턱 막혔다. 열대의 뜨
거운 바람과 함께 시체 썩는 냄새가 코를 찔렀다. 마침내 한국 언론 최
초로 강진 현장인 반다아체에 발을 디딘 것이다. 이후 그곳을 떠날 때
까지 한국 언론사 기자는 한 명도 만나지 못했다. 산 중턱에 자리잡은
공항청사를 빠져나오자 공항 앞길과 주차장은 이미 난민수용소로 변해
있었다.

비행기 안에서 작성한 스케치성 기사를 부르기 위해 휴대전화를 꺼내
들었다. 그러나 전화는 완전 불통이었다. 쓰나미 때문에 통신수단은 완
전 두절이었다. 공항 주변에는 택시도 호텔도 아무것도 보이지 않았다.
굶주림과 공포에 떨고 있는 난민들밖에 없었다. 어디로 가야할지 물어
볼 사람도 없었다. 마침 저편에서 가족을 찾느라 두리번거리고 있는 비
행기 옆자리 남자를 발견했다. 그는 씩 웃으며 갈 곳이 없을 거라고 하
지 않았냐고 했다. 날은 금방 어두워졌다. 그를 따라 자동차를 타고
20분 정도 달리니 조그마한 마을이 나왔다. 다행히 쓰나미 피해는 입지
않았다. 전기가 들어오지 않는 그의 집에서 하룻밤 신세를 졌다. 반다아
체 주민들은 낮에는 정부군, 밤에는 반군의 편에 서는 경우가 많다고 했
다. 한국전쟁 당시 지리산 아랫마을 주민들의 삶이 떠올랐다.

쓰나미로 폐허가 된 집에서 울고 있는 반다아체 주민 / EPA

해안 도시 전체가 거대한 무덤

12월 29일 아침, 식사를 하고 가라는 것도 마다하고 일찍 집을 나섰다. 한시라도 빨리 쓰나미 피해 현장으로 가야 한다는 마음뿐이었다. 그는 아들을 시켜 오토바이로 태워주겠다고 했고, 그러면 해안지역으로 데려다 달라고 했다. 그 아들은 해안가 지역에 반다아체주 청사가 있으니 거기까지 데려다 주겠다고 했다. 10여 분 달렸을까. 오토바이 바퀴에 검붉은 액체가 튕기더니 역한 냄새가 풍기며 구역질이 났다. 군인들이 도로변에 거대한 구덩이를 파고 비닐로 싼 시신들을 던져 넣고 있었던 것이다. 무더위로 시신은 이미 썩어 피고름이 쏟아졌다. 그 피고름들이 도로까지 흘러 오토바이가 지나가면 위로 튀어 올랐다. 해안 도심지역이 가까워지면서 냄새는 더 역해졌다. 곳곳에 시체가 나뒹굴었다. 계속 구역질이 났지만, 먹은 것이 없어서 올라오는 것도 없었다.

주 정부 청사 건물은 거의 파괴된 상태였다. 주도라고 하지만 도로는 비포장 도로였다. 본관 터에 천막으로 임시 청사가 꾸려져 있었다. 청사 옆 천막 강당은 이재민들을 위한 임시 숙소로 제공됐다. 집과 가족을 잃은 주민들이 삼삼오오 모여 자거나 울고 있었다. 비상대책위원장인 아체주 부지사를 찾았다. 그는 정확한 집계는 안 됐지만 대략 10만 명이 죽었다고 했다. 곧바로 인터뷰 기사를 작성했지만 역시 기사를 보낼 방법이 없었다. 노트북에 기사를 저금하듯 저장했다.

피해 현장을 사진과 동영상에 담기 위해 거리로 나섰다. 역한 냄새 때문에 헛구역질이 계속 나왔다. 지나가는 오토바이를 세우고 흥정을 했다. 쓰나미가 상륙한 지점에 가보고 싶다고 했더니 돈을 요구했다.

쓰나미가 상륙한 해안가 도심은 전쟁터였다. 성하게 남아있는 건물이 하나도 없었다. 도심 전체가 거대한 무덤이었다.

반다아체에서 가장 크다는 호텔도 거의 무너져 내렸다. 호텔 콘크리트 더미 윗부분에는 바다에서 밀려온 거대한 배가 올라타 있었고 그 틈으로 시신이 널려 있었다. 콘크리트 더미를 헤집으며 가족의 시신이나 귀중품을 찾는 주민들의 모습이 보였다. 사진 셔터를 마구 눌렀다. 동영상도 촬영했다. 비디오를 돌리며 주민들에게 이것저것 물었다. 영어를 알아듣는 주민들은 답변을 했다. 다리 교각에는 강물을 따라 떠내려가다가 걸린 시체들이 무더기로 쌓여있었다. 차마 눈 뜨고는 볼 수 없는 참혹한 광경이었다.

취재를 마치고 돌아오니 주민들이 배식받은 음식을 먹고 있었다. 비상 식량이 부족해 배급을 못 받은 사람들이 더 많았다. 주민들이 먹는 음식을 보면서 짓이겨진 시체가 떠올라 다시 헛구역질이 올라왔다. 국제적 십자가 헬기를 통해 투하한 생수만 마셔댔다.

밤이면 더위와 모기 때문에 도저히 잠을 잘 수가 없었다. 한밤중에 갑자기 우르릉 쾅쾅하는 굉음과 함께 비명이 들렸다. 그러자 강당 안에 있던 수백 명의 사람들이 일제히 밖으로 뛰쳐나갔다. 여진 치고는 진도가 강했다. 주민들은 악몽에 지친 듯 또다시 흐느껴 울었다. 이들은 모두 강당 앞 땅바닥에 앉아 크고 작은 여진이 계속되는 동안 뜬눈으로 밤을 새웠다.

"살아 돌아왔으니 됐다!"

뜨거운 아침 햇살과 함께 12월 30일이 시작됐다. 강당 안으로 들어가니 서양 기자들이 몇 명 보였다. AFP통신 자카르타 주재 특파원이라고 했다. 쓰나미가 발생했다는 긴급 기사가 뜬 직후 취재기자 1명, 사진기자 3명, 현지 안내인, 통역요원, 운전기사 등으로 특별취재팀을 꾸린 이들은 지프 두 대로 정글 속을 달려왔다고 했다. 반군 점령지역을 어떻게 통과했느냐고 물었더니 반군 사령관과 인터뷰를 여러 번 해서 친구 사이라고 자랑했다.

무모할 정도로 준비한 게 아무것도 없었던 필자는 이들 팀에 합류해서 함께 난민캠프 취재에 나섰다. 이들의 지프에 올라타 좁은 도로를 따라가다 보니 민가에서 닭들이 뛰쳐나왔다. 굶주림에 지쳤던 우리는 한마음이 됐다. 길가에 차를 세우고 민가로 들어갔다. 닭 다섯 마리만 요리해달라고 부탁하고 마루에 걸터앉아 기다리는 동안 AFP 기자가 위성전화로 본사에 보고하는 모습을 목격했다. 필자도 위성전화 좀 쓸 수 없겠냐고 부탁했더니 한 통화에 몇 십만 원이 나온다며 거절했다.

집을 떠난 지 나흘이 지났는데 아직 가족들에게 연락을 못 했다면서 10초만 통화를 할 수 없겠느냐고 부탁했지만, 그는 회사에서 문책을 당한다며 완강히 거절했다. 30여 분 뒤 다시 위성전화를 사용하길래 한 번 더 애원했다. 거절만 하기가 미안했던지 인사말만 나누라며 허락했다. 그들은 한국말을 알아듣지 못했다. 필자는 집이 아니라 회사로 전화를 걸었다. 전화를 받은 국제뉴스부 기자에게 다짜고짜 취재한 내용을 네 문장짜리 기사로 불렀다. 반다아체 도착 이후 첫 기사가 타전되는 순간이었다.

그러는 사이 닭요리가 다 됐다. 닭백숙을 상상했는데, 민가에서 내준 닭고기는 식성에 맞지 않았다. 노란색 밥도 이상했다. 토종닭이라서 그런지 고기가 철사처럼 질겼다. 그래도 며칠 만에 마주한 음식이라 살아야겠다는 생각에 허겁지겁 먹었다. 기사도 보내고 요기도 하고 나니 기분이 한결 좋아졌다. 더욱이 지프를 타고 달리는 인도네시아의 정글 속 시골길은 한 폭의 그림 같았다. 모처럼 느끼는 평화였고 행복이었다.

얼마 뒤 버스 정류장이 보였다. 사람들이 여진 때문에 건물에 들어가지 못하고 버스정류장 주변의 넓은 평지에 텐트를 치고 있었다. 이들을 상대로 온갖 사연을 취재했다. AFP 기자들이 현지인 통역을 통해 민박집을 구했다고 했다. 필자도 방 하나를 부탁했다. 민박집 주변은 피해가 덜해서인지 밤늦은 시간에도 난민들로 북적거렸다. 닥치는 대로 말을 걸었고 영어로 답변을 하는 주민이 있으면 오랫동안 붙잡고 인터뷰했다. 그동안 길바닥에서만 자다가 그날 밤 모처럼 편안한 방안에서 잠을 청했다.

2004년의 마지막 날인 12월 31일 아침, 며칠 만에 처음으로 세수라는 걸 했다. 그리고 아무리 취재를 해도 기사를 송고할 방법이 없었기에 자카르타로 돌아가기로 했다. 하지만 반다아체를 빠져나오는 것도 하늘의 별따기였다. 아침 일찍 반다아체 공항으로 갔으나 공항은 이미 탈출 난민들로 북새통이었다. 겨우 공항 청사 안으로 들어갔지만 출발하는 비행기가 없다는 대답만 들었다. 가끔 특별기가 뜨는데 선착순이라서 사람들이 이렇게 무작정 기다리고 있다는 것이었다.

(왼쪽) 죽음의 도시를 벗어나기 위해 군 수송기를 기다리는 반다아체 주민들 / 권영석
(오른쪽) 구호품 실어 나르는 인도네시아 군인들 / 권영석

민박집으로 돌아와 짐을 꾸리는 AFP 사진기자에게 하소연했다. 그는 반다아체 일부 갑부들이 뇌물을 주고 군 수송기 편으로 이곳을 탈출한다고 설명했다. 군사령관과 연결해 줄 테니 뇌물을 주고 군 수송기로 나가라고 권유했다. 그는 마침 부유층 탈출 행렬 취재를 갈 계획이라고 했다. 필자는 그와 함께 군용비행장으로 향했다. 군용비행장 주변은 난민들의 접근을 막기 위해 철책으로 둘러싸여 있었다. 그리고 중무장한 군인들이 삼엄한 경비를 서고 있었다.

간단한 검문을 마치고 군용비행장 청사로 들어섰다. 주차장 풍경부터 달랐다. 북새통을 이루고 있는 반다아체 민영공항 청사 앞 주차장과는 딴판이었다. 고급 승용차만 일부 보일 뿐 한가하기 그지없었다. 탑승 대기실에도 시원하게 선풍기가 돌아가고 있었고 깔끔한 옷차림에 돈 많아 보이는 반다아체 갑부들이 편안하게 비행기를 기다리고 있었다. 모두 군 장성들 친인척이거나 고위층 가족이었다. 군용비행장에는 세계 각국 구호기관들의 구호품을 실은 비행기가 끊임없이 오르내렸다.

배낭에서 현찰을 몇 다발 꺼내 건네고 고마움을 표시했다. 활주로에 나와 줄을 서서 순서를 기다리라고 했다. 몇 시간을 기다린 끝에 마침내 군수송기에 올라탔다. 안도의 한숨이 나왔다. 군 수송기 화물칸에는 간이의자가 설치돼 있었고 그나마 위치가 좋은 곳에는 부유한 사람들이 앉았다. 군용기 프로펠러 돌아가는 소리가 너무 시끄러웠지만 그마저 기쁨의 아우성으로 들렸다.

12월 31일 오후 늦게 자카르타에 도착하자마자 회사로 전화를 걸었다. 당시 국제국장은 외교부에 실종신고를 했지만, 외교부에서도 반다아체에 들어갈 방법이 없어 속수무책이었다며 "살아 돌아왔으니 됐다."고 안도의 한숨을 내쉬었다. 국제국장은 집에서 걱정이 많으니 얼른 가족들에게 안부전화를 하라고 재촉했다. 홍콩 집에 전화해 무사히 자카르타로 돌아왔다고 '신고'했다. 그런 다음 호텔 방에서 본격적으로 기사를 보내기 시작했다. 하지만 인터넷 속도가 너무 느렸다. 밤을 새워가면서 기사와 사진, 동영상을 차례차례 송고했다. 기사를 보내다 보니 어느덧 2005년 새해 아침이 밝아왔다.

반다아체 쓰나미 피해 현장을 취재하고 생동감 넘치는 기사를 보낸 것은 필자가 국내 언론 중에서는 유일했다. 전 세계 모든 사건의 현장을 지켜야 하는 것은 통신 기자의 숙명이다. 그러다 보니 쓰나미 관련 토론회나 간담회에 참석해 달라는 시민단체들의 요청도 많았다. 다만 아쉬운 점이 있다면 재난현장 취재 경험이 너무 부족하다 보니 사전 준비가 소홀했다는 점이다. 재난현장을 제대로 취재하고 실시간으로 기사를 보내기 위해서는 차량 지원과 현지 통역 요원, 위성전화 등 통신 수단 확보는 물론 비상식량과 응급약 등 후방 지원품 완비가 필수적이라는 것을 이번 취재로 새삼 절감했다.

NEWS TIP

인도네시아 쓰나미 참사

2004년 12월 26일 현지 시각으로 오전 7시 59분쯤 인도네시아 수도 자카르타에서 북서쪽으로 1천620㎞ 떨어진 북수마트라 서부 해저 40㎞ 지점에서 발생한 쓰나미는 인도 · 태국 · 인도네시아 · 스리랑카 등을 강타했다. 쓰나미의 원인은 규모 9.1의 해저 지진이었다.

이로 인해 인도양 연안 국가에서 28만 명 이상이 사망하고 수만 명이 실종됐으며 백만 명이 넘는 이재민이 생겼다. 당시 인도네시아, 스리랑카, 인도, 태국 등의 인근 국가들은 15m 높이의 해일로 인해 막대한 피해를 입었고, 4천500㎞ 떨어진 소말리아를 비롯한 동아프리카 국가들도 해일로 인한 피해를 입었다. 특히 지진 진앙지와 가장 가까운 수마트라 서부 지역은 지진 발생 후 15분 만에 완전 초토화되다시피 했다. 아체 해안과 주도 반다아체는 완전히 파괴됐다. 일부 마을에서는 인구의 70%가 사망했으며, 농작물과 어선이 파괴되고 50만 명의 이재민이 발생했다. 인도네시아에서만 13만 명이 목숨을 잃었다.

무섭고도 불쌍한 나라

글 | 이충원 당시 도쿄특파원, 현 뉴미디어팀장

동일본 대지진이 일어난 2011년 3월 11일 필자는 도쿄에 있었다. 일본은 워낙 지진이 자주 일어나는 나라이고 필자도 지진에 꽤 익숙해진 뒤였지만 그날은 다른 때와 사뭇 달랐다. 지진의 규모가 무려 9.0이었고, TV 화면으로 본 쓰나미(지진해일)의 파괴력은 상상을 초월했다. 공영방송 NHK는 곳곳에 설치해둔 폐쇄회로(CC) TV를 통해 어마어마한 대자연의 힘 앞에 무기력하게 흔들리는 일본의 모습을 여과 없이 보여주고 있었다.

쓰나미로 황폐화된 미야기현 나토리시의 한 마을에서 한 생존자가 울고 있다 / EPA

줄지어 선 차량, 밀려오는 쓰나미에 '질서있게' 휩쓸려

필자도 그때 손놓고 TV만 보고 있었다. 그러다가 한 화면에 엄청난 충격을 받았다. 화면은 피해가 가장 컸던 미야기(宮城)현 나토리(名取)시 유리아게 지역의 왕복 2차선 도로를 비추고 있었다. 그리고 도로 왼쪽 평야 너머 바다에선 거대한 쓰나미가 엄청난 속도로 도로 쪽을 향해 밀려오고 있었다. 실로 거대한 죽음의 파도였다. 그 엄청난 쓰나미의 물결이 눈앞에 빤히 보이는데도 한쪽 차선에 줄지어 선 차량들 중 단 한 대도 반대쪽의 텅 빈 차선으로 넘어가지 않는 게 아닌가. 그저 가만히 서 있다가 다가오는 쓰나미에 그대로 휩쓸리는 것이었다. T자로에서 맞은편 차가 먼저 우회전하기를 기다리며 가만히 서 있다가 물결에 휩쓸리는 차를 비춘 화면은 지금도 유튜브에서 찾아볼 수 있다. 그때 그 충격적인 영상을 보면서 필자는 이런 의문에 빠졌다.

'어, 저 사람들 왜 저러는 거야? 이 와중에 자기들은 '질서 잘 지키는 민족'이라고 자랑이라도 하고 싶은 거야?'

운명을 단호히 받아들이는 일본인

대지진 직후 교통이 끊긴 재해현장에 들어가 취재를 하는 내내 필자는 만나는 이들에게 이 질문을 하고, 또 했다. 대답은 여러 가지였다.

"일본인은 용기가 없고, 튀는 걸 싫어하기 때문일 거예요."

"어릴 때부터 그런 식으로 교육을 받고 자랐기 때문이지요."

명쾌한 답을 찾지 못한 채 대지진 발생 6개월, 9개월, 12개월이 지났고,

필자는 계기가 있을 때마다 재해지역을 헤매고 다녔다.

이번에는 피난 갔던 이들이 쓰나미 피해지역이나 후쿠시마(福島) 제1원자력발전소 주변 마을로 복귀하는 모습을 목격하면서 또 다른 의문에 빠졌다.

"저 앞바다(태평양)가 언제 또 수십m 높이의 쓰나미를 일으킬지 모르지 않습니까? 방파제를 쌓기 전에 이 위험한 곳에 돌아오다니 말이 안 되는 것 아닙니까?"

필자의 질문에 한 노인이 담담히 말했다.

"일본은 어딜 가든 마찬가지지요. 이 섬나라 안에선 어딜 가더라도 바다와 부딪치며 살아갈 수밖에 없습니다."

순간 대지진 당일 NHK 화면 속의 차량을 보며 품었던 의문의 실마리가 조금은 풀리는 느낌이었다.

'아, 우리가 주변국의 침략에 맞서 싸워왔다면 일본인들은 지난 수천 년간 거대한 태평양과 맞서왔겠구나. 우리는 강대국들 틈바구니에서 살아남으려고 애를 쓰다 보니 친일파ㆍ반일파가 있고, 친미파ㆍ반미파도 있지만, 일본인들은 '친태평양파'니 '반태평양파'니 만들어봐야 아무 도움이 안 될 테니, 대처 방식도 다를 수밖에 없겠구나.'

대지진 기간 내내 일본 언론이 수없이 되풀이해서 강조한 "패닉(공포)을 확산시키지 말아야 한다."는 말이 무슨 뜻인지도 어렴풋이나마 느낄 수 있었다. 인간이 대자연의 힘 앞에서 할 수 있는 일은 어쩌면 운명을 받아들이고 전체의 생존을 도모하는 것뿐인지 모른다. 한쪽 차선의 차량이 움직이지 않은 채 그대로 쓰나미에 휩쓸린 건 오랜 경험을 통해 그것이 최선이라고 느꼈기 때문일지도 모른다. 또한 '운명을 단호하게 받아

들인다.'는 말의 뜻도 어렴풋이 이해할 수 있게 됐다. 그러자 비로소 일본인들이 우리와 얼굴 모습만 비슷할 뿐 전혀 다른 위험에 맞서며 생존을 도모해 온, 전혀 다른 민족이라는 사실을 깨달을 수 있었다.

천황의 가장 큰 기능은 '자책(自責)'

더불어 미약하나마 천황(天皇)제를 이해하는 계기도 되었다. 1933년생인 아키히토(明仁) 천황은 대지진이 발생하자 총리보다도 먼저 후쿠시마 이재민들이 머무는 피난소에 찾아갔다. 평범한 점퍼 차림의 나이 든 천황이 무릎을 꿇은 채 이재민들의 손을 잡았다. 그리고 그 손을 잡은 노인들은 뜨거운 눈물을 흘렸다.

'이건 또 뭐지? 천황을 진짜 신(神)으로 생각하기라도 하는 걸까? 저게 그다지도 감격스러운 일인가?'

이런 의문을 품고 있던 중, 이명박 당시 대통령의 '천황 사과' 발언으로 일본 여론이 들끓었을 때 헌법과 왕실 전문가인 야기 히데쓰구(八木秀次) 다카사키(高崎) 경제대학 교수에게 이 문제를 물어볼 기회가 있었다. 그는 필자의 의문에 이런 답을 주었다.

"한국이나 중국에선 천황이라고 하면 '황(皇)'자에 민감하게 반응하곤 하지만, 일본인에게 중요한 건 '천(天)'자입니다."

일본인들은 절대자로서의 신을 믿지 않는 것으로 유명하다. '자연=신(神)'을 믿는 일종의 범신론 국가다. 기독교가 유독 세력을 키우지 못하는 대신 일본인의 삶에 깊이 뿌리내린 신도(神道)는 '죽으면 모두 신이 된다.'는 생각에 기반하고 있다. 그런 일본에서 천황은 신이 아니라 하늘과 통하는 제사장인 것이다.

야기 교수는 이런 얘기도 들려줬다.

"일본에서 천황은 국가나 국민을 위해 기도하는 존재지요. 천황이 1년 내내 하는 일이 바로 쓰나미나 지진, 태풍이 조금이라도 덜 피해를 주게 해달라고 기도하는 것입니다."

실제로 일본에서 천황이 드리는 제사는 '공무(公務)'로 규정돼 있다. 하지만 아무리 기도를 열심히 하더라도 태평양 바로 옆에 사는 한 자연재해를 완전히 피할 수는 없을 터. 야기 교수의 말에 의하면 천황의 기능 중 '기도'보다 더 중요한 일은 '자책(自責)'이라고 한다. 과거 고려나 조선의 군주가 기우제를 지낸 뒤 비가 오지 않을 경우 "내 부덕의 소치"라고 자책했듯이 천황도 재해를 당한 이들에게 찾아가 무릎을 꿇는 행동을 통해 '자책'을 보여준다. 일본 노인들은 이런 모습을 보고서야 "그래, 그렇겠지."라며 자신과 주변의 피해를 납득한다는 것이다.

천황은 상징이다

천황과의 관계는 일본인들의 삶에 여러 가지 형태로 영향을 준다. 야기 교수의 말을 계속 들어보자.

"현실의 권력자(막부나 내각)는 수시로 바뀔 수 있지만 천황은 영원히 이어지며 국민의 안정적인 생활을 보장합니다. 일본에 수백 년 역사를 가진 상점이 많은 것도 이 점과 관련이 있습니다."

즉, 일본인들은 세금은 도쿄(에도)의 정부에 내지만 마음은 천황에게 두고 산다는 것이다. 야기 교수는 대표적인 개헌론자로서 아베 신조

(安倍晋三) 총리의 브레인으로 불리는 사람이다. 그는 자신은 개헌론자이지만 현재 헌법에서 '상징 천황제'만큼은 바꿔서는 안 된다는 입장이다. '천황은 상징이다.'라는 말만큼 일본인의 마음을 정확하게 표현한 것은 없다고 야기 교수는 말한다. 그는 '천황은 상징이다.'라는 정의가 고대 유럽의 '기도하는 왕'인 사제왕(Priest King) 전통과 연관이 있으리라 추측하기도 한다. 세계적으로 사제왕이 모두 사라졌는데도 21세기 들어서도 여전히 이를 유지하는 나라가 바로 우리 곁에 있는 일본인 것이다.

동일본 대지진 취재 계기로 일본 참모습 알게 돼

일본에서 연수하던 2006년, 필자나 중국인 학생들은 일본어와 일본 역사를 가르쳐주는 일본인 교사에게 "왜 막부의 쇼군(將軍)은 스스로 천황이 되려고 하지 않았느냐?"고 물은 적이 있다. 천황을 현실의 통치자인 일왕(日王)이라고 표현하는 중국과 한국에서 보면 이 같은 '이중권력'은 이해하기 힘든 일이다. 더구나 우리가 일본의 천황을 경험한 것은 메이지(明治), 쇼와(昭和) 시대였다. 하지만 일본인들은 이때야말로 일탈이었고 아키히토 시대 들어서 원래의 천황의 모습으로 돌아갔다고 평가한다. 한국, 중국과 일본의 이 같은 차이는 일본에 '역성혁명', '환관', '과거제', '전족'이 없다는 특징으로도 이어진다.

기자들이 재난·재해 현장에 일부러 찾아가는 이유가 바로 이런 것일까? 2010년 2월부터 2013년 7월까지 3년 반 동안 일본 특파원으로 머물면서 동일본 대지진과 후쿠시마 제1원전 사고를 취재하는 경험을 하지 못했다면 필자는 아마도 일본에 대해 뭘 모르는지조차 알 수 없었을 것이다. '힘들 때야말로 참모습을 알 수 있다.'는 건 일개인뿐만 아니라 국가에도 통하는 말인 듯하다.

재해 대응형과 전쟁 대응형

동일본 대지진을 취재하는 동안 일본뿐만 아니라 한국을 새삼 느끼는 계기도 있었다. 대지진이 나자 중국은 자국민 대피용으로 전세기를 보낸다느니 소동을 떨었지만, 한국은 그럴 필요가 없었다. 사전에 마치 약속이라도 한 것처럼 가정이 둘로 쪼개졌기 때문이다.

여성과 아이들은 바로 한국으로 대피했다. 한국인 거리인 신오쿠보(新大久保)가 텅텅 비다시피 했고, '가장 늦은 집도 3월 11일 당일 후쿠오카에는 가 있었을 것'이라는 우스갯소리가 돌 정도였다. 반면 남자들은 모두 일본에 남았다. 필자가 아는 한 중년 회사원은 대지진이 난 뒤 시골에 계신 부친으로부터 매일 아침 "곧 일본이 침몰한다더라. 회사 때려치우고 빨리 한국으로 돌아와라."라고 울먹이는 전화를 받았지만 며느리와 손자가 한국에 돌아온 사실이 확인되자마자 전화가 뚝 끊기는 경험을 했다고 한다.

오랫동안 전란에 시달려온 나라답게 '씨(種)만 지키면 된다.'는 생각이 유전자 깊숙이 새겨져 있는 셈이다. 전쟁터에서 씨(자손)를 지키는 책임은 고스란히 여성의 몫이었을 것이다. 왜 한국 여성, 특히 아줌마가 그리도 강한지 추측할 수 있는 대목이다. 일본인이 '재해 대응형 민족'이라면 한국인은 '전쟁 대응형 민족'인 셈이다.

무섭고도 불쌍한 나라, 일본

일본을 보는 시선도 대지진을 겪으며 변한 게 사실이다. 귀국 전에 일본에서 함께 3·11 대지진을 겪으며 동고동락한 한국 특파원들끼리 모인 자리에서 누군가 이런 말을 했다.

"우리 선배 도쿄 특파원들은 때로는 일본을 미워하고 때로는 부러워했겠지만 우리는 처음으로 일본을 불쌍하다고 느낀 세대일지도 모르겠다."

동감이다. 처음에 일본에 갈 때만 해도 '이것들이 나 조선사람이라고 차별하거나 무시하는 것 아닐까.'라고 의심하기 일쑤였다. 하지만 대지진을 겪으면서 그들이 진심으로 두려워하고 힘들어하는 모습을 보고 나니 이런 콤플렉스는 슬그머니 사라졌다. 일본군 위안부 문제를 둘러싼 일본 내 혐한 시위를 보면서도 과거와 달리 그들의 불안과 초조함에 대해 생각하게 된 것이 큰 변화다.

하지만 그렇다고 해서 불쌍하다는 느낌으로 일본을 다 설명할 수도 없다는 점 또한 분명하다. 일본은 간토 대지진의 참화를 겪은 지 꼭 10년 만에 중일전쟁을 일으킨 적이 있는 나라이기 때문이다. 일본인들이 스스로의 힘으로 정권을 교체해 본 '민주주의 경험'을 한 적이 없다는 것도 불안한 측면이다.

이제 겨우 출발점에 섰을 뿐이다. 일본의 두 가지 측면을 늘 의식하며 '재팬 워처watcher', '동북아시아 워처'의 길을 더 걸어가 봐야겠다고 다짐하고 있다.

**NEWS
TIP**

동일본 대지진

2011년 3월11일 오후 2시 46분 일본 도호쿠(東北) 지방에서 발생한
규모 9.0의 지진. 1960년 규모 9.5의 칠레 대지진, 1964년 규모
9.2의 알래스카 지진, 2004년 인도네시아 수마트라 지진(규모 9.1)에
이어 1900년 이후 세계에서 네 번째로 강력한 지진으로 기록됐다.
1995년 6천여 명이 희생된 한신(阪神) 대지진(규모 7.3)의 180배
위력으로 일본 역사상 최대 규모의 지진이다. 강진 발생 이후
초대형 쓰나미가 센다이시 등 해변 도시들을 덮쳤고, 도쿄(東京)를
비롯한 수도권 일대까지 건물 붕괴와 대형화재가 잇따르며 피해가
속출했다. 지진으로 발생한 쓰나미로 인해 후쿠시마(福島) 원자력
발전소가 중단됨에 따라 일부 원자로가 폭발(제1원전 1호기 · 2호기 ·
3호기 · 4호기)하고, 방사능이 외부 누출되는 등 원전사고가 발생했다.
사망자 및 행방불명자가 2만5000여 명이고 피난 주민만 33만여 명에
이른 것으로 일본 경찰이 공식집계(2011년 5월)했다.

생사를 가른
작은 나무 한 그루

글 ┃ 김승욱 당시 사회부 기자, 현 정치부 기자

2011년 3월 11일 금요일 오후 2시 46분, 동일본 대지진이 발생했을 때 필자는 서울 영등포경찰서 기자실 한구석에 앉아 있었다. 한창 주말용 기사 작성에 골몰하던 중 '일본 지진'이라는 기사가 눈에 들어왔다. '진도 9.0? 와, 꽤 크네!'하는 생각이 순간 머릿속을 스쳤다. 그러나 이내 불요불급한 관심은 사그라졌다. 옆 나라의 대지진보다 당장 내일 내보낼 기사가 필자에겐 더 큰 문제였기 때문이다. 적어도 그때까지는 말이다.

오후 5시께. 휴대전화가 울렸다. 캡(사회부 사건팀장)이었다.

'주말 기사 빨리 올리란 소리겠지.' 했는데, 세상에나, 일본에 가란다.

"일본에 지진 난 거 알지?"

"네."

"너하고 홍석이하고 일본 좀 가야겠다."

"네?"

마른하늘에 날벼락이었다. 당시 필자는 6년차, 사건팀 후배 안홍석 기자는 3년차였다. 그리고 우리 둘 다 일본어는 한마디도 못하는 처지였다. 회사에선 대형 재난 발생 상황인 만큼 우선 사건 · 사고에 익숙한 사

건팀 기자를 급파하기로 했다는데 말도 안 통하는 곳에서 어떻게 취재해야 할지 막막할 따름이었다.

얼른 짐 싸서 공항으로 가라는 지시에 평소보다 일찍 귀가했다. 6년 전 수습 때 입던 점퍼를 여행용 가방에 구겨 넣으며 아내에게 "일본 지진 취재 가. 언제 올진 모르겠어."라고 했다. 아내는 아무 말도 하지 않았다. 허겁지겁 짐을 챙겨 나오는데 다시 전화벨이 울렸다. 캡이었다.

"아무래도 오늘은 못 가겠다. 일본 쪽 공항이 전부 폐쇄됐대. 일단 대기하고 있어." 솔직히 다행이다 싶었다. 갓 100일이 지난 아들 얼굴을 바라보며 밤사이 출장이 취소되기를 바랐다. 그러나 그런 일은 일어나지 않았다.

'누가 먼저 현장에 도착하느냐' 통신기자의 숙명

대형 사건·사고가 발생하면 언론사 간 취재 경쟁도 달아오르게 마련인데, 대개 첫 번째 승부는 '누가 먼저 재난현장에 도착하느냐.'에서 갈린다. 다른 언론사 기자도 마찬가지지만 특히 통신기자라면 절대 져서는 안 되는 레이스이다.

일본 공항이 언제 열릴지 모르는 상황인 만큼 12일 새벽부터 공항에서 대기하기로 했다. 후배 안홍석 기자와 입사 동기인 사회부 박지호 기자도 공항으로 집결했다. 초조하게 일본 공항이 열리기만 기다리던 중 하나 둘 익숙한 얼굴들이 눈에 띄었다. KBS, CBS, 문화일보, MBN 등 어제까지 영등포경찰서 기자실에서 함께 생활하던 이들이 속속 모여들었다. 남들은 어떻게든 일본에서 나오려고 애를 쓰는데 우린 어떻게든 일본에 들어가려고 기를 쓰고 있었다.

12일 오전 드디어 일본 하네다공항이 열렸다. 항공편을 확보하지 못한 언론사 기자들은 난감한 기색이 역력했지만 우린 전날부터 대기자 명단에 등록해 둔 덕에 오전 9시 30분 첫 비행기 티켓을 손에 쥘 수 있었다. 거우 공항이 열리긴 했지만 일본 사정은 여전히 불안했다. 현지 공항 사정으로 비행기는 1시간가량 늦게 출발해 오후 1시께 일본 하네다공항에 도착했다.

도착은 했으나 재난현장까지 가는 길은…

1차 목표는 달성했지만 문제는 그때부터였다. 일본에 도착하면 도쿄지사의 지시를 받기로 했는데 막상 도착해 보니 지진 여파로 휴대전화 통화는 엄두도 못 내는 상황이었다. 일본에 첫발을 내딛자마자 난관에 부딪힌 것이다. 예상치 못한 상황에 당황했지만 일본에 왔으니 일단 뭐라도 써야 했다. 정신을 차리고 주위를 살펴보니 공항은 아수라장 자체였다. 한국인과 중국인 등 아시아인은 물론 푸른 눈의 서양인들까지 일본 탈출 행렬에 동참하고 있었다. 발권 카운터 앞은 출국 항공편을 구하려는 손님이 몰려 북새통을 이뤘고 공항 곳곳에 수백 명이 담요를 깔고 앉은 모습은 난민촌을 방불케 했다.

잠시 후 한국 119구조대의 선발대 다섯 명과 구조견 두 마리가 하네다공항에 도착했다. 119구조대가 공항 입국장에 나타나자 일본 시민 100여 명이 박수로 이들을 맞았다. 처참한 하네다공항 상황과 119구조대의 도착 소식을 묶어 르포를 처리한 뒤에야 도쿄지사와 연락이 닿았다.

연합뉴스를 포함한 외신의 최종 목적지는 일본 동북부의 피해 중심지인 미야기(宮城)현 센다이(仙台)시였다. 선배인 도쿄지사 이충원 특파원역시 신주쿠에서 고속버스를 타고 센다이시로 이동할 계획이었지만 도로가 폐쇄돼 버스 운행 자체가 중단됐다고 했다. 이 선배는 우리 세 명에게 일단 도쿄로 오라고 했지만 하네다공항에서 도쿄로 향하는 도로는 폐쇄됐고 지하철마저 끊긴 상황이었다. 도쿄에 도착해도 도로 상황이 나아지지 않는다면 피해지역으로 이동할 방법은 없을 것 같았다. 결국 이 선배와는 어떻게든 센다이에서 만나기로 하고 우리는 피해지역으로 직접 이동하기로 했다.

당시 일본 동북부지역으로 가는 모든 고속도로는 침수·파손됐고 신칸센 등 철도 역시 전부 마비된 상황이었다. 유일한 통로는 하늘길뿐이었다. 그러나 센다이공항은 폐쇄됐고 후쿠시마공항은 도쿄에서 가까운 탓에 국내선 항공편이 다니지 않았다. 피해지역에서 그나마 가까운 공항은 아키타와 아오모리공항이었다. 하네다공항에서 일본 국내선 항공편을 확인하니 아오모리공항으로 가는 비행기의 좌석이 남아 있었다. 우리는 도쿄에서 북상하는 대신 아오모리에서 남하하는 길을 택했다.

우여곡절 끝에 아오모리공항에 도착하니 밤 9시 30분이었다. 먼저 공항 안내 데스크에게 한국 식당의 위치를 알려달라고 했다. 혹시 현지 교민의 도움을 받을 수 있지 않을까라는 생각에서였다. 그런데 안내 직원은 'restaurant'만 알아들은 듯했다. 아오모리 시내 지도를 보여주며 "Here, restaurant"이라고 했다. 별 기대 없이 지도를 보던 중 '仁寺洞'(인사동)이라는 상호가 눈에 들어왔다. 한국인이 운영하는 가게임을 직감했다. 내친김에 안내직원에게 인사동 근처 숙소를 물어 '하이퍼호텔'

을 안내받았다.

우리는 택시를 타고 하이퍼호텔로 향했다. 인사동에서 취재하고 하이퍼호텔에 짐을 풀 생각이었다. 지진 피해를 취재하러 센다이로 간다고 하자 택시기사는 '허허' 하고 웃더니 "너무 위험한 곳엔 가지 마라."고 했다. 그런데 택시기사가 우리를 내려준 곳은 하이퍼호텔이 아니라 '알파' 호텔이었다. 주변에 '인사동'도 보이지 않았다. 대신 '明洞'(명동)이라는 음식점이 보였다. 제발 한국 사람이 운영하는 집이기를 바랐다. 다행히 가게 주인은 부산 출신의 이진희 씨였다. 일본 취재 지시를 받은 이후 처음으로 운이 따르는 순간이었다.

이 사장은 적극적으로 취재에 협조했다. 지진 발생 당시 상황을 자세히 설명해 주는가 하면 현지 교민도 여러 명 소개해 줬다. 이 사장의 도움으로 기사를 작성하는 도중에도 여진은 계속됐다. 분명히 3층 건물 안 다다미방에 앉아 있었는데 물침대 위에 앉아있는 것처럼 바닥이 출렁였다. '으르릉' 하고 건물이 낮은 소리를 내자 '혹시나' 하는 불안감이 밀려왔다. 일본 취재 첫날은 그렇게 저물었다.

쑥대밭 된 마을, 기반시설 모두 붕괴

다음날부터 동부 해안가의 피해 지역을 직접 방문해야 하는데 이동수단과 통역이 필요했다. 이 사장에게 일주일 정도 우리와 함께 피해 지역을 다니면서 운전과 통역을 해줄 수 있는 사람이 없는지 물었더니 다음날 아침 일본인 구도 씨를 소개해 줬다.

지진 발생 이틀째인 13일이 되자 후쿠시마 상황이 심각하게 돌아갔다.

후쿠시마 원자력 발전소가 언제 폭발할지 모른다는 것이었다. 서울 사회부의 지시로 안홍석 기자는 일행에서 떨어져 후쿠시마로 출발했고, 필자와 박지호 기자는 지진해일이 강타한 이와테(岩手)현 오후나토(大船渡)시로 출발했다.

오후나토를 취재지역으로 선정한 까닭은 쓰나미에 직격탄을 맞은 곳이기도 했지만 이곳에서 우리 교민 30여 명이 실종됐다는 외교부 발표가 있었기 때문이다. 평소라면 해안 고속도로를 이용해 아오모리에서 3시간 안에 갈 수 있는 거리지만 이 도로가 폐쇄됐기 때문에 동북부 산간지방을 남북으로 연결하는 4번 국도를 이용해야 했다.

오후나토로 가는 도로변 주유소마다 수십 대씩 차량이 늘어서 있었다. 정유시설이 파괴된 데다 도로가 끊겨 기름 공급에 차질이 생겼기 때문이었다. 이와테현에 가까워질수록 주유소 앞 차량 행렬은 길어져 100대 이상으로 늘어섰고, 주유소는 1인당 10리터씩 제한 판매를 하고 있었다.

오후 5시가 다 돼서야 도착한 오후나토는 쓰나미에 휩쓸려 처참한 몰골이었다. 5~6m 높이의 둑은 무시무시한 기세의 해일을 막는 데 아무런 도움이 되지 못했다. 마을 전체가 쓰레기 더미가 돼 있었고 기반 생활시설은 모두 붕괴된 상태였다.

전기가 끊긴 것은 물론 휴대전화와 무선 인터넷도 통하지 않았다. 유일한 통신수단은 위성전화뿐이었으나 이마저 위성신호를 잡으려면 사방이 뚫린 실내에서 5분 이상 팔을 치켜든 채 움직이지 않아야 했다. 위성전화는 주로 분쟁지역이나 인터넷 연결이 불가능한 오지 등에서 마지막으로 사용하는 통신수단이다. 일본에서 위성전화를 꺼내 들게 될 거라곤 상상도 하지 못했다.

오후나토 취재를 마친 뒤 쉴 곳을 찾았다. 전화가 끊기는 지역을 토대로 추정해 보면 쓰나미가 밀어닥친 동북부 해안에서 60~70㎞ 떨어진 도시는 모두 전기가 들어오지 않을 듯했다. 서쪽으로 75㎞ 정도 떨어진 한 중소도시로 이동해 비즈니스호텔에서 13일 밤을 보냈다.

외부와 완전히 단절된 '날 것' 그대로의 현장

14일 새벽 호텔을 나섰으나 기름이 문제였다. 구도 씨의 차는 1천400cc 소형차였지만 이미 기름이 3분의 1밖에 남지 않았다. 이와테와 미야기, 후쿠시마, 도쿄 등에서는 기름을 제한 판매하고 있었고 그마저도 구하려면 6~7시간씩 줄을 서서 기다려야 하는 상황이었다. 한시가 급한 상황에서 시간을 허비할 수 없었다. 그때 구도 씨가 서쪽의 아키타현으로 넘어가면 줄을 서지 않고 기름을 구할 수 있을지 모른다고 했다.

우리는 구도 씨를 믿고 서쪽으로 80㎞가량 떨어진 아키타현으로 향했다. 다행히 아키타현의 한 도시에서 줄을 서지 않고 기름을 채울 수 있었다. 차에 기름을 가득 넣고 20ℓ 들이 휴대용 기름통을 여러 개 사서 여분의 기름까지 채워 넣었다.

기름 문제를 해결한 우리는 이와테현의 리쿠젠타카타(陸前高田)시로 향했다. 센다이로 가는 길목이기도 했고, 리쿠젠타카타 주민 1만 명 이상이 실종됐다는 현지 보도가 있어 내린 결정이었다. 쓰나미 피해 지역에 접어들면서 서울 본사나 도쿄지사와 연락이 완전히 끊겨 스스로 모든 것을 판단해야 했다.

서울로 돌아온 후에야 알게 된 사실이지만 서울에서도 여러 번 연락을 시도했고 사건팀 동료들은 각종 일본 현지 보도와 참고 자료들을 이메일로 보내줬다. 하지만 유·무선 인터넷과 휴대전화 등 기존 통신수단은 전혀 사용할 수 없었고 위성전화는 사실상 발신 전용이어서 별로 쓸모가 없었다.

인터넷만 조금 뒤지면 온갖 자료가 쏟아지던 서울과 달리 이곳은 외부와 완전히 단절된 '날 것' 그대로의 재난현장이었다. 아무런 자료 없이 리쿠젠타카타로 향하다 보니 불안하기 짝이 없었다. '리쿠젠타카타가 얘기되는 곳일까. 엉뚱한 데서 헛고생하다가 물만 먹는 것 아닐까?' 기자라면 본능적으로 내재한 낙종의 공포가 슬금슬금 밀려왔다.

생사를 가른 동산의 작은 나무 한 그루

다행히 오후나토와 리쿠젠타카타는 옳은 선택이었다. 두 곳 모두 주요 쓰나미 피해 지역으로 일본 언론은 물론 외신의 많은 주목을 받았다. 아름다운 풍광을 자랑하던 해안도시 리쿠젠타카타의 참상은 말문이 막힐 정도였다. 항구에서 8㎞ 떨어진 마을까지 폐허가 된 광경을 보며 '전쟁이 나도 이렇게까진 될 수 없겠다.'고 생각했다.

쓰나미는 리쿠젠타카타 중심부를 관통하는 게센천과 야하니천을 거슬러 올라와 게센(氣仙), 다카타(高田), 이마이즈미(今泉), 오하타(大畑), 다케코마(竹駒) 마을을 휩쓸었다. 게센천에 놓인 약 50m 길이의 다리는 교각만 남았고, 철제 상판 부위는 종잇장처럼 구겨져 게센천에 처박혀 있었다. 쓰나미에 휩쓸린 건물 중 온전한 것은 하나도 없었다. 지붕과 외벽은 산산조각이 나 사라졌고 집터만 확인할 수 있었다. 20m 높이의 거목은 뿌리째 뽑혀 쓰러졌고 콘크리트 전신주는 두 동강이 난 채 나뒹굴었다. 항구에서부터 떠밀려온 어선이 뒤집힌 채 진흙에 처박혀 있었고 자동차들은 산 중턱에 걸쳐져 있었다.

작은 동산에 나무 한 그루가 위태롭게 서 있는 모습이 눈에 띄었다. 한 마을 주민이 "딱 저 나무 밑까지 쓰나미가 밀려왔다. 저 나무보다 위에 있던 사람은 살았고 밑에 있던 사람은 다 죽었다."고 했다. 그야말로 생사를 가른 선이었다.

진흙에 파묻힌 가족 앨범을 꺼내 펼쳤을 때를 지금도 잊을 수 없다. 앨범 속에는 개구쟁이 아들의 모습과 생일을 맞은 할머니의 환한 웃음, 대여섯 살로 보이는 딸을 품에 안은 아버지의 미소가 그대로 담겨 있었다. 잔혹한 수마가 이 가족의 행복을 한순간에 휩쓸어간 것이다.

'방사능 비' 맞으며 새벽까지 걷고 박스 깔고 새우잠

14일 밤 10시께 리쿠젠타카타 취재를 마치고 드디어 센다이에 도착했다. 마침 한국 119구조대 본진이 막 센다이에 도착해 미야기현 종합운

동공원에 베이스캠프를 차렸다는 말을 들었다. 곧장 그곳으로 가서 취재를 마치고 구조대의 비상식량으로 저녁을 때웠다. 박지호 기자는 여기서부터 필자와 떨어져 구조대와 동행하기로 했다.

119구조대 도착 기사까지 송고하니 어느덧 자정이 가까운 시간이었다. 숙소를 구하러 센다이를 돌아다녔지만 대부분 호텔은 정전으로 영업하지 않았다. 그나마 문을 연 호텔 몇 곳은 이미 세계 각지에서 온 기자들이 모두 점령한 상태였다. 별 수 없이 구도 씨와 함께 차 안에서 그날 밤을 보냈다.

119구조대는 15일 아침 일찍 센다이시 동부 가모지구에서 생존자 수색작업을 시작했다. 생존자는 찾지 못했으나 시신 12구를 수습했다.

수색작업을 취재해 기사를 송고하고 센다이 총영사관에서 이충원 선배와 만났다. 후쿠시마로 향했던 안홍석 기자도 이날 센다이에 도착했고, 서울에서 추가로 파견된 김병규 선배가 합류했다. 일본에 온 지 4일 만에 전원이 센다이에 모인 것이다.

이날 밤 이 선배가 잡아둔 비즈니스호텔 1인실에서 동일본 대지진 취재팀 회의가 열렸다. 취재 계획과 각자의 역할, 만약의 사태에 대비한 탈출 계획 등을 의논했다. 회의는 자정을 넘겨 끝났다. "후쿠시마 원전이 진짜 폭발하면 다른 사람들 다 대피시키고 우린 비행기 바퀴에 매달려 탈출한다."던 이 선배의 일성이 아직도 기억난다.

아오모리에서부터 함께 온 구도 씨에게 호텔 방을 내주고 김병규 선배와 필자, 안홍석 기자는 피난민 임시 수용소인 센다이 총영사관 강당에서 눈을 붙이기로 했다. 호텔에서 센다이 총영사관까지는 도보로 30분가량 걸리는 거리였다. 추적추적 비까지 내렸다. 후쿠시마 원전에서 날

(위) 방사능 피폭 여부를 확인하는 의료진 / EPA
(아래) 이와테현 야마다시에서 지진 피해 주민
들이 일본 자위대에서 나눠주는 구호물품을 받으
려고 줄을 서 있는 모습 / EPA

아온 방사능 물질이 섞여 있을 듯한 비를 맞으며 우리 세 사람은 말없
이 밤거리를 걸었다.

이튿날 새벽 2시께 센다이 총영사관에 도착했다. 영사관 직원은 눈에
띄지 않았고 강당 문을 열어보니 피난민 수십 명이 모포를 덮고 잠들어
있었다. 복도에는 각종 구호물품이 쌓여 있었다. 라면 박스에서 컵라면
을 하나 꺼내 먹으려다 허락 없이 먹으면 안 될 것 같아 조용히 내려놨
다. 모포라도 덮고 싶었지만 남은 모포가 전혀 없어 라면 포장 박스를
뜯어 바닥에 깔고 비에 젖은 점퍼를 가슴에 덮은 채 잠을 청했다. 노숙
자가 따로 없었다.

원전 폭발 소식에 너도 나도 "센다이를 탈출하라"

16일이 되자 후쿠시마 원전이 폭발 직전이라는 소식이 들려왔다. 언제 원전이 폭발할지 모른다는 우려에 대부분 언론사가 센다이에서 철수하기로 했다. 이미 CNN과 프랑스 취재진은 센다이를 떠난 뒤였다. 우리도 단계적으로 철수하기로 했다.

16일 필자가 먼저 센다이를 빠져나가고 안홍석 기자가 17일 귀국하기로 했다. 그러나 센다이에서 나오기도 쉽지 않았다. 구도 씨의 차는 이미 기름이 바닥났고 그도 아오모리로 돌아가고 싶어 했다.

시외버스를 타려면 몇 시간을 기다려야 했고 그러고도 탈 수 있다는 보장이 없는 상황이었다. 한국의 자선단체가 니가타 공항으로 간다는 말을 듣고 함께 가기로 했으나, 그 단체가 후쿠시마에서 최대한 멀리 떨어진 곳으로 가겠다며 아오모리로 방향을 트는 바람에 이마저도 무산됐다.

결국 센다이 인근 야마가타공항에서 도쿄로 가는 항공편을 구해 보기로 하고 택시로 야마가타로 이동했다. 야마가타공항에서 받은 대기번호는 300번대였다. 발권데스크로 가서 최대한 간절한 표정으로 여직원에게 "한국에서 온 취재진인데 오늘 안으로 꼭 도쿄에 가야 한다."고 사정했다. 표정 연기가 먹혔는지 10번대 대기표를 받고 도쿄행 비행기를 탈 수 있었다.

도쿄에 도착한 뒤로는 일사천리로 일이 풀렸다. 특별기 좌석을 구해 그날 밤 하네다공항을 출발해서 17일 새벽 인천공항에 도착했다.

대지진, 우리나라에서 일어났다면?

동일본 대지진 취재의 여파는 서울에 돌아와서도 계속됐다. 현지 취재진의 방사선 피폭 우려가 불거지면서 필자와 안홍석 기자는 원자력병원에서 방사선 피폭 검사를 받아야 했다.

검사 결과 필자는 특이사항이 없었지만 안홍석 기자는 DNA 1개가 변이된 것으로 나타났다. 의료진은 음주나 흡연 등의 이유로도 DNA 변이가 일어날 수 있다며 DNA 변이 세 건 정도까지는 '아마' 큰 문제가 없을 거라고 했다.

동일본 대지진은 전 세계를 경악하게 한 사건이었다. 일본인은 누구보다 자연재해에 철저히 대비했지만 상상을 초월한 자연의 힘 앞에선 너무나 무력했고, 세계에서 가장 안전하다던 원자력발전소는 일본의 치부를 고스란히 드러내 보였다.

사고 이후 일본 정부와 후쿠시마 원전 관리를 맡은 도쿄전력에 비난의 화살이 쏟아졌다. 물론 허술한 원전 관리와 미봉책에 불과한 사후 대책, 책임 회피, 진실 은폐 등은 비난받아 마땅하다.

그런데 만약 동일본 대지진이 한국에서 일어났다면 우리는 그만한 대응이라도 보여줄 수 있을까. 2011년 이후 이 땅에서 일어난 각종 안전사고를 생각하면 마음 한구석이 무거워진다. 우리는 이웃나라의 대재앙을 통해 무엇을 배웠단 말인가.

내가 아는 그 사람이
납치되다니…

글 | 안수훈 당시 바그다드 순회 특파원, 현 논설위원

2004년 6월 20일 일요일 밤 11시, 이라크 바그다드 시내 외곽에 위치한 알−둘레이미 호텔. 잠자리에 들려는데 전화벨이 울렸다. 전시라서 외부에서 전화가 걸려오거나 연결되는 경우가 드문 데다 늦은 밤이라 예감이 이상했다.

월요일 새벽을 맞은 서울 본사 국제부 야간 당직 데스크의 전화였다.

"알−자지라가 한국인으로 보이는 사람이 이라크 무장세력에 억류된 모습을 담은 영상을 방송했다는 AP 기사가 긴급으로 들어왔다. 빨리 확인해 봐."

데스크의 목소리는 몹시 다급했다.

이라크에 활동하던 군납업체 가나무역 직원 김선일(당시 33세) 씨 납치 및 피살사건은 이렇게 시작됐다.

김선일 씨가 살해되기 전 복면을 한 남자가 한국인에게 보내는 성명을 발표하는 모습 / 알자지라방송 화면

말년 병장 때 터진 대형사건

연합뉴스는 이라크 전쟁이 계속됨에 따라 2004년 초부터 바그다드 순회 특파원을 파견했다. 필자는 전임 박세진 특파원과 교대해 4월 23일부터 바그다드에 상주하면서 종군기자로 두 달째 근무 중이었다. 일주일 뒤면 후임자와 교대해 귀국할 날만 기다리던 '말년 병장' 신세였다. 이날도 대사관을 방문해 직원들과 저녁을 먹고 족구를 한 뒤 호텔로 돌아왔는데 대형사건이 터진 것이다.

대사관 직원들도 상황 파악에 들어갔는지 연락이 안 되거나 전화를 받지 않았다. 20여 분 후 간신히 연결된 대사관 핵심 정보통으로부터 알-자지라TV 뉴스를 보니 납치된 사람은 가나무역 직원 김선일 씨이며, 비디오테이프에도 그렇게 나온다고 귀띔해 주었다. 즉각 속보를 타전했다.

같이 밥도 먹은 동문이라 더 경악

사실 필자는 피랍자가 김선일 씨라는 말을 듣는 순간 너무 놀랐다. 바그다드에서 그를 몇 차례 만난 적이 있기 때문이다.

서울에서 부임할 때 라면과 김치 등 한국 음식을 갖고 오긴 했지만 한 달도 안 돼 동이 났다. 바그다드에는 한국식당이 없어 김치 냄새라도 맡아보려고 서너 차례 가나무역을 방문해 점심을 얻어먹곤 했다. 그때 그와 대화를 나눈 적이 있었다. 더욱이 그는 필자가 졸업한 한국외국어대학에 편입해 아랍어를 공부한 동문이었다. 선교 차원에서 바드다그에 온 그는 아랍어가 유창해서인지 현지인들과도 잘 어울렸다.

그를 납치한 이라크 무장세력은 국제적인 테러조직 알-카에다의 2인자였던 아부 무사브 알-자르카위가 이끄는 '알 타우히드 왈 지하드'(유일신과 성전)란 조직으로 밝혀졌다.

"24시간 내 이라크에서 한국군을 철수하라."

그들은 이 같은 요구조건을 내걸고 있어 상황이 매우 심각했다. 한국은 2003년 5월 전후복구와 의료지원 활동을 위해 서희부대와 제마부대를 이라크에 파병한 뒤 전투부대인 '자이툰 부대' 파병을 결정했다.

6월 22일 밤 7시께 대사관을 방문했더니 분위기가 심상치 않았다. 임홍재 당시 이라크 주재 한국대사는 어두운 표정으로 기자의 질문에 아무 대답도 하지 않았다. 직감적으로 상황이 몹시 비관적이란 걸 알 수 있었다. 호텔로 돌아와 이를 어찌해야 하나, 심각하게 고민하고 있는데 서울에서 연락이 왔다. 기어이 김 씨가 피살됐다는 청천벽력 같은 소식이었다. 순간 하늘이 노래졌다.

'내 정보가 무장세력 손에?' 등골 오싹

김 씨가 살해된 뒤 호텔 주변의 분위기가 싸늘해졌다. 경제가 피폐해진 탓인지 호텔 앞에는 매일 아침 일자리를 얻으려는 주민들로 북새통을 이뤘다. 이런 상황에서 김 씨 사건을 계기로 외국인을 납치해 테러단체 등에 넘기면 '돈이 될 수 있다.'는 인식이 퍼지고 있었다.

필자도 그동안은 거추장스러워 사용하지 않았던 방탄모와 방탄조끼를 착용했다. 하지만 바그다드에서는 치안의 최후 보루인 경찰마저도 믿을 수 없다는 점이 드러나기 시작했다. 고속도로 검문소를 통과하는 외국인에 대한 경찰 정보가 5분도 안 되어 무장세력에게 전해진다는 것이 정설이었다. 필자도 한국군 파병지가 될 북부 아르빌의 취재를 위해서 5월과 6월초 두 차례 바그다드에서 북부 아르빌까지 고속도로를 달려 출장을 간 적이 있었다. 뒤늦게 그게 얼마나 위험한 출장길이었는지 깨닫고 등골이 오싹해졌다.

교민 철수령

김 씨가 피살됨에 따라 외교부는 이라크에 체류 중인 교민과 언론인들에 대해 철수령을 내렸다. 회사에서 필자도 가급적 신속하게 철수하라는 지시가 떨어졌다.

인천공항에 도착한 김선일 씨 유해 / 성연재 2004. 6. 26

김선일 씨 추모 촛불 / 형민우

바그다드 지국의 사무실 문을 닫고 모든 물품은 대사관 창고에 맡긴 채 귀국행 비행기에 올랐다. 그리고 바그다드 공항을 이륙하는 순간 그동안의 긴장과 피로가 풀린 때문인지 눈시울이 뜨거워졌다.

당시 종전 선언에도 불구하고 계속되는 이라크 전쟁을 취재하기 위해 순회 특파원을 파견한 것은 국가기간통신사로서 적절한 조치로 판단됐다. 다만, 김선일 사건 이후 위험지역이라 특파원 파견을 더 이상 하지 않기로 한 결정은 불가피한 측면이 있기는 하지만 아쉬움이 남는 대목이다.

위험지역 특파원 파견
외형 아닌 본질에 충실해야

외신들은 전쟁지역이나 위험지역에 어떤 경우든 기자를 파견해 자기들 시각에서 이를 보도한다. 하지만 한국 언론은 아직도 현지 취재에 대한 본질보다는 '본보 특파원 OOO 최초 입성'이라는 외형에 집착하는 경향을 탈피하지 못하고 있다. 반성할 대목이 아닐 수 없다.

당시 위험지역 취재를 통해 얻은 경험은 이후 한국 언론 사상 처음으로 미국 남부를 커버하는 애틀랜타 특파원으로 아이티 대지진, 쿠바 관타나모 수용소 취재 및 허리케인과 토네이도 피습 지역 취재에 큰 도움이 됐다.

김선일 피살사건

국제적인 이슬람 테러조직 '알카에다(al-Qaeda)'의 2인자인 아부 무사브 알 자르카위가 지도하던 이라크 무장단체 '알 타우히드 왈 지하드(유일신과 성전)'가 2004년 5월 31일 한국군의 이라크 추가 파병 철회를 요구하며 이라크 내 한국 군납업체인 가나무역 직원 김선일을 피랍, 3주 만인 2004년 6월 22일 피살한 사건. 한국인이 이라크 무장세력에 납치되어 피살된 것은 이 사건이 처음이다.

사건이 발생한 뒤 한국에서는 이라크 추가 파병을 반대하는 시위가 잇따랐다. 또 살해되기 전 석방 교섭 과정에서 취한 한국 정부의 대응력에 문제점이 있었다는 사실이 알려지면서 전반적인 외교력 부재라는 비난이 쏟아지기도 하는 등 전 국민의 분노를 불러일으켰다.

재난의 한가운데서도
삶은 계속되고

글 | **나확진** 뉴델리특파원(2014. 6~)

2015년 4월 25일, 점심식사를 준비하던 아내가 갑자기 "집이 흔들린다."고 소리쳤다. 둔감한 필자가 무슨 소리냐며 쳐다보는데, 정말 거실 문이고 아이 침대고 죄다 흔들리는 게 아닌가. 지진으로 인한 진동을 느낀 것은 태어나서 처음이라 이 진동이 9천여 명의 목숨을 앗아간 규모 7.8의 대지진 여파라는 것을 그때는 바로 실감하지 못했다.

폐허가 된 네팔 북동부 신두팔촉 지역 시바가트 마을 / 나확진

1천여㎞ 떨어진 인도까지 흔들려

대지진이 필자가 있는 인도 뉴델리에서 1천여㎞ 떨어진 네팔에서 발생했다는 걸 확인하기까지는 그리 오래 걸리지 않았다. 상황 파악을 위해 네팔 주재 한국대사관과 네팔 한인회 관계자 등 교민들과 통화를 시도했다. 지진으로 통신망이 끊어져서인지 통화량이 폭주해서인지 전화가 잘 연결되지 않았다.

겨우 전화 연결이 된 이경섭 삼부토건 네팔법인장은 "차를 타고 이동하던 중이었는데 차가 물결치듯 흔들렸다. 일부 건물이 부서지고 몇몇 주민은 부서진 건물 파편에 맞았는지 피를 흘리며 지나간다."고 상황을 설명했다.

다른 교민들과 계속 통화하며 지진 속보 기사를 쓰는 와중에 서울 본사에서 출장을 준비하라는 전화가 왔다. 온라인 여행사이트를 통해 구할 수 있는 가장 빠른 비행편인 다음날 낮 12시 30분에 출발하는 카트만두행 표를 예매하고, 곧바로 여장을 꾸렸다.

재난 취재 장비로 헬멧과 침낭까지 갖고 있었지만, 엄청난 더위에 이 무거운 짐을 다 들고 갈 필요가 있겠나 싶었다. 안일하기 짝이 없는 생각이었다. 신발조차 등산화가 아닌 구두를 신었다. 헬멧도 없이 구두를 신고 무너진 건물 잔해를 걷던 일을 생각하면 지금도 필자의 준비 부족에 쓴웃음이 난다.

카트만두 공항서 귀국 비행기를 기다리는 인도인들 / 나확진

123

카트만두행 비행기 여진으로 회항

기내용 캐리어 하나에 간단한 짐만 챙겨 탑승한 비행기에는 인도로 출장 왔다가 귀국하는 네팔인 반, 필자와 같은 기자들이 반이었다. 외신기자 모임에서 안면이 있는 일본 마이니치신문 기자도 보여 한편 묘한 안도감이 들었다.

착륙 후 바로 공항 스케치 기사를 내보내야 해서 기내에서 몇몇 네팔 사람을 붙잡고 가족들은 안전하냐, 통화는 했냐 등을 묻기 시작했다. 그렇게 50여 분을 날아가던 중 여진으로 카트만두 공항이 폐쇄됐다며 비행기가 다시 뉴델리로 회항했다. 나중에 알아보니 비행기가 출발한 지 30분 뒤에 규모 6.5의 여진이 또 발생한 것이었다.

기내에 있던 네팔 사람들은 더 침울해졌고 기자들은 취재 현장과 멀어지는 상황에 초조해졌다. 필자 역시 현장과 가장 가까운 인도에 주재하면서 현장 도착은 타사 기자보다 더 늦어지는 것 아닌가 걱정이 됐다.

뉴델리 공항으로 돌아오니 항공사 관계자들도 카트만두로 언제 다시 출발할 수 있을지 알지 못했다. 여진으로 카트만두행 여객기가 회항하는 상황의 기사를 송고하고서는 카운터 앞에서 기약 없는 대기에 들어갔다. 다행히 몇 시간 뒤 카트만두 공항이 운항을 재개했다며 다시 비행기가 출발했다.

이제 문제는 네팔 도착 이후였다. 네팔 주재 한국대사관의 도움을 받아 카트만두 도착 후 머물 숙소를 예약했는데 전화 연결이 안 돼 도착 시각 변경을 알릴 방법이 없었다. 통신 두절로 바깥에서보다 안에서 현지 상황을 더 잘 알기 어렵다는 것은 내내 취재를 어렵게 했다.

벽에 금간 호텔…자던 중 강력한 여진

우여곡절 끝에 필자는 지진이 난 지 33시간가량이 지난 26일 오후 9시 30분께 카트만두 공항에 내렸다. 다행히 대사관에서 섭외한 차량 기사가 필자를 계속 기다리고 있었다. 다른 한국 신문사 기자 2명이 중국 등에서 오기로 했다는 말에 그들이 올 때까지 우선 공항 주변 취재를 시작했다.

공항에는 인도 정부에서 자국민에게 무료로 항공편을 제공한다는 소식에 수백 명의 인도인이 몰려 매우 혼잡했다. 외신기자 몇몇은 현지 가이드와 연락이 안 돼 공항에서 발을 동동 굴렸다.

단체관광을 왔다가 공항에서 지진을 만나 주차장에 세워둔 버스 안에서 이틀째 밤을 보낸 네덜란드 여행객들도 만났다. 전날 카트만두국제공항에 도착해 짐을 찾을 무렵 지진을 만났다는 이들은 자연의 아름다움을 느끼러 왔다가 재난의 한복판에서 오도 가도 못하고 공항 주차장에만 머무르는 중이라고 했다.

이들의 사연을 뒤에 내보낸 첫 현장 스케치 기사에 담았다. 돌이켜 보니, 이들의 이야기를 좀 더 취재해 별도 기사를 썼으면 관광객의 입장에서 갑자기 맞은 재난을 잘 전해줄 수 있었을 텐데, 하는 아쉬움이 들었다. 하지만 재난현장 취재가 처음이었던 필자로선 당시 거기까지 생각할 여유가 없었다. 최대한 많은 현장 상황을 파악해서 첫 르포 기사를 내보내야 한다는 생각만이 가슴을 짓눌렀다.

밤 12시가 넘어도 중국에서 온다던 비행기가 오지 않아 혼자 숙소로 향했다. 외신기자들이 여럿 묵고 있었기에 별일 있겠냐며 찾은 호텔이었지만, 전날 지진으로 벽에 생긴 굵은 금은 지진의 실제 현장임을 실감케 했다. 더욱이 별관은 붕괴 우려로 아예 운영을 안 한다고 했다.

호텔에 도착하기까지의 상황을 서울 본사에 전화로 부르고 잠을 청했지만 쉽게 잠이 들 리 만무했다. 창밖에는 여진의 불안감에 이불을 들고 거리를 오가는 주민들이 많이 보였다. 자는 둥 마는 둥 하는 중에 침대가 심하게 떨려 바짝 정신이 들었다. 처음 겪는 강한 흔들림이었다. 정말 대지진 한복판에 있음이 실감났다.

연병장에 마련된 이재민 대피소

그렇게 아침을 맞았다. 당장 취재 현장으로 가는 게 걱정이었다. 인도에서 로밍해 온 전화기는 불통이었고 호텔 유선전화로도 대사관 측과 연락이 잘되지 않아 도움을 받기 어려운 상황이었다. 현지 여행사는 운전기사가 없다는 소리뿐이었다.

다행히 호텔 앞에 택시 한 대가 손님을 내려주고 그대로 서 있기에 기사에게 하루 종일 함께 다니자고, 얼마를 주면 되겠냐고 물었다. 현지 물가를 고려하면 꽤 비싼 가격을 불렀지만 찬밥 더운밥 가릴 처지가 아니었다. 기사 딜 바하두르는 지진 폐허 현장까지 함께 걸어 다니며 가이드 역할을 해줬다. 더듬거리는 영어지만 주민들의 말도 통역을 해줘 취재에 큰 도움이 됐다.

취재는 일단 도심에 마련된 이재민 대피소에서 시작하기로 했다. 군부대 연병장에 마련된 대피소에는 2천500여 명이 대충 만든 수백 동의 텐트에 모여 있었다. 간밤에 내린 비로 젖은 이불이 여기저기 널려 있었고, 천막 밖에서 밥을 짓고 있는 사람들도 있었다. 조금이라도 지내기 편한 곳을 찾아 이곳저곳을 전전하다 막 공원에 도착해 천막 칠 준비를 하는 사람들도 보였다.

공원 한쪽에는 정부가 마련한 급수차 앞에 사람들이 길게 줄을 서서 물을 배급받고 있었고, 각국 취재진의 카메라는 공원의 전경을 담고 있었다. 주민들은 지진 발생 사흘째가 되면서부터는 다소 안정을 찾아가는 분위기였다. 기자의 질문에도 거리낌 없이 자신의 대피 상황을 설명했다.

인근에 있는 대형 병원을 찾아가니 지진 피해가 좀 더 직접적으로 느껴졌다. 로비부터 임시 침상이 가득했고 의료진은 사흘째 밀려드는 부상자들을 치료하느라 지쳐 있었다.

카트만두 시내 다라하라(빔센) 타워 붕괴현장을 찾아갔을 때 네팔에서 10여 년 거주한 문광진 선교사를 만난 것은 취재 중 얻은 큰 행운이었다. 기독교계 구호단체 '기아대책' 파견 선교사인 그는 지진 피해 현장에서 다소 벗어나 있는 자신의 집으로 흔쾌히 필자를 초대했고, 그 덕분에 호텔 인터넷마저 불통인 상황에서 그의 집에서 기사와 사진을 송고할 수 있었다.

한 마을서 100명 넘게 몰살되기도

다음날에는 기아대책 긴급구호팀과 함께 피해가 가장 크다는 신두팔촉 산간마을에 들어갔다. 도심을 벗어난 외곽지역의 피해 상황을 전달하고 싶던 차에, 마침 기아대책에서 본격적인 구호활동에 앞서 피해 상황 파악을 위해 현장 답사를 간다기에 동행을 요청했다.

이들과 함께 지프를 타고 나선 외곽지역은 카트만두보다 상황이 더 참혹했다. 돌과 진흙으로 벽을 세운 집들 수십 채가 한꺼번에 주저앉아 있었다. 당국의 정확한 피해 집계가 어려운 상황에서 주민들은 마을에서 50명, 100명씩 몰살됐다는 말을 쏟아냈다.

그나마 제대로 된 건물에 여러 의사와 자원봉사자가 있는 카트만두와 달리 외곽에 있는 병원은 말만 병원이지 사실상 응급처치소에 가까웠다. 부상자들은 병원 마당 매트에 누워 있었고, 주변에는 닭들이 어수선하게 뛰어다녔다. 의사는 항생제 주사를 놓고 다친 부위에 붕대를 감아주는 게 고작이었다. 초점 없는 눈으로 부은 얼굴에 붕대를 감고 앉아있는 어린 여자아이의 모습을 바라보자니 안쓰럽고 왠지 미안했다.

저녁 늦게 카트만두로 돌아와서 대사관에 연락해 보니 학교 간 교류활동차 네팔 포카라 지역으로 갔다가 대지진을 만난 경남 창원 태봉고등학교 학생 40여 명이 출국을 위해 카트만두로 왔다는 사실을 알려줬다. 이미 밤 9시가 넘었지만 이들의 이야기를 안 들어 볼 수 없어 숙소를 수소문해 찾아갔다.

교감선생님은 재난 상황에서 아이들의 이름과 얼굴이 오르내리는 게 향여 안 좋은 영향을 줄 수 있다며 걱정했지만 한국의 가족들에게 무사함을 알려 안심시키는 게 더 좋지 않겠냐고 그를 설득했다. 인터뷰에 응한 학생들은 자신의 상황보다 부모의 마음을 더 걱정하는 어른스러움을 보였다.

그리고 이날 밤 119중앙구조대가 네팔로 들어오면서는 이들의 활동도 주요 취재 대상으로 추가됐다.

재난 한가운데서도 삶은 계속되고

사진부의 신준희 기자와 연합뉴스TV에서 온 임광빈 기자를 만나면서부터는 함께 취재 방향을 논의할 여유도 생겼다. 신 기자가 제안해 카트만두의 화장터를 스케치하러 나섰고 임 기자가 이재민 텐트촌에서 생후 11일 된 아이의 작명 의식 '느와란'이 치러지고 있다고 알려줘 현장을 찾아볼 수 있었다.

특히 태어난 지 5일 만에 병원에서 지진을 겪어 이름도 없던 아이가 이재민 텐트촌 한쪽에서 '용감하다'는 뜻의 바하두르라는 이름을 받는 모습은 재난의 한가운데에도 삶은 계속되고 있음을 보여주는 장면이었다.

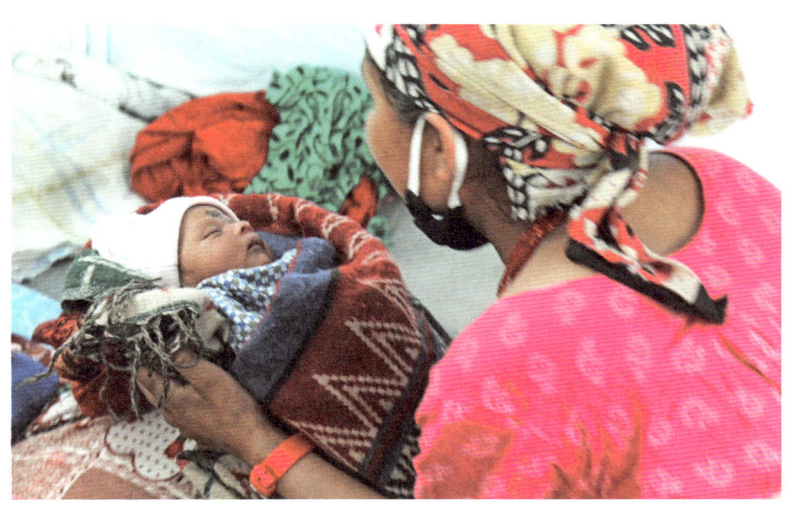

이재민 텐트촌에서 태어난 지 11일 된 아이가 엄마 품에 안겨 잠들어 있다 / 나확진

네팔 도착 일주일째인 5월 2일 오후, 뉴델리 복귀를 앞두고 마지막으로 카트만두 외곽 산간지역에서 구호물자 분배 상황 취재에 나섰다. 여

전히 무너진 건물더미 속에서 언제 여진이 올지 몰라 두려운 상황이었지만 많은 구호단체가 산간지역까지 들어가 구호품을 나눠주는 모습을 볼 수 있었다.

이재민들에게 나눠줄 식사를 위해 장을 보러 가려고 필자의 차를 얻어 탄 힌두교 여성단체 회원들의 활기찬 모습은 다시 일상으로 돌아가려는 네팔인의 의지를 보여주는 듯했다. 하지만 뉴델리로 떠나는 비행기 창으로 보이는, 공항에 쌓인 구호물품은 정부의 구호 절차가 신속하게 이뤄지지 않고 있음을 보여주고 있는 것 같았다.

뉴델리 복귀 뒤에도 네팔 지진은 벗어날 수 없는 주제였다. 복귀 열흘 뒤 네팔에서는 또다시 규모 7.3의 강진으로 200명 이상이 더 사망했다. 파괴된 주택의 복구 작업은 해가 바뀔 때까지 제대로 진행되지 않았다. 더구나 지진 5개월 뒤 통과된 연방공화제 헌법에 남부 테라이 지역에 사는 마데시족이 강하게 반발하면서 국경 봉쇄 시위를 벌였다. 그로 인해 발생한 석유·생필품 부족 사태는 네팔 주민의 삶을 극한으로 몰고 갔다.

필자는 재난의 한가운데 있는 네팔 주민의 기나긴 삶을 일주일의 짧은 시간동안 잠깐 엿보고 독자들에게 전달할 수밖에 없었다. 취재를 끝내며 개인적으로 이런 소회가 들었다. 재난을 막을 수는 없지만 재난으로 인한 삶이 참담함에서 희망으로 바뀌는 시간을 조금이나마 줄일 수 있게 하는 것이 현장의 관찰자로서의 역할이 아니었을까.

제2장 격동의
한반도와
세계정치

바다를 명복의 꽃으로
물들이다

글 | 오준동
당시 도쿄특파원, 논설고문 역임, 현 사회복지법인 효실천운동본부 고문

한 마디로 눈뜨고 볼 수 없는 현장이었다. 1983년 9월 대한항공 보잉747기가 소련 공군 전투기의 미사일 공격을 받고 추락한 홋카이도(北海道). 블랙박스를 비롯한 KAL기 동체와 잔해 수색을 중심으로 이뤄지던 취재 현장은 KAL기 유가족들이 왓카나이에 본격적으로 찾아오면서 오열의 현장으로 바뀌었다. 일본의 연안 여객선 '소야마루'(宗谷丸)에 탄 유가족들은 매일 그들의 사랑하는 아들, 딸, 남편, 아내,

KAL기 피격사건 진혼사절단이 사고지점 부근에서 헌화하고 있는 모습 / 연합뉴스 자료사진

아버지, 어머니의 시신이 표류하고 있을 것으로 추정되는 소련령 사할린 남서 해상 쪽 공해상에서 모네론 섬을 향해 "OO야, 여보, 당신" 등을 목 놓아 외쳤다.

통곡의 나날이었다. 정확한 사실 보도를 위해 항상 평정심을 잃지 않아야 하는 기자라는 직업이지만, 이럴 땐 도저히 냉정을 유지하기가 어려웠다. 유가족들이 희생자들의 명복을 빌며 던진 조화들이 바다를 온통 꽃으로 물들이며 어디론가 떠내려갔다. 점점이 사라져가던 그 조화들의 모습은 30여 년이 지난 지금도 어제 일처럼 생생하다.

"홋카이도 현장 취재하라" 지시에 당혹

1983년 9월 1일 기자 인생에서 잊지 못할 엄청난 사건과 맞닥뜨렸다. 승객과 승무원 등 269명(한국승객 81명)을 태우고 뉴욕을 출발해 앵커리지를 거쳐 서울로 향하던 대한항공 007편 보잉747 점보여객기가 소련령 캄차카 상공에서 소련 공군전투기의 미사일 공격을 받고 사할린 해상 쪽으로 추락한 것이다. 비극의 현장이 일본의 최북단인 왓카나이(稚內)에 인접한 해상이라는 점에서 주일 한국 특파원 사회를 벌집 쑤시듯 흔들어 놓았다.

특파원 생활 1년 만에 엄청난 사건을 접한 필자는 이 사건 취재 중에 "빨리 홋카이도로 가서 사고 현장을 직접 취재하라."는 지시를 받았다. 당시 한국의 일부 방송국을 제외하곤 연합통신(현 연합뉴스)이 유일하게 '복수특파원 체제'(이문호 특파원 겸 지사장)를 유지하고 있던 터라 한두 개 방송국과 연합통신만이 도쿄에서 사건 현장으로 직접 파견이 가능했다.

옷가지 몇 점과 카메라 등 대충 짐을 챙기고 부랴부랴 출장길에 나선 필자는 사실 극도의 불안감을 떨칠 수 없었다. 본사 데스크에서는 홋카이도 파견을 마치 서울에서 인천 가는 가벼운 출장 정도로 지시를 내렸지만 알다시피 홋카이도는 거의 남한 땅에 버금가는 광활한 지역이다. 게다가 일본 땅에 둥지를 튼 지 1년밖에 안 되는 상황에서 혼자 이 대형 사고를 감당해야 한다고 생각하니 부담감이 엄청났다. '앞으로 어떻게 취재해야 할지', '현지의 송고수단은 제대로 돼 있는지', '사고현장은 어떤 모습인지' 등 출발하기도 전에 머릿속으로 온갖 상상의 나래를 펼치며 몇 번씩 기사를 썼다가 지웠다.

홋카이도의 첫 기착지인 삿포로(札幌)에 도착하니 KAL기가 추락한 곳으로 추정되는 소련령 사할린 쪽에 블랙박스와 기체인양을 위해 일본 해상 보안청을 비롯한 미국과 소련의 수색 선단들이 집결하고 있다는 소식이 들려왔다. 필자는 일단 홋카이도 최북단 왓카나이에 '취재 캠프(?)'를 설치하기로 했다.

한적한 도시 왓카나이 취재 열기 속으로

왓카나이는 겉으론 조용하지만 물밑으론 매우 바쁘게 움직이고 있었다. 우선 왓카나이 소재 일본 해상보안청에 KAL기 사고대책본부가 세워지고 사고수습을 위해 대한항공 임직원들이 도착했다. 그런가 하면 한국에서 KAL기 희생자 유가족들이 곧 사고 해역을 방문할 것이라는 소식도 전해졌다. 한적한 도시 왓카나이는 점차 취재 열기로 빠져들고 있었다. 특히 KAL기의 기체와 블랙박스 회수 등을 위해 홋카이도와 마주하고 있는 소련의 모네론 섬 해역을 중심으로 미국과 일본, 소련의 치열한 수색 작전이 벌어지기 시작했다.

미국에서는 일본 요코스카(橫須賀)에 기지를 둔 미 7함대 소속 기동타격함대의 함정을 주축으로 하는 구조구난함 콘서브호, 대잠 구축함 스트레트호, 특수 예인선 나라 컨세트호 등 8척의 수색 선단을, 소련에서는 모네론 섬 북동해역에 소형 잠수정을 비롯한 해양 조사선, 정보 수집함, 초계정, 트롤어선 등을 각각 급파했다. 또 일본에서는 심해 구조선 카이코 마루 3호, 7호 등 일본 해상보안청 선단을 투입했다.

3국의 치열한 해상 작전은 도쿄에서 급파된 유일한 활자매체 기자인 필자에게 특종급의 굵직한 기삿거리를 심심찮게 안겨줬다. 일본 해상보안청 사고대책본부는 매일 브리핑을 통해 사고 해역에서 이뤄지고 있는 일본 선단들을 중심으로 한 수색 활동 내용을 알려줬고, 이를 서울 본사에 타전하면 곧바로 주요 뉴스가 되곤 했다. 특히 해상보안청 소속 소형 잠수정이 바다 밑에서 KAL기 추락 지점을 수색하고 있다거나 수중음파탐지기(sonar)가 블랙박스를 찾기 위해 전파를 발사하고 있다는 등의 브리핑 내용은 빅뉴스가 되기에 충분했다.

하지만 하루 두 번씩 이뤄진 일본 해상보안청 사고대책본부의 공식 브리핑은 날이 가면서 약발이 떨어지기 시작했다. 매일 똑같이 잠수정이 심해 수백m까지 내려가 KAL기의 소재를 찾고 있고 수중음파탐지기가 교신을 시도하고 있다는 등의 이야기만 되풀이할 뿐 이렇다 할 성과가 없었기 때문이다. KAL기가 추락한 지 10여 일이 지나면서 탑승객들의 유류품이 사할린 해상과 일본 오호츠크해의 조류에 밀려 해변에 하나

둘씩 나타나기 시작했고 일본 경찰들은 왓카나이에서 몬베츠(紋別), 아바시리(網走) 등 동남쪽으로 이어지는 해안을 다니며 이것들을 수집하느라 열심이었다.

이로 인해 취재 반경도 왓카나이 해상과 일본 해상보안청 사고대책본부에서 오호츠크해로 확대됐다. KAL기 추락의 결정적 단서가 될 수 있는 기체의 잔해나 유류품이 발견되지 않을까 하는 기대 속에 그 기나긴 해안가를 부지런히 오르내렸다. 독무대 비슷했던 왓카나이 취재 전선은 서울을 비롯한 전국 각지에서 희생자 가족들이 사고 해역을 돌아보기 위해 홋카이도 해상을 방문하면서 본격적인 전운(?)이 감돌기 시작했다. 이들 가족과 함께 서울의 난다 긴다 하는 민완기자들이 대거 몰려들었기 때문이다.

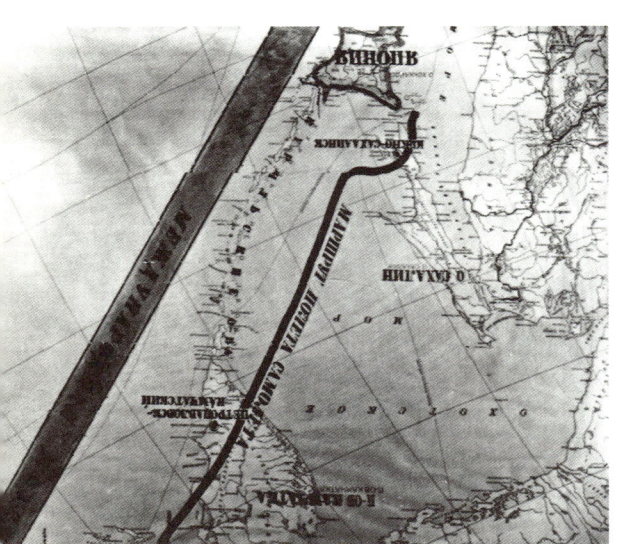
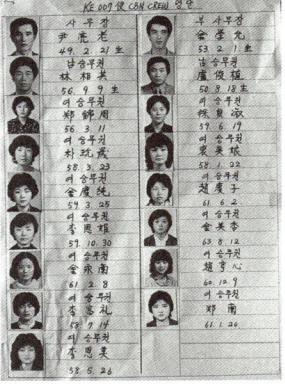

(왼쪽) 소련이 주장하고 있는 영공 침공 항로와 국제항로 / 연합뉴스 자료사진
(오른쪽) 소련전투기에 의해 피격당한 대한항공 승무원 명단 / 연합뉴스 자료사진

급파된 기자들과 특종 전쟁

이때 왓카나이에 온 기자들은 대개 사회부 출신으로 서로 다른 수완을 발휘해 연일 굵직한 기사들을 쏟아냈다. 그들이나 필자나 일본 해상보안청 사고대책본부를 중심으로 브리핑을 듣는 게 거의 전부였으나 서울의 조·석간 신문들은 매일 왓카나이발 특종급 기사로 필자를 곤혹스럽게 만들었다. 특히 사고대책본부의 브리핑 내용이 뭔지 몰라 필자에게 "지금 무슨 말을 하느냐?"고 묻곤 했던 저들이었지만 그 이튿날 신문에는 브리핑 내용과 전혀 다른 굵직한 기사들을 경쟁적으로 보도했다. 오죽하면 일본 해상보안청 관계자가 브리핑 시간마다 "외무성 등 일본 정부 유관기관에서 왓카나이에 있는 한국 기자들에게 추측성이나 너무 앞서가는 보도를 자제해 달라."고 요청해 왔다며 기사에 신중을 기해 달라고 당부했다. 그러나 효과는 없었다.

없는 사실을 있는 사실처럼 작문성 기사를 보낼 수도 없는 노릇이어서 필자도 그저 벙어리 냉가슴 앓듯 하루빨리 블랙박스의 실체가 드러나길 바랄 뿐이었다. 그래서 하루라도 빨리 왓카나이를 떠나고 싶었다. KAL기 블랙박스를 비롯한 동체나 잔해들은 30여 년이 지난 지금도 소련(러시아)이 찾아내 보유하고 있다는 등 이런저런 소문만 무성할 뿐 아직도 오리무중 상태다. 그런데 당시 우리나라 신문을 보면 블랙박스가 한 개가 아니라 적어도 두세 개는 찾아냈어야 할 정도로 과열 취재 양상이었다.

미국 선단에 승선…희생자 명복 비는 데 그쳐

사고 해역엔 가보지도 못하고 KAL기 취재를 끝내는 게 아닌가 하는 조바심으로 늘 마음이 불안하던 차에 드디어 미국 수색 선단에 승선할 기회를 얻게 됐다. 사고 현장을 직접 눈으로 확인하고 미국의 수색 활동을 체험하는 것만으로도 특종 감이 쏟아질 것이라는 설렘과 기대감으로 가득했다. 사고 현장을 방문하는 날 새벽같이 미 해군 경비정을 타고 소련령 모네론 섬을 향해 한참을 달린 후 망망대해 공해상에 대기하고 있던 미국의 상륙용 고무보트에 인계됐다. 그때 미국 선단의 취재를 허가받은 사람은 필자를 포함해 외신기자 등 모두 5~6명 정도가 아니었나 싶다.

승선한 함정은 한눈에 봐도 규모가 어마어마했다. 따라서 함대 사령관과 인터뷰, 수색 현장의 스케치, 선단의 작전 내용 등을 취재해 보내면 서울의 신문, 방송을 요란하게 만들 틀림없는 대특종이 될 것이라고 한껏 마음이 부풀어 있었다. 하지만 기대가 크면 실망이 크다고 했던가. 필자가 탄 배는 미국 수색 선단의 주력 함대와는 관련이 없는 병참 담당인 '위치터'호라는 보급선이었다.

작전 중이기 때문에 보안상의 이유로 수색 선단에는 승선이 허락되지 않았다. 게다가 수색 선단의 공보장교라는 사람은 물어보는 질문마다 작전 중이어서 노코멘트라는 말을 퉁명스럽게 되풀이했다. 승선 기자들은 어렵게 배를 탔으니 잠깐만이라도 함대 사령관과 인터뷰를 갖게 해달라고 간절히 요청했으나 공보장교는 역시 작전 중이라 안 된다며 단호하게 거절했다. 필자는 당초의 기대와 달리, 고작 위치터호의 갑판을 둘

(왼쪽) KAL 여객기 탑승자 합동 위령제 / 연합뉴스 자료사진
(오른쪽) KAL여객기 탑승자 합동 위령제에서 희생자 사진을 안고 오열하는 유가족 / 연합뉴스 자료사진

러본 후 2달러짜리 햄버거 몇 개 사먹고는 보급선을 떠날 수밖에 없었다. 하지만 미 해군 보급선이라도 타고 먼발치에서나마 희생자들이 묻혀 있을 것으로 추정되는 모네론 섬을 바라보며 KAL기 희생자들의 명복을 빌 수 있었던 것은 지금도 기자 인생에 잊을 수 없는 추억의 하나로 자리 잡고 있다.

30년 만에 다시 찾은 홋카이도

이렇듯 꼬박 40일간을 왓카나이에 머물며 KAL기 현장을 취재했던 필자는 지난 2013년 꼭 30년 만에 홋카이도를 방문할 기회가 있었다. 일행과의 여행 일정상 30년 전 주로 취재를 했던 왓카나이 앞바다까지는 갈 수 없었지만 KAL기의 동체와 잔해, 희생자들의 유류품 등을 발견하기 위해 일본 경찰의 수색 활동을 취재하며 오르내렸던 아바시리(網走), 네무로(根室), 시레도코(知床) 등의 바다는 볼 수 있었다. 차창 너머로 당시 취재 무대였던 망망대해가 펼쳐지는 순간 필자는 "아, 내가 30년 전, 40을 갓 넘은 젊은 나이에 이곳에서 취재를 했었지."하는 생각과 함께 뭐라 표현할 수 없는 벅찬 감회와 더불어 가슴이 아련해지기까지 했다.

NEWS TIP

KAL기 피격사건

1983년 9월 1일 뉴욕을 출발하여 앵커리지를 경유, 서울로 향하던 대한항공 007편 보잉 747 점보여객기가 사할린 부근 상공에서 소련 전투기의 미사일 공격을 받고 추락한 사건.

피격된 여객기에 탑승한 승객은 한국인 81명, 미국인 55명, 일본인 28명, 중국인 36명, 필리핀인 16명, 캐나다인 10명, 태국인 6명, 오스트레일리아인 4명, 스웨덴인·말레이시아인·인도인이 각 1명, 무국적자(베트남 난민) 1명 등과 승무원 29명이다.

사건발생 직후 정부는 소련을 격렬히 규탄하는 한편, 소련 영토 내의 국제행사에 대표단을 파견하지 않았으나, 올림픽에 소련을 참여시키기 위해 문제를 확대시키지 않음으로써 민항사상 유례가 드문 참극은 양국 간의 외교문제로 비화되지 않은 채 흐지부지됐다.

통일의 빛과 그림자

글 | 홍성표 당시 베를린특파원. 상무이사 역임

운터덴린덴에서

독일 분단과 통일의 상징 브란덴부르크 문. 문 정면 광장에서 동쪽으로 쭉 뻗어 2km가량 이어지는 큰 길이 제국 시절부터 수도 베를린의 중심대로이던 운터덴린덴이다. 베를린 특파원으로 부임한 지 두 달이 조금 지난 1990년 10월의 며칠을 필자는 이 운터덴린덴과 그 주변에서 거의 살다시피 했다.

2013년 10월 독일 통일의 날 전경 / EPA

동유럽에 불어닥친 자유화의 물결 속에서 그 전 해인 1989년 11월 동독은 마침내 베를린장벽을 포함한 국경의 출입 통제를 포기했다. 이후 1990년 3월의 자유 총선과 7월 1일 경제통합, 8월 31일 통일조약 체결 등 숨가쁜 일정을 거쳐 드디어 10월 3일 동독은 역사 속으로 사라지고 통일 독일이 탄생했다. 통일의 날이 시작되는 10월 3일 0시 브란덴부르크 문 바로 북쪽 제국의회 앞 광장에서 대통령과 총리 등이 참석하는 기념식이 열리고 운터덴린덴에서는 2일부터 이틀간 거리축제가 벌어질 것이었다.

이런 '역사적' 사건 앞에서 통신기자들은 얼마나 바빠지던가. 필자는 9월 말 5회 시리즈의 통일특집을 미리 보낸 데 이어 10월 1일까지 공식 통일에 대한 본 기사, 해설과 함께 11년차 '중견' 통신기자의 머리로 짜낼 수 있는 온갖 '박스' 기사를 송고했다. 10월 2일 집을 나서면서 계획한 이날의 기사는 가벼운 거리축제 스케치와 자정 무렵 의사당 앞 레푸블릭 광장에서 벌어질 통일기념식에 대한 조금 진지한 르포 혹은 감상문이었다. 인파 속에서 운터덴린덴과 일대 골목들을 헤집고 다니며 종일 주위 모은 스케치는 대부분 음식이나 기념품을 파는 수많은 노점상, 10여 군데 가설무대에서 펼쳐진 이런저런 공연 등과 관련된 그야말로 잡다하고 자질구레한 것들이었다. 베를린 한국 교민들이 선보인 민속무용단이나 한국식 포장마차 얘기가 그나마 중요한 것이었다. 그 골목들 중 한 곳, 동독이 사라지면서 폐쇄되는 북한대사관 앞은 다음날까지 아마도 네다섯 번은 찾아갔을 것이다. 큰 취재거리라도 만난 듯 인기척도 없는 철문 안을 기웃거렸고 사진도 여러 장 찍었다.

"…동베를린 글링카가 7번지의 북한대사관에는 2일 밤까지도 철창살 출입문 옆에 '조선민주인민공화국대사관'이라고 적힌 현판이 붙어 있었으

나 3일 오전에는 이 현판이 사라졌다. 그러나 대사관 앞 주차장에는 외교관 번호판을 단 차량들이 주차돼 있었다…"

되돌아보면 우스운 감도 있지만 통신기자의 발품 값이 그만 못한 경우가 보통이었다.

그리고 마침내 하루 종일 기다린 그 순간이 다가왔다. 오랜 시간이 흘렀음에도 그날 인파속에서 통일의 날 기념식을 지켜보던 기억은 비교적 생생하다. 여러 날 기사와 씨름하고 종일 걸어 다녀 지쳐 있었지만 머리는 명료했다. 울컥하기도 했고 왠지 쓸쓸한 기분도 들었다. 달이 밝고 선명했다. 그해 10월 3일은 한국의 추석이었다.

〈르포〉 독일 통일의 날

독일 통일의 순간 쉐네버그 시청에서 울리는 자유의 종소리가 확성기를 타고 레푸블릭 광장에 메아리쳤다. 제국의회 앞 국기계양대를 타고 커다

란 독일의 삼색기가 서서히 올라갔다. 광장에 운집한 수만의 인파들 사이
사이에서 함성이 터져 나왔다. 박수 소리도 들렸다. 많은 사람들이 미리
준비해 온 소형 독일 국기를 치켜들고 흔들어댔다. 장난감 폭죽이 여기저
기서 터지고 풍선들도 두둥실 떠올랐다. 그리고 독일 국가가 연주됐다.
예상했던 것과 달리 수만 명의 독일인이 입을 모은 우렁찬 합창 소리는
없었다. 이상한 느낌이 들 정도로 대부분 사람들의 표정은 심각했다. 통
일의 의식을 지켜보기 위해 광장에 모인 시민 중에는 나이 지긋한 부
인도 있었고 어린 아들을 목마태운 아버지도 보였다. 너무나도 많은 사
람들이 바람이 없어 나부끼지도 않는 국기를, 또는 보름달 아래로 현란
하게 퍼져나가는 불꽃의 희롱을 물끄러미 바라보고 서 있을 뿐이었다.
간간이 터지는 폭음탄 소리. 술병을 들고 비틀거리는 청년이나 아침부
터 광장 주변에서 팔던 5마르크짜리 통일 횃불을 든 채 인파 사이를 누
비는 젊은이들이 내는 소음은 차라리 적막처럼 느껴졌다.
국가가 끝나고 행사장의 악단은 각종 춤곡을 연주하기 시작했다. 흥을
돋우기 위해서라고 한 독일인이 설명했다. 군데군데 연주에 맞춰 스텝
을 밟는 커플들이 보였지만 광장의 조그만 일부분도 무도장으로 변하
지는 않았다.
여러 사람들에게 분위기가 어떤지를 물었다. "차분한", "조용한" 등의
수식어가 고작이었다. 환호나 열광 같은 단어는 아무에게서도 들을 수
없었다. 지난해 신년을 며칠 앞두고 브란덴부르크 문이 열렸을 때의 광
장 분위기와는 너무도 달랐다.
사람들은 그 이유에 대해 여러 가지로 설명했다. 독일이 이미 실질적 통
일을 이루었고 오늘의 행사는 오래전 예정된 절차 같은 것이기 때문이

라는 의견도 있었고, 동·서독인 모두가 통일의 기쁨과 함께 걱정거리들을 갖고 있어 그저 환호할 수만은 없기 때문이라는 주장도 나왔다.

거리 축제의 분위기도 그다지 흥청거리는 것은 아니었다. 운터덴린덴가(I街)에는 수백 개의 노천식당이 자리를 잡았고 밤이 늦으면서 본래의 인도와 차도가 모두 인파로 뒤덮여 발걸음을 옮기기 힘들 정도긴 했지만 삼색기의 행진, 환호와 함성은 더 많은 구경꾼들 사이에서 벌어졌다. 광장의 통일 의식이 끝난 후 한 TV 뉴스에서 "열광적인 축제 분위기"라는 앵커의 음성이 몇몇 화면과 함께 들려오자 특별프레스센터 휴게실 내에서는 웃음소리가 터져 나왔다. 휴게실의 안내를 맡고 있던 독일 여성은 "그게 저널리스트잖아요."라고 반농담조의 한마디를 던졌다.

거리 축제의 마감시간인 새벽 2시를 한 시간쯤 앞서서부터 운터덴린덴에서 동·서베를린 각 지역으로 퍼져나가는 도로들은 귀가 인파로 차량 통행이 불가능했다. 통일의 날이기에 모두들 밤새 운행하는 주변의 버스와 지하철역을 향해 분주히 걸음을 옮겼다.

1989년 11월 당시 베를린장벽 지붕에 운집해 있는 베를린 시민들 / LEHTIKUVA

1989년 11월 베를린 베어나워 거리를 건너고 있는 시민들 / EPA

헬무트 콜 독일 총리는 2일 저녁 TV 연설에서 마침내 꿈이 실현되며
자신은 인생에서 가장 기쁜 순간을 맞게 된다고, 또 독일 국민 대부분
이 그와 마찬가지로 극도의 환희를 맛보고 있을 것임을 알고 있다고 말
했지만 독일 통일의 날을 맞는 일반의 분위기는 조금은 맥이 빠진 것
처럼 느껴졌다.

이 르포는 3일 새벽녘에 송고됐을 것이다. 그리고 이틀째 거리축제와 그
다음날 축제 이후 표정 등에 대한 취재가 이어졌다. 필자의 '운터덴린덴
대작전'은 몇 건의 다른 기사와 함께 또 한 편의 르포를 "축제는 끝나고"

라는 제목을 달아 보내고 나서 종료됐다.

"통일의 축제가 모두 끝났다. 이틀간 수백만 인파로 뒤덮였던 운터덴린덴에는 4일 아무런 축제의 여운도 남아있지 않았다….."

베를린 특파원

"동독과 헝가리의 총선을 취재하고 베를린에서 특파원 주재 여건을 조사해 보라."

그 시절 인사가 흔히 그랬던 것처럼 필자가 베를린 특파원으로 정해진 사실도 갑작스럽고 다소 불친절하게 통보됐다.

사실 필자는 그 전 해 카이로 특파원으로 내정돼 몇 달 후면 이집트로 떠날 것이었고 당시 아랍어 개인교습까지 받고 있었다. 그런데 베를린 장벽의 붕괴 이후 예상보다 훨씬 빠른 속도로 독일의 재통일 움직임이 진행되자 급한 대로 특파원 대기 상태이던 필자를 독일로 보내자는 아이디어가 어디선가 나왔던 모양이다. 아무튼 그렇게 필자는 1990년 3월 초 베를린과 부다페스트, 다시 베를린으로 이어지는 한 달간의 출장길에 올랐고, 귀국 후 다시 3개월쯤 지난 7월 중순 연합뉴스의 초대 베를린 특파원으로 부임하게 됐다.

지금은 돌아가신 대선배 임원의 방에 불려가 난데없이 베를린 특파원으로 옮겨가라는 얘기를 들었을 때 어떤 생각을 했던가? 이상하게도 당시의 상황에 대해서는, 특히 그때의 기분이나 감정에 대해서는 기억이 거의 나지 않는다. 대화는 짧고 설명은 없었을 것이다. 동의를 구하지도 않았을 것이다. 그 선배는 그 몇 달 전 어느 날에도 느닷없이 필자를 불러 카이로 특파원으로 나가라며 "빨리 다녀와야 또 다른 데 나가지."라고 한마디를 던졌을 뿐이었다. 필자도 이것저것 물어 보지 않았을 것이다. 그때 베를린 특파원의 임무에는 굳이 정의가 필요 없었다.

동독에 이은 헝가리의 총선 취재를 마치고 베를린으로 돌아가 특파원 주재와 관련된 일들을 알아보던 1990년 4월 초, 필자는 "동독이 베를린장벽을 개방한 지 '5개월'이 지났다."는 명분으로 5회짜리 특집기사를 보냈다.

"분단의 비극을 겪고 있는 한국으로서는 앞으로의 통일에 대비해 독일의 통일에 어떤 문제점들이 있는지를 연구하고 독일인이 그것을 어떻게 해결해 나가는지 유심히 지켜볼 필요가 있다."는 편집자 주를 달았다. 딱히 지시가 있었던 것은 아니지만 핑계만 있으면 기사를 쓰는 통신기자 본능에 출장 값을 해야 한다는 강박이 더해진 특집이었다.

그러나 편집자 주의 내용은 특파원 시절 내내 마음에 담아뒀던 나름의 사명감 같은 것이었다. 소련과 동유럽 전체의 민주화가 급속히 진행되던 그 시절, 필자는 많은 다른 사람들이 그러했듯 한국의 통일이 그리 멀지 않다고 믿고 있었다. 후일 필자의 경험이 크게 쓰일 기회가 있을 거라는 막연한 기대도 없지 않았다.

통일문제를 제외하면 독일은 한국에서 보는 뉴스의 관점에서 오지에 가까웠다. 그렇다고 특파원 시절 통일문제에만 관심을 집중할 수 있었던 것은 아니다. 당시 베를린은 이른바 '재야 활동'이 활발했던 유럽 도시로 한국의 저명한 작가가 간부직을 맡은 조직이 있었고 북한 고위인사가 간혹 방문해 회의에 참석하기도 했다. 또 한국 운동권 남녀 대학생 두 명이 베를린에 와 북한을 드나들며 오랜 기간 기거하는 일도 있었다.

동유럽 취재를 지시받아 체코나 헝가리 등으로 출장을 다니기도 했다. 그러다 91년 중반부터 오스트리아 빈에 있는 국제원자력기구(IAEA) 취재를 떠맡게 됐다. 당시 북한의 핵개발 의혹이 점점 짙어지면서 이를 확인하고 저지하려는 국제사회의 움직임도 활발해지고 있었다. 필자는 이후 약 2년간 열 차례 넘게 빈으로 출장을 갔고 베를린에 있으면서도 일주일에 서너 번은 빈의 한국대사관과 IAEA 관계자들에게 전화를 걸어 동태를 파악해야 했다. 북한 핵문제에 대한 한국 언론의 관심은 '독일 통일의 후유 현상'에 대한 흥미를 훨씬 뛰어넘는 것이었다.

물론 특종의 기회도 있었다. 간혹 외신기자들이 필자에게 전화를 해 이것저것 물어보기도 했다. 베를린발 IAEA 기사가 하도 많다 보니 베를린 특파원이 없던 서울의 한 신문이 사설에 IAEA 본부가 베를린에 있다고 썼다는 에피소드는 부장의 격려 전화로 전해 들었다. 그러나 당시를 되돌아보며 북한 핵문제를 생각하면 그때 언론의 취재 열기는 물론 국제사회의 분주했던 논의도 조금은 허망하게 느껴진다.

특집에서 특집으로

특파원 시절 길이가 긴 해설 기사, 특히 특집 기사는 어느 때보다 많이 썼던 것 같다. 우리 언론은 특별한 사건 이후의 1개월, 1년 등을 유난스럽게 챙긴다. 더구나 통신은 이런 때 신문이 소화할 수 있는 양의 두세 배쯤은 기사를 쏟아내야 하지 않던가.

부임하자마자 경제통합 1개월이 다가왔고 숨을 고르니 통일의 날이 코앞이었다. 통일 1개월은 베를린장벽 붕괴 1년과 1주일도 차이가 나지 않았다. 일찌감치 11월 하순 연말특집 독일 통일 편을 송고하고 나니 히틀러 집권 이후 처음 치러진다는 통일 독일의 총선거가 12월 2일 기다리고 있었다. 해를 바꿔서도 경제통합과 통일의 날, 베를린장벽 붕괴 등의 1주년, 2주년은 당연히 돌아왔고 기본이 3회인 특집기사 작성도 되풀이됐다.

통신사 데스크는 늘 특집을 구상하지만 일선의 기자들은 대체로 이를 귀찮게 생각한다. 하지만 베를린 특파원 시절의 필자는 그렇지 않았던 것 같다. 베를린에는 아직 대사관도 옮겨오지 않았고 달리 일상적인 취재원이 있는 것도 아니었다. IAEA 취재를 제외하면 대체로 통일 후의 현상들을 관찰하고 기록하여 이런저런 형태의 기사로 해설하는 게 필자의 평상시 일과라고 할 수 있었다. 그리고 그런 기사거리는 부족하지 않았다.

동독 지역의 경제적 붕괴는 극적이었다. 사실상 거의 모든 기업이 통일 후 얼마 지나지 않아 문을 닫았다. 민영화 과정을 거쳐 다시 문을 연 기업의 종업원 수는 보통 이전의 3~4분의 1, 어떤 경우에는 10분의 1로 줄었다. 그러니 거의 모든 동독인들은 길든 짧든 실업자 신세를 거쳐야 했다. 사회적 불안이 고조되고 범죄가 늘어나는 것은 어쩌면 당연한 일이었다. 동독 지역에 투입되는 통일비용은 서독인들이 낸 세금이었다. 그 액수가 급격히 불어나면서 서독인들의 불만도 커졌다.

옛 동독 사회주의의 흔적을 지우는 과거 청산 작업도 광범위했다. 거리의 이름을 바꾸고 대학의 학과를 없애는가 하면 동독 시민들에게 가혹 행위를 한 비밀경찰이나 그 '부역자들'을 찾아냈다. 동독을 20여 년 통치했던 공산당 서기장 에리히 호네커도 소련에 피신해 있다 결국 독일로 송환돼 논란 속에 법정에 세워졌다. 특파원으로 있던 3년 내내 독일은 온갖 통일 후유증과 사회적 논란으로 몸살을 앓았다. 필자로서는 특집 기사가 그런 얘기들을 다시 한 번 다듬어 새롭게 전할 기회이기도 했다. 그러나 전혀 예상하지 못했던 특집도 있었다. 특파원 임기를 두 달 남짓 남긴 1993년 5월 초 부장에게서 전화가 왔다. 통일 3주년을 기념하는 '50회' 특집을 경제통합일인 7월 1일부터 연재한 후 책으로 출판한다는 것이었다. 후배 기자 4명이 두 팀으로 2주씩 독일 특별취재에 나설 계획 이라고 했다. 내심 마땅치가 않았다.

우선 시리즈가 너무 길었다. 50회 특집은 들어본 일도 없었다. 조만간 독일 생활을 정리해야 할 시점이기도 해 더 부담스러웠다.

"몇 꼭지나 쓸 수 있겠어?"

"한 스무 개…."

부장이 웃으며 다시 말했다.

"열 꼭지만 써."

필자는 시리즈 전체를 아우르는 첫 편의 구성을 운터덴린덴을 걸으며 생각했다. '통일의 빛과 그림자'라고 제목을 단 그 기사는 연재가 끝난 후 연합뉴스가 출간한 단행본 '대르포, 독일 통일의 명암'의 서문으로 사용됐다.

통일의 빛과 그림자

(전략) 분단시절과 통일을 함께 상징하는 브란덴부르크 문을 서에서 동 으로 지나 유서 깊은 운터덴린덴가에 들어서면 변화의 모습이 금세 눈

에 들어온다. 우중충하게 때가 묻어 있었던 아파트와 상가들이 산뜻하게 개조되거나 새로 단장됐다. 행인들을 빙빙 둘러가게 만드는 곳곳의 공사판도 이 거리의 희망찬 미래를 약속하는 듯 보인다.

그러나 동베를린 어느 곳에서든 대로를 벗어나 한두 걸음 골목으로 접어들면 여전히 벽이 뜯기고 유리가 깨진 흉물스러운 아파트, 주택들이 시야에 가득 들어온다. 서독인들이 흔히 '저 건너'로, 동독인 스스로는 '점령지'라고 부르곤 하는 이곳엔 집집마다 실업자와 그 가족이 살고 있다. 공식적인 통계에 의하면 동독지역의 실업자는 120만 명으로 노동인구의 15%를 밑돈다. 그러나 실제로는 정부가 시한부로 임금을 대주는 은폐된 실업자와 단축노동자 등을 모두 합할 경우 그 비율은 40%에 이른다. 이에 더해 엔지니어가 노무자로, 대학교수가 운전사로 나서는 직업 생활의 일대 혼란이 계속되고 있다. 실업의 공포와 미래에 대한 불안은 거의 모든 가정의 일상적인 현실이다.

브란덴부르크 문에서 남쪽으로 불과 5분여 거리인 라이프치히가엔 '지상 최대의 지주회사' 신탁관리청이 자리잡고 있다. 동독으로부터 인수한 모든 기업의 사유화를 책임지는 신탁관리청도 내년 초면 문을 닫는다. 그동안 1만 개가 넘는 기업이 매각됐고 이제는 잡다한 나머지로 '세일'이 시작됐다. (중략)

운터덴린덴의 동쪽 끝을 향하다 보면 베를린의 상징인 곰 문장기가 날리는 붉은 벽돌집 베를린 시청을 만난다. 인근에선 옛 동독 의사당 건물이던 '공화국 궁전'의 철거를 위한 준비 작업이 시작되고 있다. 옆을 지나는 길 '마르크스-엥겔스포룸'은 '시청길'이라는 새 이름으로 불리고 있다. 건너편 훔볼트 대학에선 역사학과 등 소위 '사상적으로 오염된'

학과들이 진작 폐쇄됐다. 과거 동독과 공산주의의 찌꺼기를 씻어버리는 작업은 사람과 제도뿐 아니라 유형무형의 모든 부문에 미치고 있다. '붉은 시청' 내에서는 동독 출신의 사무직원이 책상을 마주한 서독 출신의 동료보다 절반밖에 안 되는 월급을 받으며 일한다. 동독 출신 사람들은 스스로를 '2등 시민'으로 칭하며 '점령지에 산다.'고 한숨짓는다. (중략) 동베를린 중앙역 앞 대로변엔 1㎞가량 베를린장벽이 보존돼 있다. 장벽 개방 후 세계 각국의 화가들이 저마다 한 폭씩의 그림을 그려 놓아 흔히 '갤러리'로 불리는 이곳은 요즘 베를린의 관광 명소로도 유명하다. 벽 갤러리는 무엇을 상징하는가. 이곳에서 동베를린의 한 시민은 남아 있는 것이 장벽의 잔재만은 아니라고 말한다. 정치인들도 언론도 독일의 내적 통합이 아직 멀다고 입을 모은다. 이들은 독일이 지금과 같은 민족적 분단을 일찍이 경험치 못했다고 강조한다. (중략)

다시 브란덴부르크 문. 최근 정부는 이 밑을 지나는 지하 터널의 건설 계획을 발표했다. 정부 관청가와 국회가 자리 잡을 주변 교통망 정비계획의 일환이지만 시민들의 반발이 심하다. 독일 의회는 오는 1998년이면 이사 올 계획이지만 베를린이 완전한 수도의 모습을 갖추는 데는 한 세대도 길지 않다. 독일의 내적 통합은 또 언제면 이뤄질 것인가. 헬무트 콜 총리는 독일 통일의 완수야말로 수도 베를린에 맡겨진 역사적 과제라고 말하고 있다.

독일 통일은 진행형

2015년 가을 모처럼의 유럽 여행길에서 필자는 며칠간 베를린에 머물

독일 베를린 브란덴부르크 문의 2011년 모습 / DPA

렀다. 그중 하루는 운터덴린덴과 그 주변을 돌아다녔는데 공교롭다고
나 할까. 그날이 10월의 첫날이었다. 꼭 25년이 지났고 회사를 떠난 지
도 여러 해였지만 문득 통일의 날을 취재하던 기억이 엊그제 일처럼 떠
올랐다.

운터덴린덴 일대에서 독일을 떠날 즈음까지 보았던 동독 시절의 쇠락
한 도시 흔적은 찾기 어려웠다. 브란덴부르크 문 바로 앞으로 한때 어
른 키 갑절 높이의 이중 콘크리트 장벽과 죽음의 지대가 지나고 있었다
는 사실은 거짓말 같았다. 문 앞에는 2차대전 중 부서질 때까지 유럽 최
고였다는 호텔 아들론이 다시 자리잡았고, 남쪽으로 1km쯤 떨어져 역
시 장벽으로 갈라졌던 도심 광장 포츠다머플라츠는 첨단 건축물들이 운
집한 베를린 최고의 신시가로 탈바꿈해 있었다. 광장 근처에서 동쪽으
로 방향을 틀어 체크포인트찰리 앞을 지나고, 슈프레 강변으로 이어지
던 지역에도 본래 제자리였던 것처럼 주거용, 상업용 건물과 기념공원

등이 들어서 있었다.

독일은 거의 2000년대 중반까지 '유럽의 병자'라고 불렸지만 이제는 침체의 늪에 빠진 유럽 경제의 사실상 유일한 버팀목이 됐다. 동독지역은 말할 것도 없고 독일 전체적으로도 두 자릿수로 높아졌던 실업률이 지금은 완전 고용에 가깝게 떨어졌다고 한다. 통일 15년이 지날 즈음엔 통일 후 경제정책이 실패했다는 정부 진단이 내려지기도 했는데 이후 10년 남짓 동안 독일은 빠르게 그 후유증에서 벗어나고 있다. 특파원 시절 동·서독 사람의 평균수명이 2.5~3년 차이 난다는 기사를 썼던 기억이 있는데 이제 그 차이도 거의 사라졌다고 한다.

하지만 옛 동독지역의 1인당 GDP는 아직 서독지역의 70% 수준에 머물고 있다. 통일 이후 2조 유로(2천500조 원)가 넘는 천문학적 금액이 동독지역 재건에 투입됐는데도 상당한 수준의 경제적 격차가 존재하는 것이다. 또 동독 출신의 40% 정도는 자신을 2등 시민으로 생각하고 있으며 서독 출신 독일인 역시 절반 가까이가 상대에 대해 부정적인 시각을 갖고 있다. 필자의 특파원 시절에 비해 비율은 다소 낮아졌지만 동·서독 사람들 사이의 갈등과 마음의 장벽은 남아 있는 것이다. 독일의 내적 통합에 이제 또 다시 한 세대가 걸릴 것이라고 예측하는 전문가들도 있다고 한다.

연합뉴스의 베를린 특파원은 현재 9대에 이르고 있다. 이들은 독일의 변화를 꼼꼼하게 기록하며 이런 소식들을 지금까지 알려왔고 앞으로도 새로운 소식을 우리에게 전할 것이다. 독일의 통일은 아직 진행형이다.

동독의 속살,
그 스산함에 대하여

글 | 유영준
1989~1992 파리특파원, 현 국제뉴스부 시니어기자

독일이 통일되면서 분단의 상징에서 자유의 상징이 된 동독의 브란덴부르크 문 / 연합뉴스 자료사진

연합통신(현 연합뉴스) 특파원으로서 동독을 방문하기 위해 1990년 6월 28일 발을 디딘 서베를린의 출입구 테겔공항은 어느 때보다 붐볐다. 베를린장벽 붕괴로 세계 각지에서 보도진이 서베를린으로 몰려들었기 때문이다. 아직 베를린에 상주 특파원이 없어 파리에서 다른 언론사 동료 특파원들과 함께 베를린으로 향했다.

베를린행은 처음이었다. 파리공항에서 베를린행 항공편은 미국·프랑스·영국·소련 4개국의 항공사만 가능하다는 것도 처음 알았다. 정작 독일 루프트한자는 취항하지 못하고 있었다. 베를린은 아직 제2차 세계대전 전승국인 4개국이 공동 관리하기 때문이었다.

7개월여 전 역사적인 베를린장벽 붕괴 이후 숨 가쁘게 달려온 독일의 통

일 작업은 절정을 향해가고 있었다. 그해 7월 1일 철의 장막이었던 두 독일 간 경계선이 모두 헐리고 통화 단일화와 함께 경제도 통합된다. 명목상 동독 정부가 있었지만 재정 등 실질적 주권을 모두 서독에 양도함으로써 사실상 통일이 이뤄지게 되는 것이다.

한때 대제국의 수도였고 역사의 질곡을 겪은 베를린도 대변혁을 앞두고 시 전체가 약간 들뜬 느낌이었다.

무너진 장벽을 뒤로 한 채 밟은 동독의 땅

1960년대 '톤 커튼'Torn Curtain이란 영화가 있었다. 폴 뉴먼과 줄리 앤드루스가 주연한 앨프리드 히치콕의 스릴러물이다. 서방의 한 과학자가 동독에 위장 귀순해 동독 학자로부터 핵심 핵기밀을 훔친 후 다시 서방으로 탈출하는 내용이다. 영화지만 당시 슈타지(동독 비밀경찰)가 모든 것을 통제하는 동독의 모습들이 그려져 있다. 베를린에 오면서 그 영화의 장면들을 떠올렸다. 동독의 모습은 과연 어떨까, 독일 통일의 모습은? 가이드와 함께 공항에서 택시를 타고 바로 동 · 서 베를린 경계로 향했다. 가이드가 반가운 소식을 전한다. 바로 그날부터 동 · 서 베를린 경계선상 검문이 폐지됐다는 것이다. 외국인 방문객들은 하루 전 신청해야 동베를린 방문이 허용됐는데 그런 절차가 모두 없어졌다는 것이다. 과연 택시가 아무런 제지도 받지 않고 냉전의 상징과도 같았던 '찰리검문소(체크포인트찰리)'를 그대로 통과한다. 동베를린 측 검문소에는 아무런 인기척도 없이 창문이 굳게 닫혀 있다. 철의 장막으로 들어가는 진입로 가운데 하나였던 찰리검문소도 이젠 냉전 시대의 기억으로 남게 된 것이다.

말로만 듣던 동독 땅, 첩보 영화에서나 보던 동베를린에 처음 들어왔다. 동베를린 간첩사건 등으로나 들었던, 지금까지 한국인으로선 금단의 땅에 발을 디딘 것이다. 베를린 거주 교민이나 방문객들이 어떤 이유로든 일단 동베를린을 방문하면 귀국해서 엄중한 조사를 받아야 했던, 동서 진영이 대치했던 베를린은 분단국인 한국에도 무척 '민감한' 곳이었다. 동베를린의 프리드리히, 운터덴린덴 등 예전 베를린 영화를 상징하던 대로(大路) 이름들이 눈에 들어온다. 유럽을 대표하던 화려함도 분단 40여 년 속에 퇴색한 모습이 역력하다. 거리도 한산하고 거대한 건물 조형들이 오히려 이전 영화와 대조돼 쓸쓸함과 공허감을 더해준다.

2차 대전 당시 소련군의 점령 이후 시간이 멈춰선 느낌이다. 독일 제국 황제가 프랑스의 베르사유 궁과 경쟁하기 위해 지었다는 상수시 궁도 잡초가 무성해 빛이 바랬다. 사실상 버려진 상태였다.

동서 베를린을 갈랐던 장벽은 거의 해체되고 그 자리엔 아스팔트 포장이 한창이다. 베를린 분단 비극의 현장인 포츠담 광장도 공사가 대대적으로 진행되고 있었다. 옛 독일제국의회가 위치한 장벽 자리에는 장벽을 넘다 희생된 동독인들의 명패가 세워져 있다. 거기엔 필자가 방문하기 앞서 가장 근접한 1989년 2월 6일, 그러니까 장벽 붕괴 9개월을 앞두고 장벽을 넘다 희생된 안타까운 희생자의 이름도 보인다.

생명을 걸고 사선을 넘어 서쪽으로 탈출했던 동독 주민들도 이제 자유롭게 동베를린을 찾으면서 만감이 교차하는 모습이다. 전쟁의 참화와 함께 뒤이어 찾아온 냉전의 긴장 속에 반평생을 보낸 현지 주민들의 감회는 어떨까.

통화 통합 전날, "밤새 마르크화 실어 날랐다"

서베를린으로 넘어온 한 동베를린 주민은 동·서 베를린 자유통행과 경제통합에 대한 독일인들의 감정을 외국인들은 절대 이해하지 못할 거라며 복잡한 감정을 나타냈다.

운터덴린덴 대로를 따라가면 알렉산더 광장이 나온다. 동베를린의 대표적 명소이자 시민들의 휴식처이다. 광장은 한적하면서도 여유와 자유로움이 흐른다. 영화 톤 커튼에서 보였던 팽팽하고 불안한 긴장감은 보이지 않는다. 광장변 카페에는 한가롭게 차를 마시는 시민들이 보인다. 베를린의 명물인 대성당의 돔(베를린 돔)이 멀리 눈에 들어온다. 부근에는 슈프레 강이 흐른다. 서베를린으로 이어지는 이 강에 동독 탈출을 방지하기 위해 경비정이 순찰을 돌았다고 한다.

평온함 속에서도 한편으로 통일을 앞둔 주민들의 긴장감이 보인다. 동베를린 시청 앞에는 주황색 제복을 입은 청소부들이 시위를 벌이고 있다. 동·서 베를린 간 쓰레기 수거 비용의 격차에 따른 보상을 요구하는 중이다. 급여의 대폭적인 인상을 요구하고 있다. 동·서독 통합의 부작용을 예고하는 듯하다.

친지 방문차 서베를린을 찾았다가 그대로 서베를린에 눌러 앉은 한 동독 주민의 경우 1년 정도 살아보니 동독 체제도 긍정적인 면이 없지 않다고 한다. 차별이 없는 교육과 의료 혜택 등 나름대로 장점도 많았다는 것이다.

동베를린의 대표적 쇼핑센터인 마르크트할레. 많은 시민들이 줄을 서서 차례를 기다리고 있으나 매장의 상품은 빈약하다. 한국 중소도시의 한

적한 슈퍼마켓을 연상케 한다. 많은 고객들이 상품보다는 아이스크림을 산 뒤 쇼핑센터 뒤편 공터에서 먹고 있다. 수도 베를린의 중심부이지만 한국의 시골 장날 모습이다. 동구권에서 가장 나은 생활수준이라는 동독이지만 40년 사이 벌어진 격차는 어쩔 수 없다.

한 간호사의 아파트를 방문했다. 코르넬리아 플릭(30). 경력 13년의 중견 간호사로 동독에서는 중상류층에 해당한다. 20평 남짓한 수수한 아파트였지만 슈타지와의 연줄 때문에 아파트 입주가 가능했다고 한다. 아파트 주변에는 잡초가 무성하고 내부 벽의 재질이나 도배, 가구 등이 초라하기 그지없다. 허름한 나무침대와 의자들이 사회주의 생활의 질을 그대로 반영하고 있다.

플릭은 통행 자유화에도 별로 서베를린을 찾고 싶지 않다고 한다. 처음에는 풍요의 충격을 받았으나 지금은 오히려 거부감을 느낀다는 것이다. 문화적 이질감과 함께 유치원과 탁아소, 양로원 등 기본 복지시설은 동독이 서독 못지않다고 자평한다. 불가리아제 아스피린이 서독 바이엘 아스피린보다 품질은 떨어질지 모르지만 중요한 것은 의료진의 봉사 자세라고 힘주어 말한다.

마침내 경제통화 통합이 시작된 7월 1일. 동독 전 지역에서 동서독 마르크화의 교환이 이뤄졌다. 알렉산더 광장에 있는 동독 금융기관인 스파리카세 신용금고 앞에는 50여 명이 줄을 서 기다리고 있다. 은행 앞에는 동독 주화들이 버려져 있다. 은행들은 통화 교환에 대비해 밤새 서독 마르크화를 실어 날랐다. 줄을 선 동독 주민들 대부분은 당장 돈을 쓰기보다 서독 마르크화를 손에 쥐어보고 싶다는 소감을 밝혔다.

동독 사회주의 마지막 모습은…

동독의 고도 라이프치히로 향했다. 7월 1일자로 양 세계를 갈라놓았던 동·서독 국경이 철폐되면서 철통같던 국경 검문소도 역사적 유물로 변했다. 베를린에서 라이프치히로 가는 고속도로 검문소는 문이 닫혀 있다. 서독 국경에서 서베를린까지의 회랑 양 끝에 세워졌던 동독 측 검문소 역시 폐쇄된 상태로 조용하다. 철의 장막 안의 살벌함, 자유를 향한 탈출을 둘러싼 수많은 에피소드는 이제 영화 속에서나 볼 수 있을 듯하다.

동독의 문화도시 라이프치히 시가는 무척 한가하다. 고색창연한 전차가 주민들을 실어 나른다. 1년 전 민주화 시위가 벌어졌던 오페라하우스와 칼마르크스 대학, 게반트하우스 등이 밀집한 시 중심부도 시위 때와는 달리 평온한 모습이다. 일요일인데도 가게들이 문을 열고 다음날부터 시작되는 새로운 통화에 대비해 새 가격표를 붙이고 있다.

공식적으로는 동·서독 마르크화가 1대 1로 등가 교환됐지만 실제 가치는 너무 차이가 나서 가게 주인들이 새로운 가격표를 붙이는 데 고심하고 있다. 과연 동독 10마르크짜리 상품에 새로운 마르크화 얼마를 붙여야 할까?

독일의 문화중심 도시 라이프치히. 공산치하에서 40여 년을 보냈지만 명성은 여전한 듯하다. 세계에서 가장 오래된 오케스트라 가운데 하나인 라이프치히 게반트하우스 홀 앞에는 요한 세바스찬 바흐가 한때 이곳 오르가니스트로 일했다는 표지석이 세워져 있다. 동·서 냉전이 한창이던 시기에도 동독인들은 훌륭한 오케스트라와 함께 서독인들과 마찬가지로 바흐와 베토벤, 브람스를 들었다. 독일 음악의 위대한 전통이 분단 상황에서도 최소한의 명맥을 유지해 온 것이다.

통일에 이르는 길목에서 양독 주민간의 이질감 해소에는 독일 문화에 대한 이러한 유대감이 상당부분 기여하지 않았나 생각된다.

동독 정부의 법률 고문을 맡고 있는 서베를린대 하르무트 예켈 교수. 예켈 교수는 서독의 지원이 통일에 아무런 영향도 미치지 못했다고 지적한다. 그것은 통독에 관한 한 모든 것은 소련이 결정권을 갖고 있었기 때문이라는 것이다. 예켈 교수는 인터뷰에서 자신은 사회당원이지만 통일 정책은 콜 총리의 기민당을 지지한다고 했다. 그는 1년 전만 해도 동독의 장기 통치자 에리히 호네커가 건재했던 사실에 비춰 엄청난 변화가 평화적으로 이룩된 것은 놀라운 일이라고 자평했다.

서베를린 시민들의 휴양지인 반제 호수. 평화로운 호수 한편에는 냉전시절 동서 스파이들을 교환하던 이른바 스파이브리지, 글리니케 다리가 걸려 있다. 소련 상공에서 격추돼 포로로 잡힌 미 정찰기 조종사와 소련 거물 간첩이 교환됐던 냉전의 대치점이다. 지금은 다리 밑으로 유람선이 한가롭게 관광객들을 나른다.

또 주변 포츠담에는 아직 소련군의 병영이 남아 있고 오가는 소련군의 모습이 보인다. 상당한 보상을 약속한 서독과의 협상에 따라 이제 소련군은 단계적으로 독일에서 철수할 것이다.

7월 3일에는 베를린장벽 이후 단절됐던 베를린 지하철이 다시 개통됐다. 1961년 8월 13일 장벽 건설과 함께 지하철역이 폐쇄됐던 알렉산더 광장역에서 다시금 역사적인 개통식이 열렸다. 분단 시절 서베를린의 지하철은 동베를린 구역을 지하로 통과해야 했다.

공원의 동독 난민들 / 연합뉴스 자료사진

귀국길 파리공항 관제사 파업으로 불가피하게 베를린에서 하루 더 묵어야 했다. 서베를린 지역은 빈 호텔 방이 없어 수소문 끝에 동·서 베를린 경계선상에 있는 동베를린 지역 호텔을 구했다. 괜찮은 수준이라고 했다. 그러나 내부 시설은 허름하기 그지없다. 옷을 입은 채로 잠시 야전침대에 누웠다. 다음날 공항으로 가기 위해 택시를 불렀으나 경계선 너머로 빤히 보이는 벤츠 택시가 아니라 한참을 기다려 브랜드 불명의 동독 택시가 온다. 털털거리며 공항까지 가느라 애를 먹었다. 사회주의의 마지막 흔적이라고나 할까. 동독의 마지막 모습을 지켜본 여행은 이렇게 막을 내렸다.

통독은 남북 분단 극복의 좋은 선례

일주일도 채 안 되는 짧은 기간, 통독의 여러 면을 깊게 살펴본다는 게 물리적으로 어려웠지만 통일의 분위기는 나름대로 느낄 수 있었다. 그리고 같은 분단국인 우리의 현실로 이어져 우리도 언젠가 불시에 통일이 찾아올 수도 있다는 점을 실감했다. 통일이 충분히 가능하고 단지 요

163

원하지만은 않다는 점을 통독 현장 분위기는 전하고 있었다. 아울러 통일을 앞둔 현지 주민들의 미묘한 심리를 살펴보면서 진정한 통일에는 물리적 장벽이나 분단 못지않게 주민들 간의 심리적 장벽도 불가결한 요소임을 깨달았다.

독일의 분단은 여러 면에서 남북한과는 다르다. 상호간에 전쟁도 없었고 다분히 강대국의 점령에 따른 타의적 측면이 크다. 또 분단 속에서도 제한적이지만 친지 왕래나 서신 교환 등이 가능했다. 그래서인지 현지 주민들 간의 적대감이나 위화감의 정도가 그렇게 심각하지 않았다.

그러나 수십 년간의 분단이 가져온 이질감은 어쩔 수 없는 것이었다. 그 해소에는 분단 기간만큼이나 상당한 시간이 필요할 것이다.

서베를린대 예켈 교수도 남북한의 분단 상황이 동서독보다 심하다는 데 의견을 같이했다. 그러나 통일의 결정적 요인은 국민 스스로의 통일 의지이며 상대방에 대한 정확인 인식이 긴요하다고 지적했다. 그리고 상대방에 대한 두려움을 해소하는 게 무엇보다 중요하다고 강조했다.

여러 상황이 다르지만 통독은 분명 남북한 분단 극복에 하나의 선례가 되고 있음이 분명하다. 짧은 여정이었지만 통독 현장의 분위기는 남북한 통일에 하나의 시사점을 제공하고 있음을 절감할 수 있었다.

취재 '노다지' 속
잇단 특종

글 | **김흥식** 당시 모스크바특파원, 상무이사 역임

1977년 1월 동양통신 첫 출근일에 당시 국제국장은 필자에게 "미래의 모스크바 특파원이구먼"이라고 주술을 넣었고, 그건 현실이 됐다. 한국외국어대 러시아과 출신이라는 게 주술의 배경이었다.

러시아와의 연(緣)은 팔자

초년병 기자를 거쳐 1980년대 신군부의 농단에 강제 해직돼 8년을 언론 밖에서 떠돌던 필자는 신군부가 국내 통신사들을 '통폐합'한 연합통신으로 돌아와, 1991년 봄부터 1994년 10월까지 모스크바 한 달 출장을 다녀왔다. 그 뒤 6개월 어학연수를 거쳐 연합뉴스 초대 모스크바 특파원을 지냈다. 그런데 그 시기는 동구권에 이은 소련의 붕괴와 러시아의 태동이라는 세계사 격변의 현장이던 때라 기자로선 천운을 잡았다고 할 수 있다.

'소련→러시아·독립국가연합(CIS)'이라는 전환은 일대 혼돈이었고 기존 질서를 송두리째 뒤엎은 천지개벽이었다. 사건과 사고도 쉼 없이 발생했다. 소련 개혁개방의 전도사 고르바초프가 자신이 발탁한 옐친

연세대에 나붙은 변화하는 소련사태 관련 대자보(1991.8.27)

에게 축출되는, 고르바초프의 속절없는 몰락과 라이벌 옐친의 화려한 등장이라는 한편의 역사드라마였다. 구소련을 승계한 옐친의 러시아는 자유민주주의를 표방했으나 개혁파와 보수파 간 격한 정쟁으로 나라가 두 쪽 날 판이었다. 급기야 옐친 세력은 1993년 10월 탱크를 동원해 보수파의 총본부 격인 최고회의 의사당을 포격, 제압하는 초유의 강경조치로 러시아를 '먹었다'. 지금의 러시아가 나온 배경이다.

필자는 옐친이 최고회의 의사당을 포격할 때 건너편 우크라이나호텔 근처에서 취재했는데 아직도 그때의 포격과 그에 맞선 대응사격 총성이 생생하다. 당시 천 명 이상이 숨졌다고 한다.

공부하러 갔다가 취재 완장 차다

8년의 공백 끝에 다시 복직한 연합통신(현 연합뉴스). 1991년 3월 당시 갈천문 편집상무는 한 달간 모스크바 출장을 필자에게 안겼다. 소련이 사회주의 종주국에서 궤도 이탈하던 때였다. 회사의 명(命)으로 갔던 모스크바 장기 출장은 당시 국내 유일의 뉴스통신사였던 연합통신의 덕을 톡톡히 봤다.

고도의 '권위주의' 국가였던 덕에 필자를 정부 고관급으로 대접했고, 타스통신의 안내로 모스크바의 고위급 당·정부 관료에게나 허가해 주던 최고급 옥차브리스카야 호텔에 한 달간 묵었다. 대신 밤마다 KGB의 도청과 감시라는 '대가'도 있었다. 세상에 공짜는 없기 때문이다.

출장 기간에 시베리아의 북한 벌목공 문제에 천착해 발로 뛰고 정성을 들여 그들의 인권문제를 다룬 기사를 여러 건 송고했다. 당시로선 한국 내 언론매체의 모스크바 특파원이 전혀 없던 시절이라 반향이 제법 컸다. 출장에서 돌아오니 다시 그해 5월부터 6개월간 연수를 다녀오라는 인사명령이 떨어졌다. 모스크바 변두리 소재 노동대학 기숙사에 짐을 풀고 러시아 교수와 일대일로 러시아어 공부를 했다. 돌이켜 보면 가히 인생의 황금기였다.

웃지 못할 일은 그때에도 한국의 유력 정치인들이 당시 세계적인 정치인인 고르바초프를 만나 사진 한 장 찍으려고 별짓을 다했다는 점이다. 그들의 모스크바행을 취재하면서 "정치인들이란… 쯧쯧" 소리가 절로 나왔다.

소련 붕괴라는 역사의 대사건 속에 이미 모스크바는 세계 각국 언론매체에 가장 '뜨거운' 취재 현장이었다. 1991년 8월 고르바초프가 소련 공산당 서기장직을 사임하고 공산당 해산을 선언하자 옐친은 우크라이나, 벨라루스 지도자와 공동으로 소련 자체를 해산하고 독립국가연합(CIS) 창설을 선포했다. 이런 격동의 역사 현장을 취재하기 위해 지구촌 곳곳에서 취재진이 몰려왔다. 필자도 연수생에서 특파원으로 탈바꿈했다. 대학 기숙사에서 월세 100달러짜리 아파트를 구해 거처를 정했다. 1991년 10월 소련 외무부로부터 상주특파원 허가를 받았다.

여담이지만, 당시 소련에선 상주특파원증이 '요술방망이'였다. 소련 정부기관의 무사통과는 물론 호텔, 항공기, 공연 예약에 우선권이 주어졌고 비용도 저렴했다. 연합통신은 한국의 유일 뉴스통신사라는 점에서 특파원 차량 번호판도 'K124 1001'이었다. 먼저 차량 등록을 하고도 뒤쪽의 번호판을 받게 됐던 모 기자가 소련 당국에 항의하자 "연합통신은 뉴스통신사이기 때문에 신청이 늦었더라도 1번이 당연하다. 선착순의 문제가 아니다."라는 답변을 받기도 했다.

첫 특종 "한국, 러시아에 차관 빌려주고도 못 받는다"

"구경도 못해 본 차관을 갚으려니 기가 막힌다." 한국으로선 빌려주고도 제대로 받지 못해 억장이 무너지는데, 위 발언은 한국 차관을 상환해야 하는 러시아 관리의 장탄식이었다. 그도 그럴 것이 한국이 러시아에 준 현금 차관 10억 달러의 행방을 놓고 당시 해괴한 소문들이 나돌았다. 상품 차관은 현물이니까 보관창고에서 확인이 가능하지만, 현금 차관은 문서상 주고받은 기록이 있어도 국고에는 들어온 흔적이 없다는 게 소문의 골자였다. 역사적 전환기에 소련과 러시아 등에 부정부패가 판을 쳤던 때라 돈은 먼저 본 놈이 임자 격으로 10억 달러는 중간에서 횡령당했다는 것이다. 현찰 10억 달러를 권력자들이 나눠 가진 게 아니냐는 추측만 난무했을 뿐이다. (당시 모스크바 국립대 교수, 핵 물리학자, 대령급 고위장교 등 고급직종의 월급이 50달러 내외에 불과했다.)

필자는 소련 해체 후 국제조약, 협정, 채권채무 등 대외 관련 사항을 그대로 승계한 신생 러시아가 정치, 경제, 사회 모순이 심화해 모라토리움 선언이 임박한 것으로 예상되는 가운데 한국의 대 러시아 차관을 제대로 돌려받을 수 있을지를 집중 취재했다. 노태우 정부는 한국과 소련 수교 대가로 소련에 30억 달러의 차관을 공여키로 하고 1991년 5월과 그해 말 현금차관 10억 달러, 상품차관 4억7천만 달러를 우선 제공했다. 그러나 그 나머지는 소련의 붕괴로 흐지부지되고 말았다. 당시 한국은, 대국이고 자원부국인 러시아가 어떤 방식으로든 상환할 것이라고 확신했다.

그러나 필자는 러시아 관리들을 상대로 치밀한 취재를 벌여 상환 능력이 고갈된 현실을 기사로 타전했고, 한국 내 언론매체들은 이를 대서특필했다. 1999년까지 상환 완료키로 했던 한국-러시아 약정은 한때 채무 규모가 30억 달러까지 늘었다가 방산 물자 및 천연자원 등으로 대신 상환받고 있다. 최종 상환 시기도 2026년으로 늦춰졌다. 모스크바에 진출한 한국기업들이 연합통신 기사로 추가 투자 등과 관련해 비즈니스에 큰 도움이 됐다고 고마움을 표시해 뿌듯했던 기억도 난다.

KAL기 격추 현장과 '고려인의 눈물'

1993년 9월 1일. 그로부터 10년 전 사할린 상공에서 격추된 KAL기 사건 10주기를 맞아 당시 김석규 주소련 한국대사와 함께 모스크바에서 동쪽 끝 사할린 네벨스크로 향했다. 그 행사는 애초 러시아에서 막강한 권력을 행사하는 대통령 행정실장(비서실장격)이 참석한다고 했다가 보상금 문제가 거론되자 격이 한참 낮은 인물로 대체해버린 상태였다. 추모비 내용도 애초 한국 측에 통보한 것과 다른 애매모호한 표현으로 바뀌었다.

무엇보다 실망스러웠던 건 해당 추모비가 일본군 전몰자합동위령탑 경내에 건립됐다는 점이다. 김석규 대사가 한일 민족감정을 자극할 소지가 있다며 이전을 요구했으나 러시아 측은 이를 얼버무렸다. 행사를 앞두고 러시아 측이 비행기 잔해와 사망자 유품을 발굴한다며 매장지에서 삽을 든 해군 수병들을 동원하는 등 법석을 떨기도 했으나 유의미한 유품은 나오지 않았다. 행사는 도든 게 보여주기에 그쳤을 뿐이다. 한국과 러시아의 실질적 관계 발전을 위해 넘어야 할 산이 아직 많다는 걸 절실히 느끼게 한 행사였다.

지금은 고려인 취재가 상당히 이뤄졌지만, 당시로선 엄두도 내지 못할 일이었다. 60여만 고려인들은 소련 해체와 15개 공화국 독립으로 거주지에 따라 국적이 바뀌었다. 하루아침에 부모, 형제자매, 친척들이 서로 국적이 다른 이산가족으로 흩어져버린 경우가 적지 않았다.

공화국마다 생활 여건이 달라 왕래도 쉽지 않은 상황이 돼버렸다. 1992년 7월쯤이다. 서현섭 모스크바 주재 한국대사관 총영사로부터 중앙아시아 소국 타지키스탄에 다녀온 얘기를 듣게 됐다. 독립 직후부터 종족 분규로 격렬한 내란 상태에 빠진 타지키스탄에서 고려인 수천 명이 정처없이 떠돌아다니는 난민으로 방치돼 이만저만 고생이 아니라는 것이었다.

즉각 현지 고려인 단체와의 통화를 통해 상황을 좀 더 파악했다. 그 결과 타지키스탄 1만3천여 명의 고려인 중 6천 명가량이 남부여대(男負女戴)하며 피란길에 올라 인접 우즈베키스탄, 카자흐스탄, 러시아 등으로 입국하려 했으나 국적이 다르다는 이유로 거부당했다는 내용을 취재했다. 필자는 한국의 관심과 도움이 절박하다고 판단해 상세한 내용의 기사를 송고했다. 그러자 한국 언론매체들이 1, 2면을 할애해 크게 다뤘고 한국 정부와 민간단체가 긴급구호에 나섰다.

러시아 국방부의 알선으로 한반도 해방 직후 김일성에 대한 정치교육을 담당했던 전직 정치군관 몇 명을 만나러 북카프카스의 날치크와 흑해 연안의 군항 노보로시스크를 찾아갔다가 현지 재래시장에서 고려인 아주머니들을 만났던 기억이 새롭다. 30여 명의 고려인 아주머니들은 서울서 온 필자를 만나 뜨거운 동포애를 보여줬다. 시장에서 김치, 고추장, 된장, 장아찌 등 10여 가지 한국 전통음식 재료를 팔고 있었는데 그들로부터 고려인의 신산한 삶을 들었던 기억이 생생하다.

한 아주머니는 분리독립운동의 선두주자로 러시아인이 가장 두려워하는 전사 민족 체첸인들과 인접해 사는 게 무섭지 않느냐고 했더니 사이좋은 이웃이라고 했다. 체첸인은 고려인을 존경하기 때문에 전혀 두렵지 않다고도 했다. 흑해 함대의 모항인 노보로시스크에서도 재래시장에서 장사하는 고려인 할머니는 어눌한 말투였지만 "서울에서 오신 분을 만나다니 꿈만 같다."며 "서울올림픽이 민족자긍심을 높여줬다."고 말해 가슴이 뭉클해지기도 했다. 특파원 시절 모스크바 외에 우크라이나, 벨라루스, 중앙아시아, 카프카스, 흑해 연안, 이르쿠츠크, 블라디보스토크, 사할린 등 구소련 곳곳을 동분서주했던 기억이 새삼스럽다.

볼코고노프 장관과의 인연…쏠쏠한 '특종' 수확

지금도 그렇지만 한소 수교와 구소련 붕괴로 얻은 최대 성과는 한국전쟁이 북한의 남침으로 확인됐다는 점이다. 추후 러시아 외무부가 기록문서를 공개함으로써 최종 확인돼 그로부터 4반세기가 지난 지금으로 선 그와 관련해 각종 학술 논문이 나오는 등 많은 성과를 거뒀다. 하지 만 그때로선 말 그대로 특종거리였다. 특히 1980년대 일부 학생운동권 에서 북한과 마찬가지로 '몰지각하게도' 북침설을 주장했던 터였고 필 자 등 특파원들의 노력으로 북한이 주장해 온 거짓의 실타래가 풀렸던 것이다.

필자는 한국전쟁 남침 결정 과정에 대한 취재를 하던 1992년 봄, 드미 트리 볼코고노프 장군을 만나게 됐다. 당시 그는 현역 육군 상장(우리 의 대장)으로, 러시아 연방인민대의원(국회의원) 겸 국가문서관리위원장 직과 옐친 대통령 군사보좌관, 과학아카데미 정회원이란 다채로운 직 책을 가진 거물이었다. 옐친 대통령의 신임이 두터워 원래는 국방장관 을 제의받았으나 야전 지휘관 출신이 아니라는 합리적 이유를 들어 사 양했다고 한다. 그는 대신 군사보좌관과 군 개혁위원장을 맡아 대통령 과 수시 협의하는 사이로 알려졌던 인물이다. 소련군 선전선동국 쪽 에서 주로 근무했고, 소련 역사에도 깊은 관심을 갖고 연구한 전문가 로 통했다.

필자가 그를 만난 건 행운이었다. 어느 한국인 사무실에서 친교를 맺은 러시아인(예비역 소령)이 볼코고노프 장군을 모신 적이 있고 가끔 연락도 하는 사이라고 했다. 특파원 부임 전부터 볼코고노프란 인물에 관심을 두게 된 것은 그가 어느 외국기자에게 한국전쟁은 북침이 아니라 남침 이며 입증 자료들이 있다고 밝힌 적이 있기 때문이다.

첫 만남에서 그는 단도직입적으로 한국전쟁은 김일성-스탈린-마오쩌 둥 3인이 공모한 '해방전쟁'이었다고 단언했다. 그러고서 남침 전쟁임을 결정적으로 입증할 수 있는 문건인, 3인이 주고받은 극비전문 일부를 보여줬다. 스탈린이 '핀시'라는 암호명으로 김일성에게 보낸 남침 전쟁 승인과 중공군 참전 결정에 관한 비밀전문을 처음으로 공개했다. 그는 묻힌 과거사의 진실을 드러내는 게 자신의 의무이자 임무라면서 진실을 말할 수 없다면 차라리 침묵하는 편이 낫다고 말했다. 장군이라기보다 학자풍인 그는 앞으로 만남이 계속되면 추가적인 미공개 자료들을 제공할 용의가 있다고도 했다. 필자의 기사에 자신의 이름을 얼마든지 인용해도 좋다고 할 정도로 거리낌이 없었다. 호박이 덩굴째 굴러들어 왔다는 생각에 흥분을 가라앉히기 어려웠다.

비밀문건을 토대로 한 기사는 당연히 한국 내에서 연합통신 크레디트를 달아 대서특필됐다. 대어를 낚았다는 뿌듯함과 함께 이제 시작일 뿐이라는 자신감이 넘쳤다. 첫 만남 이후 귀임할 때까지 10여 차례 그를 더 만났다. 만남이 계속될수록 이심전심으로 정서적 유대감이 커지고 상호 신뢰가 깊어져 갔다. 덕분에 일각의 북침설을 불식시키고 북한의 남침을 규명할 수 있었다.

볼코고노프 장군은 1992년 8월 만남에서 세계를 경악시킨 사할린 상공 KAL기 격추사건(1983년 8월 31일)과 관련해서도 당시 소련 지도부의 조직적 은폐를 폭로하는 비밀문건을 필자에게 공개했다. 사건 발생 다음 날 해당 사건의 처리 방침을 논의하기 위해 긴급 소집된 소련 공산당 정치국 확대회의 회의록이었다. 당시 공산당 서기장 안드로포프가 생애 마지막으로 주재한 정치국 회의였는데 이미 병세가 위중한 안드로포프에 이어 체르넨코가 관련 회의를 끝까지 주재했다.

3시간에 걸친 회의에서 사건 진상을 은폐하고 세계 여론을 호도하기 위해 "KAL기는 첩보행위를 하다 격추된 것이다. 사건 당시 너무 어두워 식별이 불가능했고 소련 전투기의 경고신호에도 응답이 없어 할 수 없이 격추하게 됐다."는 식으로 얼버무리기로 했다고 결정했다는 게 골자였다.

그 자리에서 소련 행위의 정당성을 담보하기 위해, 희생자들에 대한 유감 표명 정도는 하자는 일부 정치국원들의 의견이 군부와 KGB 등 강경파에 의해 묵살됐다는 내용도 담겼다. 당시 최연소 정치국원인 고르바초프도 그런 조치에 찬성한 것으로 해당 문건에 나와 있다. 소련 공산당 정치국은 또 영공을 침범했더라도 민간 항공기의 착륙을 유도하지 않은 행위에 대해서는 일절 언급이 없었으며, KGB는 격추 조종사와 관제소 간 무선교신 대화까지 위조하는 내용도 포함됐다.

이 정치국 회의록은 당시 소련 지도부의 부도덕성과 양면성을 명백하게 보여주는 것이라고 볼코고노프 장군은 비판했다. 회의록과 관련 내용을 분석한 연합기사는 KAL기 격추 사건 발생 10주년을 앞두고 국내외 언론에 크게 반영됐다.

필자가 귀임을 앞두고 있던 어느 날 볼코고노프 장군으로부터 장문의 문건 하나를 받았다. 스탈린 사망 직전 3일간의 긴박한 상황을 비밀문건을 중심으로 정리한 것인데 원래 뉴욕타임스 기자에게 주기로 했다가 석별의 기념으로 준 것이다. 필자는 이를 번역해 국내 모 월간지에 게재했다. 그처럼 러시아의 자유민주주의 체제를 공고히 하는 데 헌신적이었던 볼코고노프 장군은 1994년 말 옐친 대통령의 체첸 침공 결정을 비판하면서 버림받게 된다. 민족분쟁 해결에 무력 사용은 안 된다는 게 그의 변함없는 신념이었다.

한국전쟁 '선제타격작전계획' 취재 비화

러시아에서 한국전쟁 관련 최고 전문가로는 가브릴 코로트코프 박사가 꼽힌다. 서울에서도 한국전쟁에 관한 그의 저술이 번역돼 출판된 바 있다. 1992년 봄, 그를 처음 만났을 때의 신분은 국방부 산하 군사연구소 선임연구원이자 과학아카데미 회원이었다. 주로 군 정보부문에서 수십 년 근무한 예비역 대령이기도 했다. 그는 한국전쟁이 자신의 인생을 좌우한 핵심적 요소의 하나였다면서 잘못 알려진 한국전쟁의 진상을 공개할 때가 왔다고 말했다.

한국전쟁에 관해 강연하는 가브릴 코로트코프 박사(1992.6.19)

한국전쟁 발발 당시 대위 계급의 코로트코프는 하바로프스크 소재 극동군 총사령관 말리노프스키 원수 직속 특별정보팀의 일원으로 한국전쟁 진행 과정에 대한 정보 분석 업무를 담당했다. 그는 북한군을 따라 낙동강 부근까지 가서 전선 상황을 직접 체크했다. 소련의 전쟁 개입 증거가 노출되지 않도록 절대 포로가 돼서는 안 된다는 엄명을 받았다. 그는 당시 미군을 지원하던 일본인 포로(그는 군인이라고 표현했다)들을 직접 심문해 신원을 확인했고, 이들은 시베리아 수용소로 끌려갔다고 증언하기도 했다.

당시 소련은 한국전쟁에 참여하지 않았다고 딱 잡아떼던 시절이었고, 실제 한국전쟁에서 소련은 스탈린이 김일성에게 전쟁을 승인하고 각종 지원을 했으나 미국과의 충돌을 우려해 전쟁 과정에서도 소련군의 참전을 감추려고 각종 수단을 동원했다. 그런 상황에서 실제 낙동강 전선까지 내려왔다는 코로트코프의 증언이 기사화되자 그 반향은 자못 컸다.

필자와 모두 5차례 만난 코로트코프는 어느 날 연구소 비밀문건 수장고에서 '선제타격작전계획'이라는 명칭의 남침작전계획 문건을 직접 확인했다고 말했다. 150여 명의 소련 군사고문단과 북한군 장교들이 상당기간 심혈을 기울여 작성했고, 강 건 북한군 총참모장과 바실리예프 군사고문단장이 최종 확정했다는 것이다. 원본은 평양과 모스크바에 한 부씩 소장돼 있다는 말도 덧붙였다. 외부 반출은 절대 안 되는 문건이어서 전쟁의 진실을 밝혀야 한다는 필자의 간곡한 요청에도 불구하고 남침계획안과 지도를 베낄 수 있도록 해보겠다는 것만 수락했다.

러시아 국방부 연구소의 폐쇄성으로 미뤄 사실상 불가능할 것으로 생각했으나, 그가 연구소 전속 화가를 시켜 닷새간 몰래 작업한, 서울 점령을 포함해 부대별 규모와 침공 방향, 점령 계획, 북한 해군의 서해와 동해쪽 침공 계획이 포함된 계획안과 지도를 받았다. 심장이 뛰고 숨이 멎을 것 같은 순간이었다. 갑자기 겁먹은 표정을 짓던 코로트코프 박사는 일단 자료로만 보관하고 보도는 보류해 달라고 했다. 그의 얼굴에 점점 커지는 두려움의 빛이 역력했다. 원본은 아니지만 얼마나 기대한 자료인가. 세상에 알리지 않으면 휴지조각에 불과할 뿐이고 원본도 아니지 않느냐는 필자의 설득에 박사는 마지못해 수긍했다.

지도와 함께 상세한 기사가 송고됐다. 국내 언론들이 대서특필했다. 연합통신 크레디트를 달지 않을 수 없었다. 대사관의 안기부 파견관과 무관부에서 문의전화가 쇄도했다. 일본 특파원들도 사실을 확인한다며 필자 사무실과 집으로 전화를 걸어왔다. 미국에서 한국전쟁을 전공한다는 한국인 교수가 연구 논문에 쓰겠다며 구체적인 내용을 물어오기도 했다.

소기의 성과는 달성했지만 민감한 문건에 접근했던 탓에 불길한 예감이 들었다. 냉전시절 같은 스파이 혐의를 뒤집어 쓸 수도 있다는 불안감이었다. 더구나 구소련 아닌가. 그보다 한동안 연락이 안 되던 코로트코프 박사를 우연히 조우했는데 연방보안부의 엄중한 조사를 받았다고 했다. 앞으로 다시는 만나기 어려울 것 같다며 황망히 떠나는 박사를 보며 마음속 깊이 미안함과 연민이 느껴졌다.

빼놓을 수 없는 '한 · 러 군사교류의정서' 특종

1992년 11월 옐친 대통령의 한국 방문을 앞두고 주러시아 한국대사관이 분주해 뭔가 있을 것이라는 '촉'이 작동했다. 그래서 한동안 탐문을 하던 중 사무실에서 나온 종이 쓰레기 뭉치를 보게 됐다. 파쇄가 덜 된 쪼가리에서 겨우 판독할 수 있는 '의정서'와 '군사교류'라는 영어와 러시아어 단어가 유난히 눈에 들어왔다. 두 단어를 바탕으로 퍼즐 맞추기 작업에 들어갔다. 조금씩 윤곽이 나오기 시작했다. 옐친 대통령의 방한을 맞아 군사부문에서 처음으로 상호교류협력을 위한 조치를 취하기로 한

노태우 대통령과 보리스 옐친 대통령의 한 · 러 정상회담 / 연합뉴스 자료사진 1992. 11. 19

게 분명해 보였다.

한 · 러 간 군사관련 의정서임을 확신한 필자의 확인 요청에 대사관 측은 경악했다. 그리고 보도 자제를 요청하는 대사관의 요청에도 불구하고, 밀실 논의보다는 공개가 더 국익에 부합한다는 판단에 따라 해당 기사 역시 송고했다. 사실 한 · 소 수교에 이어 관심사는 북한과 소련 간의 '우호협조 및 호상원조조약'의 자동군사개입조항 폐기에 관한 문제였다.

한국과 수교하고 대규모 차관까지 받은 러시아로선 북한과의 자동군사개입조항이 한국과 러시아 관계 발전에 저해 요인임을 인식하고는 있었다. 그러나 러시아 군부는 북한 편을 들고 있었다. 그런 상황에서 합의된 한국과 러시아 간 군사교류의정서는 양국 간 군사부문에 관한 최초의 실질적 조치라는 점에서 의미가 컸다. 이로써 러시아와 북한 간 자동

군사개입조항의 폐기를 향한 문이 활짝 열리게 된 것이다. 옐친 대통령은 1992년 11월 한국을 방문해 노태우 대통령에게 자동군사개입조항의 재검토를 약속하기에 이른다.(문제의 조항은 1995년 러시아 측이 북한에 통보함으로써 공식 폐기됐다.) 필자는 한·러 군사교류의정서 합의 보도가 러시아·북한 자동군사개입조항을 폐기하는 데 일조했다고 본다.

한편, 필자는 한국전쟁과 관련한 일련의 발굴 기사로 1992년 12월 연합통신이 제정한 제1회 '올해의 보도상' 대상을 수상하는 영예를 안았다.

씁쓸한 뒷맛 남긴 국방 제1차관 인터뷰

귀임을 1년 정도 앞두고 쉽게 할 수 없는 인터뷰를 하고 싶었다. 한·러 군사교류의정서 보도로 다소 서먹해진 무관부를 어르고 달래 그라초프 국방장관이나 그에 버금가는 국방고위관계자와의 인터뷰를 주선해 달라고 요청했다. 한·러 간 군사협력 방향, 특히 방산분야 협력 가능성에 개인적 관심이 많았기 때문이다. 서너 달이 지나서야 러시아 국방부는 우리 국방무관을 통해 일단 질문 요지를 보내라는 연락이 왔다. 10여 개의 질문을 적어 보냈다. 언제나 그렇듯 가타부타 소식도 없이 한 달 이상의 시간이 지났다.

1994년 2월 눈이 펑펑 내리던 어느 날 저녁, 집으로 국방부 관계자의 긴급전화가 왔다. 지금 즉시 국방부 청사 ○○출입문으로 오되 통역은 대동하지 말고 혼자 오라는 거였다. 만나게 될 사람은 안드레이 코코신 국방 제1차관이며 그라초프 장관은 프랑스 방문 중이라는 전언과 함께 통화가 끊겼다. 일방적 통보에 다소 기분이 상했지만 바로 국방부 청사로 갔다.

이미 눈이 수북이 쌓인 청사 주변의 출입문에서 기다리고 있던 신사복 차림의 러시아인이 필자를 건물 안으로 안내했다. 안내자는 러시아어로 간단한 인사만 하고는 내내 침묵을 지켰다. 거대한 1층 홀 안에는 귀빈용 엘리베이터가 대기 중이었는데 미모의 여군이 부동자세를 취하며 인사하는 모습이 인상적이었다. 집무실로 들어가는 모퉁이마다 헌병들이 절도 있는 경례를 하는 바람에 상당히 긴장되기도 했다.

코코신의 집무실 입구 대기실에는 대장, 중장급 장성들이 다소곳이 앉아 면담 차례를 기다리고 있었다. 곧장 집무실로 들어가 인사를 나누는데 30대 중후반 정도의 새파란 젊은이라는 사실에 놀랐다. 필자를 안내한 러시아인이 갑자기 유창한 한국말로 통역을 맡은 국방부 외사국 소속 소령이라고 자기소개를 하는 바람에 또 한 번 놀랐다. 명석한 두뇌와 대단한 언변을 갖춘 코코신은 자신만만하고 영악스러운 인상을 주기에 충분했다.

옐친이 등용한 대표적인 '앙팡 테리블'의 한 명으로, 민간인 출신으로는 처음으로 국방차관에 올랐다고 한다. 러시아 국방부는 장관 밑에 2명의 제1차관이 있는데 한 명은 작전을 책임지는 총참모장이 겸직하고 다른 한 명인 코코신은 군수, 방위산업, 후생 등을 담당했다. 그 외에 5, 6명의 차관을 두는데 대장급 장성으로 보임된다. 아버지뻘 되는 기라성 같은 장성들이 얌전하게 면담을 기다리는 모습은 코코신의 대단한 위상을 그대로 보여주었다.

한 시간가량 진행된 인터뷰에서 한 · 러 관계 발전의 기대감과 중요성을 역설하더니 갑자기 한국 측의 애매모호한 태도에 실망했다고 작심하듯 퍼붓기 시작했다. 한국이 러시아를 과소평가하는 게 아닌가 하는 생각이 든다고도 했다. 그의 말로는 수교 이래 모스크바를 방문한 한국 정치인, 고위관리, 경제인 등에게 러시아가 자랑하는 첨단 기계공장, 방산공장, 우주센터, 최첨단 연구소 등을 깡그리 보여주고 기술이전 등 합작의 이점을 구체적으로 설명했다고 한다. 어떤 외국인에게도 공개한 적이 없는 방산시설도 적지 않았다는 주장도 했다.

그러나 한국인들은 금방이라도 파트너로서 합작 투자할 것처럼 큰 소리 쳤지만 지난 2년여간 한 건도 제대로 성사되지 않았다며 불편한 속내를 그대로 표출했다. 수교 초기의 밀월을 구가하던 한·러 관계에 경고음이 들리는 듯했다. 코코신의 정치적 비중으로 볼 때 충분히 계산되고 준비된 연출이 분명했기 때문이다.

연합뉴스의 매체 성격을 미리 파악했을 코코신도 자신의 의도가 보도되길 바랐겠지만 인터뷰 기사는 상세히 작성해 송고했다. 우리 대사관 측도 러시아 입장에 수긍할 만한 점이 있다며 러시아를 다독거릴 필요가 있다는 말을 했다. 빨리 달군 쇠가 일찍 식는다는 격언처럼 우려한 바대로, 러시아의 한국에 대한 태도는 차츰 식어갔다. 수교 초기 우리 대사나 경제공사가 러시아 외무장관이나 대외경제장관 면담은 언제든지 원하는 시간에 거의 성사될 수 있었으나 면담 대상자의 격이 점점 떨어져 지금은 차관급도 만나기가 수월치 않다고 한다. 러시아의 엄청난 잠재력을 우리가 제대로 이해하지 못한 측면이 없는지 되돌아볼 일이다. 지정학적, 경제적 측면에서 러시아를 소홀히 대해선 안 된다고 한다면 기회를 놓쳐 후회하는 일이 없기를 바라는 마음이 간절하다.

국경도시 '하산'의 유래를 아시나요?

두만강 건너편 북한. 중국과도 인접한 러시아 국경도시 '하산'이라는 지명은 우리에게 그리 낯설지 않다. 북한 나진과 중국 훈춘을 삼각 연결하는 골든 트라이앵글 지역일 뿐만 아니라 한반도종단철도(TKR)와 시베리아횡단철도(TSR)로 이어지는 최초의 구역이라는 점에서 관심이 가게 된다. 근세 러시아 지명을 보면 대체로 역사적 인물 또는 배경을 근거로 해서 작명하는 경우가 허다하다. 예를 들면 레닌그라드(현 상트 페테르부르크), 스탈린그라드(현 볼고그라드), 고리키(현 니즈니 노브고로드) 등 소련 초창기의 유력 인사들을 존경하는 뜻에서 작명했다. 극동의 하바로프스크는 제정 러시아 당시 시베리아 개척에 공을 세운 하바로프 총독의 이름에서 유래됐다. 블라디보스토크('동방을 정복하라' 러시아어 명령문)는 러시아 황제가 코사크 기병대에서 우랄산맥 넘어 시베리아를 정복하라는 명령에서 나온 것이다.

필자가 만난 러시아 학자가 연해주에도 한인 집단 거주지역이 많았던 만큼 한인과 관련하여 유래된 지명이 있을 수 있다고 귀띔했다. 1811년부터 당시 조선에선 연속적인 기근과 관리들의 착취로 고생을 하던 한인들이 다수 두만강 건너 러시아 땅으로 이주했다는 역사적 배경으로 미루어 짐작할 수 있다고 했다. 당시 러시아는 국경지대에 자국민이 거의 없었기 때문에 농사를 짓겠다는 한인의 불법 월경을 막지 않았고 오히려 장려했다는 것이다.(러시아 측 자료에 의하면 1867년 1월 기준 185가구 999명이었고 1877년에 이미 6천 명을 넘었다.)

촉이 발동한 필자는 중앙도서관으로 달려가 지명대사전을 꼼꼼히 들어

다봤다. 연해주 일대 지명이 거의 러시아와 직접 관련된 것으로 확인돼 일단 접으려는데 '하산'이라는 이름이 눈에 띄었다. 러시아와 별로 관련성이 없어 보였기 때문이다. 하산 항목을 읽어보고 저절로 감탄사가 나왔다. 당시 한인 생활과 밀접한 관계를 보여주는 이름으로 확인되는 순간이었다. 요지는 다음과 같다.

"형편이 어려운 조선사람들이 두만강을 건너 국경 근처 러시아 땅으로 넘어와 집단 거주했다. 주로 농사를 지으며 평화롭게 살고 있어서 별다른 제재를 가하지 않았다. 관리들이 이들의 생활습관 등을 관찰한 바, 농사 외에 늘 산으로 올라가 땔감을 구하는 일을 했다. 그런데 해질 무렵이면 무리를 이끄는 노인이 '하산'하고 외치면 일제히 땔감을 지고 산을 내려가는 것이었다. '하산'의 의미를 듣고 관리들은 조선사람들이 대부분인 마을 이름을 하산으로 명명하게 됐다."

가슴이 뭉클했다. 두만강 건너 낯선 땅으로 이주해 고단한 삶을 살면서도 노인을 공경하며 살아가는 선조들의 아련한 모습이 '하산'이라는 단어에 집약돼 있는 것 같았다. 뜻밖의 수확이라 당연히 기사화했다. 더욱이 하산지역 내 크라스키노는 안중근 의사가 1909년 이토 히로부미 처단을 맹세하며 손가락을 자른 이른바 '단지동맹'을 결행하는 등 독립운동의 발상지라는 점에서 우리와는 끊을 수 없는 인연이 있다고 하겠다.

드러나지 않는 공(功),
통신기자는 원래 그래

글 | 이문호
당시 워싱턴지국장 겸 특파원. 전무이사 역임. 현 뉴스통신진흥회 이사장

한 · 소 정상회담장으로 가는 노태우 대통령 탑승 차량 행렬 / 연합뉴스 자료사진

미국 워싱턴 특파원 시절, 순간의 아이디어로 대어를 낚은 사례를 소개함으로써 특파원 생활의 한 단면을 소개할까 한다.

1990년 5월 말과 6월 초에 걸쳐 미국 땅에서 한국, 미국, 구소련 3국 대통령의 연쇄 정상회담이 이루어져 북방외교의 일대 개가라고, 2000년 6월의 남북 정상회담 못지않게 언론들이 대서특필한 적이 있다. 4월 초 관련기사를 제일 먼저 송고했고 바로 그 기사가 세 갈래 정상회담 성사의 실마리를 제공했다는 게 이야기의 줄거리다.

그때는 노태우 대통령이 후세에 자신의 치적으로 내세울 이른바 북방외교를 성공시키려고 온 정력을 쏟을 시기였다. 당시 민자당 김영삼 최고위원은 3월 모스크바를 방문해 고르바초프와 전격 회동하는 등 한 · 소

수교의 분위기도 무르익어가고 있었다. 마침 노태우 대통령은 5월 하순 미국과 캐나다, 멕시코 순방 계획을 짜놓고 있었고 고르바초프는 한 달 후인 6월 말께 미국을 방문할 예정이었다.

이때까지만 해도 우리 특파원들은 그저 워싱턴에서 한 달 간격으로 열리는 한·미, 미·소 두 개의 정상회담을 취재할 생각만 하고 있었다. 그러나 4월 5일 미·소 정상회담 문제를 사전 협의하기 위해 방미 중이던 셰바르드나제 소련 외무장관과 베이커 미국 국무장관은 고르바초프가 예정을 한 달 앞당겨 5월 30일부터 6월 3일까지 미국을 방문한다고 전격 발표했다.

그냥 그들 내부 사정에 의해 미·소 정상회담 일정이 변경됐을 뿐이고 다른 특파원들은 모두 그렇게 무심히 넘겼다.

"어럽쇼? 고르바초프 방미가 5월 하순으로 한 달이나 앞당겨져?"

그렇지 않아도 한 건을 찾고 있던 참인데 무엇인가 퍼뜩 뇌리를 스쳤다. 노태우 대통령과 고르바초프가 비슷한 시기에 워싱턴을 찾는다면 이런 호기를 놓치는 게 너무나 아까운 일 아닌가. 세상에, 특히 우리나라에서 안 되는 일이 어디 있는가. 무엇인가 일을 꾸며볼 수 있지 않을까.

세 정상이 한자리에 함께 모이지는 못할망정 따로따로 만나 결국 같은 시기에 한·미, 한·소, 미·소 간의 3각 정상회담이 성사된다면 이것처럼 대단한 일도 없을 것이었다. 문제는 우리 정부의 의지와 소련의 호응인데 석두(石頭)들이 과연 이런 것까지 생각할까. 고르바초프의 방미 일정 변경이 오늘 결정됐을 뿐이니 아직은 모르고 있겠지만 어쩐지 성사될 수도 있을 것만 같은 예감을 떨쳐버릴 수가 없었다.

대사관에 들러 슬슬 미끼를 던져봤으나 글쎄 그게 가당키나 한 일이냐, 귀신 씻나락 까먹는 소리 하지 말라고 시큰둥한 반응들이었다. 혼자 돈키호테 같은 발상을 한 게 아닌지 걱정도 됐다. 그러나 이 기막힌 '굿 아이디어'를 버릴 수 없다고 결의하고 아주 조심스럽게 기사를 작성했다.

> 한 · 미 · 소, 워싱턴서 3각 정상회담 가능성
> 노 대통령과 고르바초프 같은 날 방미
>
> (워싱턴=연합뉴스) 이문호 특파원= 노태우 대통령의 5월 말 미국방문 계획이 매듭 단계에 와 있는 시점에서 6월 하순으로 예상되던 미하일 고르바초프 소련 대통령의 방미 일정이 같은 5월 말로 앞당겨 확정됨으로써 한, 미, 소 3국 정상들의 워싱턴 3각 접촉 여부가 새로운 관심사로 등장하고 있다.
> 공산주의 소멸, 냉전 종식, 동서 긴장완화, 한소 수교 전망이라는 급격한 정세변화의 와중에서 한국과 소련의 정상이 똑같은 시기에 부시 미국 대통령과 만난다는 것은 우연의 일치치고는 너무도 공교로우며 결코 간과해 버릴 수 없는 사태의 전개가 아닐 수 없다.…(후략)

고르바초프의 방미 시기가 당겨진 사실은 외신이 벌써 타전했겠지만 이 같은 새로운 사태 전개를 즉각 한 · 미 · 소 정상들의 3각 접촉으로까지 연계시킨 기사가 나왔을 리는 천부당만부당한 만큼 국제적 사안에서 모처럼 메이저 외신의 허를 찌른 기사가 아닐 수 없었다. 하기야 당시 외신들 입장에서 한국 대통령의 미국 방문은 별다른 관심사가 아니었으니 한국 특파원이 어쩌다 외신의 틈새를 공략했다고 큰소리칠 일도 못 된다. 다만 일본이나 중국, 소련 등 관련국 특파원들은 그 후 사태 진전에 비상한 관심을 보였고 결국 나중에 샌프란시스코로 대거 몰려갔음은 물론이다.

송고를 끝내놓고 오후 늦은 시간 국무부 발표를 체크하기 위해 내셔널프레스 빌딩 브리핑룸에 내려갔더니 동료 특파원들이 모여 있었다.

바로 그때 모 방송국 특파원으로부터 3각 정상회담이 도대체 무슨 소리냐고 서울에서 '긴급 로켓'이라는 전갈이 왔다. '로켓을 맞는다'는 표현은 외신에서 배운 말로, 본사 데스크로부터 "아무개 뉴스통신에 무슨 내용의 기사가 떴는데 사실이야?"는 식의 전문이 날아오는 것을 의미한다. 다른 뉴스통신이나 신문 등 경쟁사에 보도된 내용을 통보하면서 진상을 확인하여 너도 빨리 기사를 보내라는 촉구 겸 추궁의 뜻이 담겨 있다. 밖에 나가 있는 입장에서는 이 로켓을 맞는 게 가장 싫은 일 중의 하나이다. 물론 로켓 가운데는 불발탄도 많다.

서울에서 팩스로 전달된 연합 기사를 받아본 특파원들은 말도 안 되는 소리라고 일축하는 분위기였다. 남의 기사는 '그전에 다 나왔던 얘기' 아니면 '작문'이거나 '소설'이라고 우선 몰아붙이는 게 우리가 늘 해오던 상투적인 수법이었으니 섭섭해 할 수도 없었다. 심지어 연합의 후배마저 대놓고 말은 못해도 내심으로는 좀 심하지 않으냐는 표정 같았다. 그러나 마냥 무시하기가 어려웠던지 서울의 신문들이 하나둘 따라 쓰기 시작했다. 당시 북방외교 문제에 매달려 있던 우리 정부의 고위 핵심 당국자는 훗날 필자에게 연합 기사를 보고 "가슴이 철렁 내려앉았었다."고 술회했다. 그는 그때를 이렇게 회상했다.

"당시는 그렇지 않아도 소련과의 관계에서 무언가 만들어보겠다고 호시탐탐 온갖 방법을 동원하다가 사정이 여의치 않아 한발 물러나 있던 때였다. 위에서도 기사를 보면 분명히 추진하라고 지시가 떨어질 텐데 그 뒷감당을 어떻게 하나하고 솔직히 걱정이 앞섰다. 아니나 다를까, 결국 청와대로부터 추진 지시가 내려왔다."

이를 계기로 북방정책 담당 조직이 재가동되고 관계 부처가 총동원된 가운데 당시만 해도 허황한 꿈같았던 노태우-고르바초프 회담이 추진되기 시작했다.

어쨌거나 '아닌 밤중에 홍두깨' 격으로 발등에 불이 떨어진 당시 외무부와 주미 한국대사관은 외교의 외(外)자도 모르는 친구들이 또 야단법석, 일을 벌인다고 앙앙불락(怏怏不樂)했지만 어쩔 것인가, 하라면 해야지.

대사관 직원들은 쓸데없는 기사를 써서 일거리를 만들어낸 필자를 한때 미운오리새끼처럼 썰렁하게 대하기도 했다. 10년간의 유엔 수장을 끝내고 지금은 야인이 된 반기문 전 유엔 사무총장은 당시 총영사였으나 유일하게 내 기사에 시비를 걸지 않았던 것으로 기억된다.

우여곡절과 천신만고 끝에 1990년 6월 4일 샌프란시스코의 페어몬트 호텔에서는 역사적인 한·소 정상회담이 개최되고 이를 취재하느라 서울에서 기자들이 떼거리로 몰려왔다. 필자의 기사를 말도 안 된다고 묵살하려 했던 워싱턴의 동료 특파원들이 모두 샌프란시스코로 달려가

노태우 대통령이 한·소 정상회담을 마친 후 페어몬트호텔에서 회담결과에 대한 기자회견을 하고 있다 / 연합뉴스 자료사진

'미국 땅에서 실현된 사상 첫 한·소 정상회담', '역사의 일대 전환', '북방외교의 화려한 결실' 운운하며 대서특필, 침소봉대, 과장보도 하는 노고를 아끼지 않은 것은 물론이다.

노 대통령은 6일 워싱턴에서 부시 대통령과도 만났다. 미국 땅에서, 5월 30일과 6월 4일, 6월 6일에 워싱턴과 샌프란시스코를 무대로 미·

고르바초프 소련 대통령이 노태우 대통령과 한·소 정상회담을 마친 후 차창 밖으로 손을 흔들며 페어몬트호텔을 떠나고 있다 / 연합뉴스 자료사진

소, 한·소, 한·미로 이어지는 3각 정상회담이 정말로 실현된 것이다. 성사시키려고 무리하는 바람에 체면을 구기고 애걸까지 한 것은 잘못이다. 오히려 잃은 게 많지 않으냐는 지적도 있었지만 그것까지 필자가 책임질 일은 아니지 않는가. 문제를 제기해 당국자가 그 방향으로 뛰게 하고 결국 성사시킨 공(?)은 부인할 수 없으리라고 지금도 자위한다. 그러나 워싱턴 특파원단과 필자의 기사에서 아이디어를 얻은 당국자, 주미대사관의 외교관들을 제외하면 본사에서조차 이런 전말을 아는 사람이 드물다. 신문이나 방송이라면 회담 성사의 뒷얘기 운운해가면서 자화자찬, 홍보에 열을 올렸겠지만 통신기자란 원래 그렇다.

뉴스통신사에서 최초로 보도한 무슨 기사가 계기가 됐다고 아무리 뒷얘기를 쓴들 어느 매체가 그것을 게재해 줄 리도 만무하지 않은가.

사실 3각 정상회담 기사는 '아니면 말고' 식의 무책임한 기사가 아니라 어쩐지 꼭 성사될 것만 같은 감이 있어서 굳이 기사화했고 결과적으로 적중했으니 이제 와서 시비 걸 사람도 없을 것이다.

그러고 보면 한국인은 정말 하라면 하는 사람들이다. 많은 세월이 흐른 후 당시 소련과의 비밀연락 채널을 담당하고 있던 실무책임자는 필자의 책의 '한 · 소 정상회담 공신'을 읽고 "귀하가 쓴 내용 모두 사실이고 만약 그 기사가 없었다면 청와대가 '미수교 상태에서의 한 · 소 정상회담'이라는, 당시로써는 황당하기까지 했던 계획을 추진하라고 지시했을 리도 없다."는 서신을 보내왔다.

다만 그는 "성사를 시키려고 무리하는 바람에 체면을 구기고 애걸까지 한 것은 잘못이다."는 부분에 대해 일부 과정에서 그런 지적을 받을 구석이 전혀 없었다고 할 수야 없겠지만 전체적으로 그렇게 매도하는 건 부당하다고 항변했다.

그러면서 "한 · 소 정상회담이 소련의 확고한 개혁개방 의지를 세계에 보여주는 중요한 계기가 될 것이다, 미국 땅에서 한 · 소 정상이 만난다면 특히 미국은 한 · 소 관계 개선을 적극적으로 도왔다는 인식을 줌으로써 한국과 소련은 물론 국제사회로부터 큰 찬사를 받게 될 것이다, 이런 기회는 한 세기에 한 번 있을까 말까 한 호기이므로 놓치지 말아야 한다."는 등의 논리적인 설득이 주효했기 때문이라는 설명을 덧붙였다.

죽음 앞둔 그는 왜
중국行을 강행했을까

글 | 인교준 당시 통일외교팀 기자, 현 국제뉴스부장

그것은 결국 죽음을 앞둔 필사적인 행보가 아니었을까. 희대의 독재자이자 풍운아인 김정일 북한 국방위원장은 생전에 모두 여덟 차례 중국을 방문했는데, 2008년 뇌졸중으로 생사를 헤매다가 깨어난 후 2010년 5월부터 15개월 사이에 무려 네 차례나 방중을 강행했다. '고공 공포증'이 있던 것으로 알려진 김정일은 매번 열차를 이용해야 했던 탓에 전용기로 훌쩍 중국을 다녀오는 것과는 달랐다. 준비 기일까지 합하면 한 차례 방중에 적어도 일주일은 소요되는 큰 행사였다. 그만큼 체력 소모도 컸을 것이다.

김정일 북한 국방위원장 일행을 태운 특급열차가 다롄 역에서 베이징 출발을 위해 시동을 건 채 대기하고 있다 / 박종국

북한 안팎의 의료진은 틀림없이 김정일에게 '남은 수명'을 귀띔했을 것이고, 그래서 더욱 급했을 터였다. 하지 않고서는 죽을 수도 없는 '생전의 과제', 김정은으로의 권력 승계 작업 말이다. 특

191

히 김정은의 '먹을거리'를 마련하고자 마음이 바빴을 것이다. 그런 심리적인 압박이 김정일로 하여금 잦은 중국행을 부추긴 것 같다. 결국 믿고 기댈 곳은 중국밖에 없었기 때문이다.

김정일 특별열차를 대절 택시로 쫓다

국가기간뉴스통신사인 연합뉴스는 김정일의 네 차례 방중에서 대부분 1보 '특종'을 했다. 이를 위해 광활한 중국 대륙에서 택시를 대절해 김정일 특별열차와 추격전을 벌이기도 했다.

김정일 방중의 시작은 2010년 5월 3일이었다. 천안함 폭침사건으로 북한의 입지가 더 좁아졌던 때였고 2009년 보스워스 미국 특사의 방북 이후 김정일의 방중이 관측된 지 6개월 만이었다. 북한에서 중국으로 연결된 철로는 크게 세 가닥이다. 신의주-단둥(丹東), 만포-지안(集安), 남양-투먼(圖們) 등인데 김정일은 당시 신의주-단둥을 이용했다.

한때 북한을 '혈맹'으로 여겼던 중국은 김정일 관련 사항을 1급 비밀로 다룬다. 그런 이유로 중국 내에서 김정일과 북한 관련 취재는 참으로 쉽지 않다. 특파원 전화 도청이 일상사인 중국에서 외국의 특파원들도 공안에 잡혀가기 일쑤다. 베이징(北京) 등에 북한 '정보원'들이 꽤 있기는 하지만 믿을 수 있는 이들은 거의 없다. 이 때문에 6개월여 뜸을 들인 2010년 5월 김정일 방중을 취재하기 위해 베이징 주재 홍제성 특파원과 선양 주재 박종국 특파원이 번갈아가며 신의주-단둥 철로가 있는 압록강 철교가 내려다보이는 단둥 중롄(中聯)호텔에 투숙해 밤낮 없이 창밖을 응시하는 수밖에 없었다.

김정일 위원장을 태운 게 확실시되는 의전차량 수십 대가 베이징 도심의 건국문 근처 창안제(長安街)를 통과하고 있다 / 인교준

그해 5월 김정일의 방중을 앞두고 여러 매체들이 김정일의 특별열차가 오지도 않았는데 왔다고 오보를 냈던 터라 여간 조심스러운 게 아니었다. 결국 5월 3일 새벽 박종국 특파원이 소식통의 제보와 관(官)의 확인을 거쳐 '기다리고 기다리던' 김정일 방중 1보를 타전했다.

방중하는 김정일 특별열차는 본진에 앞서 선행 열차를 보내는데 이 열차가 압록강 철교를 건넜다는 내용이었다. 물론 이 과정에서 김정일 특별열차의 행방을 구체적으로 확인하지 못해 3보 송고가 40여 분 지연됐다. 그러나 곧 "김정일 특별열차가 이미 다롄(大連)으로 가고 있다."는 베이징 주재 우리 대사관원의 귀띔으로 3보를 내보낼 수 있었다.

당시 김정일의 방중은 열차 이동이었기 때문에 현지의 인터넷 불통 상황을 취재할 필요도 있었다. 김정일의 열차가 통행하려면 보안상 이유로 통제되는 구간이 생기고 이 때문에 불편을 겪는 중국 네티즌들이 아우성을 쳐대기 때문이다.

베이징 3명, 선양 1명, 상하이 1명, 홍콩 1명, 그리고 대만에 1명의 특파원을 둔 연합뉴스는 당시 김정일 방중이라는 '빅 이슈'를 두고 별도의 팀을 가동했다. 베이징의 홍제성 특파원과 선양의 박종국 특파원은 택시를 대절해 김정일 특별열차를 쫓았고, 조성대 베이징 지사장과 필자는 사무실을 지키면서 현장으로부터 내용을 전달받아 관공서 취재 등을 바탕으로 기사를 작성했다.

한·중 관계가 그다지 좋지 않았던 탓에 중국 내 한국 공관 역시 중국 당국으로부터 김정일 방중 동향을 거의 전달받지 못했다. 덕분에 우리를 비롯한 취재진과 '협조'가 이뤄지기도 했다.

2010년 5월 김정일 방중에 관한 특종 기사로 필자와 베이징의 조성대·홍제성, 선양의 박종국 특파원은 한국기자협회로부터 이달의 기자상을 받았다.

3개월 만에 다시 방중한 김정일

김정일은 2010년 8월 26일 다시 중국을 찾았다. 불과 3개월 만의 방중인데 이때는 김정일의 특별열차가 만포-지안선을 이용했다. 필자와 홍제성 특파원은 '관'의 제보로 점심 즈음에 '김정일, 새벽 방중…지린시 향한듯-1' 기사로 김정일의 방중을 알렸다.

김정일은 당시 부친 김일성의 지린 항일유적지를 방문했는데 그 배경이 관심사였다. 우리는 베이징과 선양, 상하이 특파원이 합심해 김정일의 동선을 취재했다. 그런 과정을 거쳐 중국 주재 연합뉴스 특파원들은 김정일 방중 전담이라는 농담이 나올 정도였다.

나무에서 떨어진 원숭이…김정은 방중 오보

2011년 5월 20일 남양−투먼을 거친 김정일의 방중 보도 역시 연합뉴스가 1보를 타전했으나 김정은도 방중했다는 오보를 냈다. 당시 김정일 방중 보도는 워낙 오보 가능성이 컸던 탓에 신중에 신중을 기했으나 사고가 터진 것이다. 선양 주재 박종국 특파원은 단둥, 지안, 투먼을 출장 다니면서 택시 운전사들과 친교를 맺어 해당 지역의 철도역에 공안의 경계가 삼엄해지면 연락을 받곤 했다. 하지만 사실 중국 내 고위급 인사들이 해당 지역을 방문할 때에도 철통같은 경비가 이뤄진다는 점에서 자칫 실수할 가능성도 없지 않았다.

제보는 베이징 주재 우리 대사관을 통해 반드시 확인했지만 그때는 대사관이 김정은의 방중이라고 철석같이 '확인해 주는' 바람에 사고가 났다. 당시는 김정은으로 후계 승계 작업이 진행된다는 사실이 가장 큰 이슈였기에 앞서 2010년 5월과 8월에 김정일이 방중했던 상황과 연계해 반드시 김정은을 중국 수뇌부에 인사시킬 것이라는 관측이 유력했었다.

박 특파원이 투먼에서 이날 아침 연락을 받고 김정은의 방중이 확실한 것으로 보인다고 보고했으나 만에 하나 오보일 가능성에 대비해 베이징 특파원들과 상의를 거쳐 1보는 '북한 수뇌부 또 방중'이라고 타전했다. 그 다음 확인 과정에서 베이징의 한국대사관이 서울의 정보당국과의 협의를 거쳐 김정은 방중이 확실하다고 답변한 것을 바탕으로 필자는 2보를 '김정은 방중'이라고 명시해 송고했다. 청와대의 김태효 외교안보수석이 당일 오후 2시까지도 김정은 방중이 확실하다고 주장했을 정도였다. 그러나 차후 우리 정부는 김정일 방중에 김정은이 동행하지 않았다고 확인했다.

네 번의 무리한 방중 후 세상 뜬 김정일

김정일은 2011년 8월 20일에는 특별열차로 블라디보스토크를 통해 러시아를 방문했다. 바이칼 호수 부근 시베리아 도시 울란우데에서 드미트리 메드베데프 러시아 대통령과 회담했다. 김정일은 닷새간 러시아 방문을 마치고 특별열차로 네이멍구의 국경도시 만저우리(滿洲里)를 통해 귀국함으로써 생전에 마지막으로 중국을 방문했다.

김정일의 당시 러시아 방문은 국가정보원이 이미 예고를 했던 터라 우리는 철저한 준비를 했다. 러시아 일정은 유철종 모스크바 특파원이 챙겼고 중국에서의 일정은 베이징 주재 신삼호 지사장과 필자, 차대운 특파원, 그리고 선양의 박종국 특파원이 맡아 관련 기사들을 송고했다.

그러고서 3개월 후인 2011년 12월 17일 김정일은 세상을 떴다. 북한은 김정일 사망 이틀 후인 12월 19일 낮 12시에 김정일의 사망을 알렸다. 조선중앙통신을 수신하는 연합뉴스는 당시 북한부와 통일외교팀을 중심으로 정치부, 사회부, 경제부, 문화부 할 것 없이 전 부서가 나서 김정일 사망이라는 세계적인 뉴스를 신속하면서도 정확하게, 그리고 풍부하게 서비스했다.

북한 국영인 조선중앙통신은 '김정일 동지의 질병과 서거 원인에 대한 의학적 결론서'라는 제목의 보도를 통해 "겹쌓인 정신·육체적 과로로 지난 17일 야전열차 안에서 중증급성 심근경색이 발생되고 심한 심장성 쇼크가 합병됐다. 발병 즉시 모든 구급치료 대책을 세웠으나 17일 오전 8시 30분에 서거했다."고 전했다.

독재자이자 풍운아인 김정일은 마음이 급했던 게 분명하다. 북한으로 투자 유치에 전력을 기울였던 북한 당국자는 당시 "김 위원장이 15개월 동안 중국을 네 차례나 방중했던 이유는 중국의 대북 지원과 투자 유치가 목적이었다."고 설명했다. 그의 설명에 따르면 김정일은 무산·혜산 광산 등의 지하자원 개발과, 청진항 개방 등을 통한 중국의 동해 진출과 연계해 중국으로부터 1천억 달러 수준의 투자 유치를 추진했다. 그러다가 중국의 반응이 신통치 않자 투자 유치 규모를 300억 달러로 낮췄으나 중국은 이마저도 관심을 보이지 않았으며, 온성 등 최북단 지역에 도로·철로 등의 인프라를 건설하는 데 30억 달러를 투자하는 것으로 마무리됐다.

결국 김정일은 뇌졸중 후 시한부라는 걸 직감하고 김정은으로의 권력 승계와 중국·러시아로부터 경제적 지원을 바탕으로 한 경제개발을 추구하다가 생을 마감했다는 게 관계 당국의 분석이었다.

역사적 회담의
'유일한' 취재 기록

글 | 김현재 당시 정치부 기자, 현 샌프란시스코특파원

김대중 대통령과 북한 김정일 국방위원장이 평양 순안 공항에서 손을 맞잡고 있다 / 연합뉴스 자료사진 2000. 6. 13

2000년 4월 10일 남북 비밀 합의의 주역인 박지원 문화관광부 장관이 남북 정상회담 개최 합의를 발표한 후 두 달간 청와대 기자실은 북새통을 이뤘다. 가서 어떤 합의를 할 것인지에 대한 취재도 논란거리였지만, 누가 평양을 가느냐가 기자실의 최대 관심사였다. 북측에서 남측의 취재 기자 인원을 30명으로 제한했기 때문이다. 당시 청와대에는

통신 · 신문 · 방송 취재기자와 사진기자, 방송 카메라기자, 그리고 지방 신문 기자까지 약 80명가량이 상주하고 있었다.

우여곡절 끝에 연합뉴스는 취재기자 1명과 사진기자 1명, 방송사들은 추첨을 통해 취재기자와 카메라기자가 각 회사에서 1~2명씩 가는 것으로 정리됐다. 당시 2진(통상 2명이 출입하면 선배기자는 1진, 후배기자는 2진으로 부른다.)이던 필자는 갈 기회가 봉쇄됐다.

"통신이 취재기자 한 명만 가는 게 말이 되느냐."며 청와대에 항의도 해봤지만, "사진기자까지 연합은 두 명이기 때문에 어쩔 수 없다."며 양해를 구하는 박준영 청와대 공보수석의 입장을 수용하지 않을 수도 없었다. 아예 가지 못하는 언론사도 많은데….

남북 정상회담 평양행에 '눈물 보인' 아내

방법이 없으니 평양행을 포기하고 대신 고향으로 휴가를 떠났다. 그런데 휴가 이틀째 되는 날, 당시 이광복 정치부장이 전화를 걸어왔다.

"네가 가야 하니 빨리 올라와."

무뚝뚝한 이 선배는 그렇게만 말하고 전화를 끊었다. 사정을 알아보니 1진이었던 염주인 선배가 양보했다는 것이다. 정신없는 취재현장이 될 것이니 부장급이던 염 선배보다는 10년차였던 필자를 보내자는 쪽으로 회사도 입장 정리를 했다고 한다. 우여곡절 끝에 그렇게 평양행이 결정됐다. 6월 10일 평양 출발을 이틀 앞두고 북측에서 "방북을 하루 연기해 달라."는 요청이 왔다. "가긴 가는 건가?", "또 어그러지는 것 아니냐."는 걱정과 우려가 쏟아졌다.

김대중 대통령이 북한의 김정일 국방위원장과 역사적인 남북 정상회담을 갖기 위해 서울 공항을 출발하기에 앞서 의장대를 사열하고 있다 / 연합뉴스 자료사진

출발 하루 전날인 12일 저녁 아내와 동네 마트를 찾았다. 북한 안내원에게 줄 간단한 선물(남성용 로션과 담배 몇 보루)을 사기 위해서였다. 결혼한 지 불과 2년 남짓. 이제 갓 돌이 지난 딸을 안고 마트를 돌면서 "다시 돌아올 수 있을까?" 하는 불안감도 들었다.

분단 55년 만에 대한민국 대통령과 남측의 주요 인사들이 대거 평양을 찾는 것이었다. 북한이 만약의 경우 방북단을 인질로 잡는 최악의 상황이 올 수도 있지 않겠느냐는 걱정은 당시 방북을 앞둔 이들 사이에 흐르는 암묵적 긴장의 실체였다. 13일 새벽 집을 나서는데 "잘 다녀와."라고 말하는 아내의 눈에 물기가 비쳤다.

파격의 김정일, 김대중 대통령 직접 마중

청와대에서 버스를 타고 성남 서울공항으로 향하는 길목에는 출근길 시민들이 연도에서 박수를 치며 김대중 대통령의 성공적 방북을 기원했다. 김 대통령은 "민족을 사랑하는 뜨거운 가슴과 현실을 직시하는 차분한 머리를 가지고 방북길에 오른다."고 소회를 밝혔다.

특별기가 활주로를 박차고 비상한 지 10분쯤 지났을까. 기장의 안내방송이 들렸다.

"우리는 북한 영공에 들어왔습니다."

특별기에 탄 모든 사람이 창가 쪽으로 몰렸다. 평양 순안공항이 가까워
지자 북한의 산야가 모습을 드러냈다. 한창 푸르러야 할 6월인데도 나
무는 거의 보이지 않는 민둥산들이었다.

공항에 도착한 이후 모든 것은 파격의 연속이었다. 인민복을 입은 김정
일 국방위원장이 직접 공항으로 영접을 나왔고, 두 정상이 북한 육해공
군 의장대를 사열했다. 하이라이트는 김 대통령이 김 위원장과 같은 승
용차에 올라 백화원 숙소까지 40여 분간 함께 가면서 사실상 첫 정상회
담을 한 것이다.

당시 취재기자단은 정상회담과 관련된 평양 일정에 대해 어떤 정보도
갖고 있지 않았다. 청와대가 극비에 부친 탓도 있겠지만 남북 간 일정
합의가 완벽하게 이뤄지지 않은 것 같았다. 김 위원장의 파격적인 공항
영접에 청와대 인사들도 깜짝 놀라는 모습이었다. 나중에 이희호 여사
의 회고록을 보니 대통령도 놀랐다고 한다. "직접 공항에 나올 수도 있

김대중 대통령 등 방북단을 꽃다발을 흔들며 환영하는 평양 시민들 / 연합뉴스 자료사진

다는 보고가 있기는 했지만 북한의 특성상 아무것도 장담할 수 없었다."
는 것이다.

꽃술을 흔드는 평양 군중의 함성과 군악대의 연주 속에 기자단도 버스에 올랐다. 버스에는 북측 안내원들이 동승했다. 필자를 담당한 40대 초반의 안내원은 평양에 거주하는 '보통 시민'이라고 자신을 소개했다. 아들 하나와 딸 둘을 키우고 있다는 그는 딸들이 무용과 수영을 전공한다고 했다. 그 말이 사실이라면 평양에서는 꽤 잘나가는 당원이겠구나, 짐작했다. 그는 기자단 숙소인 고려호텔에 머물면서 필자가 어디를 가든 함께했다.

"소감 한마디 해주시죠?"하자 김정일 '별 놈 다 보겠네' 표정

호텔에 도착한 후 저녁 무렵 당시 김성진 춘추관장이 남북 간 합의된 일정에 따라 풀기자(대표로 들어가 취재를 한 뒤 그 내용을 기자단과 공유하는 기자)를 발표했다.

"만수대 의사당 김영남 상임위원장 면담 000 기자, 만수대 예술국장 공연 관람 000 기자, 만경대학생 소년궁전 방문 000 기자, 이희호 여사 창광유치원 방문 000 기자…."

10여 개 행사의 풀기자 이름이 발표되는데 필자의 이름만 없었다.

김 관장은 연합통신(연합뉴스의 옛 이름) 출신으로 국민일보 정치부장을 지낸 뒤 청와대에 들어간 언론계 선배였다.

"선배, 왜 나는 명단에 없어요?"

곧바로 그의 방을 찾아가 항의했다.

"좀 기다려 봐."

필자의 급한 성정을 잘 아는 그는 약간 짜증스럽게 대답했다.

당시 누가 중요 행사의 풀을 맡을 것인지는 방북 기자단의 초미의 관심사였다. 아무래도 여사 일정보다는 대통령 일정, 그 가운데서도 김정일 위원장이 참석하는 일정에 다들 관심이 많을 수밖에 없었다. 명단 발표 때 가장 중요한 14일 정상회담 풀기자 이름은 들어있지 않았다.

방으로 돌아와 붉은 융단의 커튼을 열고 평양의 밤거리를 내려다 봤다. 불빛은 거의 보이지 않고 적막함만 감돌았다. 문득 이런 생각이 들었다. '정상회담을 비공개로 할 가능성도 있다고 하니 그래서 풀기자가 없나, 내가 가는 건가?'

이튿날 오전 공식 수행원과 기자단은 김 대통령 내외와 소년궁전에서 공연을 감상했다. 공연이 한창 진행되고 있는데 밖에 나갔다가 들어온 안내원이 "잠시 저하고 나가셔야겠습니다."라고 말했다.

밖으로 나오니 계단 아래에 노란색 낡은 벤츠 승용차 한 대가 기다리고 있었다. 그를 따라 차에 올랐다. 차에 오르자마자 안내원은 흥분된 목소리로 이렇게 말했다.

"제가 정말 중요한 기자님을 안내하게 돼 기쁩니다. 기자님은 지금 백화원 초대소에서 열리는 남북 정상회담을 취재하시러 가시는 겁니다. 정말 연합뉴스가 대단한 언론사인가 봅니다. 나이도 어리신데 그런 취재를 다 하시고…."

그는 중간중간 필자의 손을 꼭 잡으며 "기자님 덕분에 장군님이 계시는 백화원엘 다 가보게 됐다."며 감격에 겨워 눈물까지 글썽거렸다. 정작 '장군님' 얼굴은 보지도 못할 텐데 같은 지붕 밑 어느 공간에서나마 함께 있다는 것만으로도 그는 그토록 감격스러웠던 모양이다.

백화원에 도착한 직후 곧바로 지하실로 안내됐다. 그곳에서 북한 측 경호관들에게 두세 차례에 걸쳐 철저한 몸수색을 당했다. 어느덧 점심시간이 되었다. 서울에서 가져온 듯한 빵과 우유로 끼니를 때웠다.

'오늘 점심은 옥류관 냉면이라고 했는데….'

냉면이라면 사족을 못 쓰는데 그것도 그 유명한 평양 옥류관 냉면 시식 기회를 놓친다고 생각하니 정상회담 풀기자가 된 게 그리 달갑지만은 않았다.

그 후에도 두 시간 넘게 지하방에 갇혀 있다가 1층으로 나온 시간이 오후 2시 50분께였다. 정상회담은 3시로 예정돼 있었다. 임동원 국정원장, 한광옥 비서실장, 박지원 문화체육부 장관, 박재규 통일부 장관 등 10여 명이 방문 앞에서 기다리고 있었고, 곧 김 대통령이 모습을 드러냈다. 김 대통령과 일행은 백화원 동문이라고 불리는 현관 앞에서 2분가량을 기다렸다.

누구도 말이 없었다. 무거운 침묵이 흘렀다. 이제 뭔가 중대한 합의를 끌어내야 할 쉽지 않은 회담을 앞둔 김 대통령의 표정은 다소 굳어 있었다. 취재진은 바로 후측면에 서 있었다. 취재진이라고 해봐야 남측의 방송 카메라기자와 사진기자, 그리고 취재기자인 필자가 있었고, 북측은 조선중앙TV 카메라기자와 조선중앙통신 기자 등 모두 합해 예닐곱 명에 불과했던 것으로 기억한다.

잠시 후 문밖에서 시끌벅적한 소리가 들렸다. 김정일 국방위원장의 목소리인 듯했다. 아마 차에서 내리면서 문밖에서 대기하던 수행원들에게 한마디씩 하는 모양이었다. 그리고 바로 필자의 눈앞에서 불과 5~6m

앞의 문이 활짝 열리면서 김 위원장과 일행이 들어왔다.

"잘 주무셨습니까?"

김 위원장의 괄괄한 인사에 김 대통령은 "예, 잘 잤습니다."하고 대답했다. 김 대통령과 김 위원장은 잠시 식사 등을 화제로 대화를 나눈 뒤 카메라를 향해 돌아섰다. 역사적 남북 정상회담을 위해 포즈를 취해 주기 위해서였다. 몇 대 안 되는 카메라가 연방 플래시를 터뜨렸다. 갑자기 이 순간을 그냥 지나쳐서는 안 되겠다는 생각이 들었다.

"두 분이 역사적인 회담을 하게 되셨는데, 소감 한마디씩 해 주시죠?"

그 순간 모두의 시선이 필자에게 쏠렸다. 전혀 예정에 없던 남쪽 기자의 질문에 다들 당황스러운 모습이었다. 김 대통령도 '저 친구가 왜 저러지.' 하는 표정이었다.

그러나 필자를 가장 당황스럽게 한 것은 김 위원장의 시선이었다. 필자를 향해 노려보는 그의 속내가 무엇인지는 알 길이 없었다.

'남쪽 기자들은 다 저런가.' 하는 생각을 했는지, '별 놈 다 있네.' 했는지. (평양을 다녀온 뒤 일본 교도통신 서울지사장이 방북기를 써 달라며 찾아왔을 때 그 얘기를 했더니 그는 "아마 평양에서 사전 조율없이 김 위원장에게 말을 건 기자는 당신이 처음이었을 것"이라고 했다.) 5초나 됐을까. 그 시간이 참 길다고 생각했다. 물론 답도 듣지 못했다.

옥류관 냉면 맛은 어땠어요?

두 정상은 회담장에 들어가 3m쯤 되는 테이블을 사이에 두고 대화를 시작했다.

"남쪽의 MBC도 보고 늦게까지 테레비를 봤는데…."

"적들은 외신들 그다음에 구라파 사람들이 뭐라고 하냐면 왜 은둔생활 하느냐 그러는데 난 세상에 과거에 내가 중국도 갔댔고, 인도네시아도 갔댔고 하는데 나보고 은둔생활이라고…. 이번에 대통령이 오셔서 내가 은둔에서 해방됐습네다."

회담장에서 김 위원장의 말은 너무 빨랐고, 김 대통령의 목소리는 상대적으로 너무 작게 들렸다. 김 대통령 바로 뒤에 서서 수첩에 정신없이 받아 적다가 비공개 회담으로 넘어가면서 회담장을 나왔다. 손에서 흐른 땀이 수첩의 글씨에 번져 있었다.

호텔 프레스룸으로 돌아와 풀기사를 작성했다. '거침없는 김정일 위원장'이라는 원고지 20쪽 분량의 기사가 '평양공동취재단' 이름으로 서울에 송고됐다.

두 정상은 몇 차례 정회를 거듭하면서 그날 저녁 7시께 4시간에 걸친 회담을 마쳤다. 합의 날짜는 15일로 하되 합의문은 14일 저녁에 발표됐다. 6·15선언은 그렇게 만들어졌다. 다음날 한국의 거의 모든 신문들은 1면에 광고도 싣지 않고 두 정상이 함께 손을 맞잡고 들어 올리는 사진과 합의 내용을 실었다.

돌아오는 비행기 안에서 동아일보 최영묵 선배에게 물었다.

"옥류관 냉면 맛은 어땠어요?"

그가 웃으며 대답했다.

"그냥 그래."

그곳에 사람이 살고 있었네

글 | **박창기** 당시 사진부 차장, 현 마케팅국 고문

미지의 북녘 땅으로 가는 길. 그날따라 안개까지 짙었다. 햇살이 비추자 서서히 안개가 걷히고 남북 대치 현장의 속살이 드러났다. 차창을 스치는 북한 초병을 보자 북한 땅에 들어왔음이 실감났다. 창밖으론 개성공단용 경의선(서울-신의주) 연결 도로공사가 한창이었다. 반세기 만에 휴전선 한 귀퉁이가 헐리고 있었다.

2003년 10월 6일 1천여 명의 대규모 민간 방북단이 평양으로 향했다. 평양 보통강변의 류경 정주영체육관 개관식에 참석하기 위한 3박4일간의 여정이었다. 경의선 육로를 거쳐 개성-평양 간의 땅길을 통한 방북 행사는 분단의 역사에서 처음 있는 일이었다.

방북단은 마지막 남은 남북 교류 최대의 장애물인 군사분계선을 뚫었다. 그동안 북한으로 가는 길은 금강산, 중국을 통한 우회, 인천-순안 직항노선 등을 통해서였는데, 이제 땅길도 열린 것이다.

민둥산들, 소달구지, 지게를 진 사람들…

경의선 도라산역 남측 CIQ(출입국관리사무소). 설렘 가득찬 방북단은 여권이 아닌 방북 증명서에 도장하나 달랑 받고 통관수속을 끝냈다. 그리고

휴전선을 넘어 북측 임시 출입국사무소에 도착했다. 남북을 구분하는 하얀 횟가루로 그어진 땅 위에 달랑 책상 몇 개가 전부다. 북측 세관원들은 X-레이 검사 없이 맨눈으로 일별할 뿐 싱겁게 통관절차를 마쳤다. '조선민주주의인민공화국 세관신고서'도 작성해 제출했다. '손에 든 짐짝', '부친 짐짝'이라는 칸에 숫자를 기재하며 잠시 생경함이 느껴졌다. 그래도 여느 외국의 세관신고 절차보다는 단순하고 간단했다. 국적을 대한민국이 아닌 남측으로 기재해야 하는 현실이 안타까웠다.

고즈넉한 개성의 가을풍경 / 박창기

북측 버스로 개성-평양 간 190km 고속도로를 달렸다. 고속도로는 거의 곧게 뻗은 직선이었다. 평양까지 커브길은 찾아보기 힘들었다. 안내원은 "해주-사리원-평양으로 이어지는 이 지역이 평지이기 때문"이라며 "그래서 평양이라는 지명이 생겨난 것"이라고 설명했다. 나무 없는 야트막한 민둥산들, 추수가 끝나지 않은 논길을 따라 지게를 진 주민들, 볏단을 가득 실은 소달구지가 차창을 스쳐갔다. 마치 타임머신을 타고 1970년대 중반의 시골로 돌아간 것 같은 느낌이었다.

점심때쯤 개성-평양의 중간 지점에 있는 휴게소인 서흥찻집에 들렀다. 임시로 차린 듯한 판매대에는 빵, 커피, 군고구마 등 요깃거리와 각종 술, 민예품, 기념품들이 진열돼 있었다. 공식 통화수단은 달러가 아닌 유로화였는데, 미국이 싫어서냐고 안내원에게 물으니

"그렇지 뭐." 한다
하지만 달러도 통
용된다는 사실이
연합뉴스의 사진에
포착됐다. 조심스
레 셔터를 눌렀다.
신덕샘물은 0.5달
러, 크림빵 0.3달

개성─평양구간 휴게소인 서흥찻집에서 달러를 받고 군고구마를 팔고 있는
북한 여점원들 / 박창기

러. 평양 가는 한적한 고속도로 휴게소에서 남한 사람들이 달러와 유로
화를 주고 군고구마를 사 먹는 사진은 국내 여러 신문에 단독 전재됐다.
개성을 출발한 지 2시간 반이 지난 오후 2시 반. 평양의 관문인 3대 헌
장 기념탑이 눈앞에 드러났다. 오래전에 보았던 흑백필름 한 편이 돌아
가는 듯한 느낌이었다. TV나 사진을 통해본 무채색의 다소 황량해 보
이는 풍경들이 곳곳에 내걸린 화려한 붉은 글씨의 선전문구와 묘한 대
조를 이루었다. 그곳엔 소설가 황석영이 말했듯 "사람이 살고 있었다."
남쪽 손님들이란 걸 알아챈 것일까. 오가는 평양시민들이 손을 흔들었다.

기자선생, 그건 찍지 마시라우

여성들은 출근길에 탁아소에 아기를 맡기는지 하나같이 앞가슴에 포
대기를 둘렀다. 걸으면서 책을 보는 사람, 늦었는지 뛰는 여성, 우중충
한 인민복 차림이 있는가 하면 세련된 양복이나 양장의 젊은 남녀 직장
인들도 눈에 띄었다. 북한 핵 위기를 둘러싸고 한반도에 긴장이 조성되

고 있는 것과는 달리 평양 시내는 겉으로 보기에는 차분한 모습이었다. 안내원들은 합의사항이라며 이동 중에 사진을 찍거나 시민들과의 접촉을 제한했다. 특히 공사 장면이나 낙후된 장면의 촬영은 극구 말렸다. 정해진 관광코스에 따라 보여줄 곳만 보여줬다.

만경대, 주체사상탑, 개선문, 지하철도, 모란봉 을밀대, 옥류관, 조선예술영화촬영소, 김일성종합대학, 인민대학습당, 만경대 소년학생궁전 등을 이어가며 평양 훑어보기만 계속됐다.

빛바랜 도시에 날렵하게 내려앉은 비행접시 모양의 류경 정주영체육관. 남측 민간기업인 현대측이 자본과 기술력을, 북측은 노동력과 부지를 제공해 지은 분단 이후 최초의 남북 합작 초현대식 건물이다. 체육관 바로 옆에는 북한의 자랑이던 105층 건물 류경호텔이 꼭대기에 크레인만 덩그렇게 걸린 채 유령처럼 떠 있다.

기자가 류경호텔을 배경으로 기념촬영을 하자 안내원이 "보시라우 기자선생, 류경호텔은 좀 피해서 찍으라우."라고 말했다. 미국의 경제봉쇄조치로 경제상황이 악화하면서 공사가 중단됐다고 했다.

안내원은 미국의 전 대통령 지미 카터가 북한을 방문했을 당시의 일화라며 자랑스레 소개했다. 이야기는 이랬다. 김일성 주석과 카터가 승용차 뒷자리에 함께 앉았다. 김 주석이 가만히 앉아있는 카터를 살며시 꼬집었다. 카터가 움찔하며 당황해 했다. 김 주석이 다시 꼬집었다. 카터가 김 주석에게 왜 가만있는 사람에게 무례하게 대하느냐고 물었다. 그러자 김 주석이 말했다. "미국은 가만있는 우리 조선을 왜 자꾸 꼬집느냐." 그러자 카터가 무릎을 치며 수긍했단다. 하지만 확인 불가다.

특이한 점은 시내 관광 중 일정에도 없는 '대성수출품전시장'이나 '평양 금강산 판매소'를 꼭 안내한다. 동남아 등 외국 단체관광 때 가이드가 데려가는 것처럼 말이다. 남측의 동네 슈퍼마켓 규모 정도였는데 전자제품은 일본제가 많고 공산품은 조악했다. 방문단은 주로 술이나 참기름, 버섯 등을 시장 보듯이 샀다. 무공해 자연산이란 믿음 때문이리라.

졸지에 '보수적인 남자'가 된 사연

여성 봉사원이 필자에게 "선생님도 시장 좀 보시라요. 아내가 좋아할 텐데."라고 권한다. "짐이 많아서 귀찮다."고 하자 "봉건 있는 남자구만." 한다. 물건 사지 않는다고 졸지에 보수적인 남자가 됐다.

평양에서의 3일째, 마지막 밤이다. 고려호텔에서 내다본 평양시가지는 칠흑 같은 어둠에 휩싸였다. 전력을 아끼기 위해 가로등을 대부분 꺼놓기 때문이었다. 붉은 네온 구호가 더욱 도드라지게 빛난다.

'가는 길 험난해도 웃으며 가자.'

송악산 소풍은 언제쯤이나 갈 수 있을까?

방북단은 귀환하면서 옛 고려의 도읍지 개성에 들렀다. 성균관, 선죽교, 왕건왕릉 등 고려 시대의 유적을 돌아보았다. 인구 30만. 북측에서 서너 번째 큰 도시라지만 평양에 비해 한참 낙후돼 보였다. 접경지역이라 그런지 군인들의 모습이 자주 눈에 띈다. 주민들은 앞으로 입주할 개성공단에 관심이 많다고 한다.

(위) 평양 류경 정주영체육관에서 열린 남북 통일농구대회를 마친 방북단과
평양시민들이 손에 손을 잡고 작별을 아쉬워하고 있다
(아래) 평양시 대동강변에 세워진 주체사상탑을 찾은 북한의 소년단

헤어질 시간. 고려 박물관 밖 잔디밭에 모여 앉았다. 그 동안 고생했던 안내원들과 곽밥(도시락)과 대동강 맥주(북쪽에서는 청량음료로 여김)를 놓고 이별주를 나눴다. 손에 잡힐 듯 송악산이 길게 드러누워 있다. 마치 서울과 평양 시민들이 나들이 나온 듯한 착각이 들었다. 누구나 가는 송악산 소풍은 언제나 가능할까? 10년 후일까, 20년 후일까? 긴 침묵이 흐르고, 서로 인사를 나눈다.

"자주 만납시다.", "건강하시라요."

개혁 칼춤과
롤러코스터 탄 한중관계

글 ǀ 이준삼

2013.7~2016.7 베이징특파원, 현 연합뉴스TV 정치부 차장대우

필자가 베이징 특파원으로 근무하던 2013년부터 2016년까지 3년간 중국에서는 많은 일이 벌어졌다. 중국대륙을 주름잡던 권력자들이 시진핑 국가주석이 휘두른 반부패 칼날에 끊임없이 사라졌다. 권력층의 치정극에서 쿠데타 모의설에 이르기까지 드라마틱한 사건들이 꼬리에 꼬리를 물고 이어졌다. 대격변의 시작이었다.

시진핑 집권 초기는 덩샤오핑의 개혁개방에 비견될 만한 개혁정책에 시동이 걸린 시기라는 점에서 더욱 주목할 만하다. 수십 년간 지속된 '한 자녀 정책'은 역사 속으로 사라졌다. 중국은 대외적으로 '일대일로'(一帶一路, 육상·해상 실크로드)를 가속하며 글로벌경제 질서를 재편하고 있다. 중국의 국방정책은 처음으로 '방어'에서 '공격'으로 전환됐다. 정치, 경제, 사회, 외교, 국방 거의 모든 분야가 개혁의 수술대 위에 올랐다.

'전면적 심화 개혁'으로 이름 붙여진 시진핑 시대의 이 변화들은 '반부패', '일대일로', '미·중 패권경쟁'이라는 세 가지 키워드로 요약된다.

중국 공산당 운명 걸린 반부패운동

2013년 7월 중국의 여름은 보시라이(薄熙來, 당시 충칭시 당서기) 재판으로 후끈 달아올랐다. 중국의 8대 혁명 원로 보이보(薄一波) 전 부총리의 아들이자 중국의 핵심 지도자 그룹인 태자당(太子黨)의 선두주자였던 그는 한때 시진핑보다 잘나갔던 인물이다. '금수저'도 아닌 '다이아몬드 수저'였던 보시라이는 그러나 부정부패가 산더미처럼 많았다. 태자당이라는 단단한 철갑옷에 가려져 있을 뿐이었다. 결국 태자당의 환부를 도려내는 시진핑의 칼에 보시라이는 낙마했고, 사형 직전의 무기징역형에 처해졌다. 특히 영국인 사업가와 불륜관계를 맺고 이해관계의 충돌 속에서 그 사업가를 독살한 아내 구카이라이(谷開來)로 인해 보시라이는 더 나락으로 떨어져야 했다.

베이징 톈안먼광장에서 열린 '열사기념일' 기념식에 참석한 시진핑 국가주석과 리커창 총리 / 이준삼

보시라이 상소심 재판은 그해 10월 산둥(山東)성 지난(濟南)시 중급인민법원에서 열렸다. 법원 반경 1㎞ 이내의 차량과 시민 통행이 금지됐다. 수백 명의 내외신 기자들이 법원 앞에 진을 쳤지만 안으로 들어갈 수 없었다. 거리에서 마주친 중년의 중국 남성은 "이번 재판을 어떻게 보느냐?"는 필자의 물음에 "우리하고는 별 상관없는 일"이라며 무덤덤하게 반응했다.

보시라이의 몰락은 서막에 불과했다. 그를 시작으로 후진타오(胡錦濤) 전 국가주석의 비서실장을 지낸 링지화(令計劃) 전 통일전선공작부장, 저우융캉(周永康) 전 정치국 상무위원, 쉬차이허우(徐才厚) 전 중앙군사위 부주석 등 직전 정권의 핵심 권력자들이 잇따라 파멸했다. 중화권 언론은 이들을 문화대혁명을 주도한 4인방(四人幇)에 빗대 신4인방으로 불렀다. 신4인방이 구축한 부패왕국은 상상을 초월했다. 이들이 심어놓은 하수인들이 사법, 공안, 정보기관과 인민해방군, 국유기업 등의 주요 국가기관 수뇌부를 장악한 채 국정을 농단해 온 사실도 드러났다.

시진핑의 반부패 투쟁, 중국 체질을 바꾸다

사상 최강으로 평가받는 반부패 운동을 권력투쟁으로 보는 시각도 적지 않다. 중국에는 시진핑의 권력 강화로 귀결된 탓이다. 그러나 동기가 무엇이든, 우리는 5년째 이어지고 있는 이 반부패 운동으로 중국의 체질이 바뀌고 있다는 점에 주목할 필요가 있다.

공직 · 기업사회에서 선물을 주고받는 것 자체를 금기시하는 분위기가 형성되면서 명품시장, 도박시장, 호텔업 등이 직격탄을 맞았다. 중국 인

민들도 환호성을 보낸다. 베이징의 한 택시기사가 바라본 반부패 운동
는 이랬다.

필자: 반부패 운동이 그렇게 대단한가? 부패척결은 후진타오 때도 했
던 거 아닌가?

택시기사: 아니, 대단하다. 또 후진타오는 배경(권력기반)이 없었지만,
시진핑은 대단한 배경을 갖고 있다, 태자당 아니냐.

필자: 원자바오 전 총리는 깨끗하다는 평가가 많았는데?

택시기사: 말도 안 되는 소리! 얼마나 많이 해먹었는데!

베이징 인민대회당에서 열린 전국인민대표대회 개막식 / 이준삼

모든 길은 일대일로로 통한다

안에선 서슬 퍼런 반부패 개혁이 추진되는 동안 밖에서는 일대일로라는 중국의 '신형 엔진'이 만들어졌다. 이 구상은 시진핑이 취임 첫 해인 2013년 10월 카자흐스탄을 방문해 '실크로드 경제지대'(육상 실크로드)를 만들자고 제안하면서 시작됐다. 중국, 중앙아시아, 동남아, 중동, 유럽 등 수십억 명이 살아가는 지역을 교통망과 통신망 등으로 긴밀하게 잇고 경제무역을 통합한다는 개념으로 요약되는데, 초기에는 황당하다는 평가가 적지 않았다.

그러나 시진핑은 지난 수년간 이 프로젝트를 뚝심 있게 밀어붙였다. 중국 관영언론들의 시진핑, 리커창 해외순방 기사에서 일대일로는 언제나 핵심 키워드로 등장했다.

4조 달러의 외환보유고를 연료로 한 이 경제구상은 세계로 거미줄처럼 뻗어나가고 있다. 중국-몽골-러시아, 신(新)유라시아 대륙 교량, 중국-중앙아시아-서아시아, 중국-인도차이나반도, 중국-파키스탄, 방글라데시-중국-인도-미얀마 등 이른바 6대 경제회랑(economic corridor) 건설이 추진되고 있다. 중국-파키스탄 경제회랑 하나가 50조 원 규모다.

특히 중국은 미국의 집요한 견제에도 새로운 국제금융기구인 아시아인프라투자은행(AIIB)을 창설하는 데 성공했다. 일대일로의 날개 역할을 할 AIIB 창설에 미국의 동맹인 영국이 결정적 기여를 했다는 점은 미·중 패권경쟁이 얼마나 복잡한 양상으로 전개될 것인가를 암시한다.

일대일로는 중국의 낙후지역 개발 프로젝트로도 조명받는다. 1천 년 전 장안(長安)으로 불리며 중국의 정치, 경제, 문화의 중심지였던 산시(陝西)

성 시안(西安)은 일대일로 정책의 수혜도시 중 하나다. 필자 역시 2016년 5월 시안 방문 과정에서 경제무역 허브, 관광·쇼핑도시로 탈바꿈해 과거의 영화를 재현하려는 시안 사람들의 기대감을 엿볼 수 있었다.

삼성전자가 중국 내 외국기업 투자 역사상 최대 규모인 8조6천억 원을 들여 초대형 반도체공장을 세운 것은 이 지역의 발전 잠재력을 눈여겨 봤기 때문이다. 당시 필자와 만난 황재원 코트라 시안 무역관장은 "중국과 파키스탄 간 고속도로가 착공됐다."며 "이 도로가 완성되면 시안을 포함한 일대일로 도시들이 큰 혜택을 보게 될 것이다."고 전망했다.

중국은 일대일로 참여 국가 수를 수시로 집계해 발표한다. 2016년 5월 기준으로 74개 국가와 국제조직이 지지·참여를 표시했다.

중국과 미국, 패권 다툼은 불가피하다

점점 뜨거워지는 미·중 패권경쟁은 근년 들어 세계 외교안보 전문가들의 이목을 바짝 사로잡고 있다. 싸움은 시진핑이 먼저 걸었다. 2013년

시진핑 국가주석의 중국 항일전쟁 승리 70주년 열병식 사열 / 이준삼

6월 국가주석 자격으로 미국을 첫 방문한 시진핑은 버락 오바마 미국 대통령과의 서니랜즈 정상회담에서 '미·중 신형대국관계'를 구축하자고 제안했다. 이 주장 속에는 미국이 티베트, 대만 등의 독립문제나 남중국해 영유권 문제 등에 개입해서는 안 된다는 뜻이 내포돼 있다. 사실상 정면 도전장을 내민 셈이다.

2014년 11월 베이징 APEC 정상회의를 계기로 열린 시진핑−오바마 정상회담은 불붙은 패권경쟁의 단면을 실감나게 보여주는 장면이어서 음미해 볼 필요가 있다. 톈안먼에서 붉은색 담벼락을 끼고 서쪽으로 걷다 보면 고색창연한 누각이 나타난다. 중국에서 가장 비밀스러운 장소로 꼽히는 최고지도부의 거처 겸 집무실인 중난하이(中南海) 입구다.

2014년 11월 11일 밤. 시진핑은 방중한 오바마를 이곳으로 초대해 비공식회담을 했다.

시진핑은 이 자리에서 오바마에게 "오늘의 중국을 이해하고 내일의 중국을 이해하려면 반드시 중국의 과거와 문화를 이해해야 한다."고 충고했다.

또 "우리는 이미 국가 상황에 부합하는 발전의 길을 찾았고, 그것은 바로 중국 특색 사회주의의 길이다."라면서, 미·중 신형대국 관계에 대해 "(더는) 개념 위에만 머무르게 할 수 없다."고 강조했다.

중국공산당 통치체제를 서구식 민주주의의 잣대로 재단하지 말고, 중국이 추구하는 핵심이익을 건들지 말라는, 경고나 다름없는 메시지였다.

시진핑이 이날 밤 오바마를 함원전(涵元殿)으로 안내한 점도 의미심장하다. 야사(野史)에 '비운의 황제' 광서제(光緒帝)가 독살된 장소로 기록된 함원전은 중국의 한(恨)이 서린 곳이다. 무술변법(戊戌變法)을 추진하던 광서제가 서태후(西太后)에게 유폐되면서 개혁은 물거품이 됐고, 중국은 열강들의 먹잇감으로 전락했다.

미국에 대한 중국의 도전은 결코 수사 차원에만 머물러 있지 않다. 시진핑은 집권 첫해 동중국해에 일방적으로 방공식별구역을 선포하며 주변 국가들을 경악게 했다. 남중국해에서 대규모 인공섬 건설에 착수한 것도 이즈음으로 추정된다.

2015년 9월 열린 중국의 항일승전기념일 열병식은 미국에 대한 무력시위 성격이 다분했다. 3개월여 간에 걸쳐 집중훈련을 받은 1만2천여 명의 열병부대, 대륙간탄도미사일(ICBM), 첨단 전투기들은 끊임없이 역동적인 장면을 만들어냈다. 하지만, 그 어떤 가공할 무기보다 필자의 관심을 잡아끈 건 카메라 뷰파인더에 포착된 시진핑의 심각한 얼굴 표정이었다. 일본의 한 우익 성향 신문은 당시 시진핑의 이런 표정을 '졸린 얼굴'이라고 묘사하며 암살에 대한 두려움으로 전날 숙면을 취하지 못했기 때문이라는 해석을 내놓았다.

그러나 당시 현장에서 그의 일거수일투족을 카메라에 담은 필자가 볼 때 그건 오히려 어떤 난제를 앞두고 고민하는 모습이었다. 그로부터 수개월 뒤 시진핑은 인민해방군에 대한 대대적인 수술에 착수했다. 7대군구 재편, 30만 병력 감군, 핵미사일 부대 창설…신중국 역사상 유례없는 군사력 강화 조치가 연쇄적으로 발표됐다.

롤러코스터 탄 한중관계

필자와 사석에서 만난 중국정부의 한 간부는 "이 변화는 경험해 본 적

2013년 6월 방중한 박근혜 대통령과 시진핑 중국 국가주석이 손을 흔들고 있다 / 연합뉴스 자료사진

이 없는 수준"이라며 "개혁이 어느 지점에 와 있는지, 그 실현 모습이 어떤 것일지 우리도 잘 모르겠다."고 말했다. 개혁의 성패는 누구도 장담할 수 없다. 중국이 수십 년 뒤 미국과 어깨를 나란히 하는 또 하나의 초강대국으로 발돋움할 수도 있겠지만, 개혁이 실패한다면 극심한 분열의 위기가 찾아올지도 모른다. 하지만, 결과가 어떻든 우리에게는 엄청난 영향을 미치리라는 점은 자명하다.

한·중관계는 1992년 수교 이후 순탄한 길을 걸어왔다. 2015년 9월 박근혜 당시 대통령의 베이징 열병식 참석과 함께 '역대 최고'의 관계라는 평가까지 받았다. 그러나 그 후 반년도 채 안 되어 터진 사드(고고도미사일방어체계) 갈등과 함께 한·중관계는 바닥으로 곤두박질쳤다. 필자가 여기서 한 가지 되짚고 싶은 것은 사드 배치의 당위성도, 중국의 치졸한 사드 보복도 아니다. 한중관계를 뿌리째 흔든 사드 갈등에 대비해 당시 우리 정부가 어떤 고민을 하고 어떤 준비를 했는지다. 사실 사드 갈등은 이미 수년 전부터 양국관계 사이에서 점점 커지고 있던 불씨였다. 청와대는 끝내 함구했지만, 시진핑은 2014년 7월 첫 방한 당시 박근혜 대통령과의 정상회담에서 강력한 반대 입장을 전달했다. 사드 배치 결정이 발표되기 2년여 전의 상황이다. 하지만 필자는 베이징에서 근무하는 동안 우리 정부가 사드와 관련해 중국과 진지하게 논의해 본 적이 있거나, 사드 배치 이후의 대중전략을 깊이 있게 고민했다는 이야기를 한 번도 들어본 적이 없다.

우리 정부가 정치·경제적으로 밀착하는 한·중관계에, 더 나아가 중국을 움직여 북한의 핵 포기를 이끌어낼 수 있다는 막연한 기대감에 현혹돼 중국의 의도를 오판했던 건 아닐까.

본격적인 막이 오른 미·중 패권대결 속에서 한국이 어느 한쪽을 선택해야만 하는 불행한 상황으로 점점 내몰리고 있는 것은 부인할 수 없는 사실이다.

하지만 그러한 외부 환경의 변화에 앞서 우리가 강대국들의 틈바구니에서 살아남기 위해 얼마나 치밀하고도 냉정한 전략들을 고민했는지부터 되돌아봐야 한다는 게 필자의 생각이다.

연합뉴스는 6자회담
'전담' 통신사

글 | 인교준 당시 통일외교팀 기자, 현 국제뉴스부장

필자가 글을 쓰고 있는 2017년 4월 현재로 볼 때 북한이 이미 수차례에 걸쳐 핵실험을 해버렸으므로 '한반도 비핵화를 위한 6자회담'은 의미가 반감된 상황이다. 그럼에도 '9.19 공동성명'으로 불리는 중국 베이징(北京)에서의 2005년 9월 19일 제4차 6자회담은 불가능할 것처럼 보이던 남·북한, 미국, 중국, 일본, 러시아 6자 간에 상당히 진척된 합의가 이뤄졌고, 이 합의는 북핵 회담이 다시 시작할 근거가 되고 있다는 점에서 지금 봐도 의미가 작지 않다. 6개국 대표들은 그해 7월 26일부터 8월 7일까지 4차 회담 1단계 회의를 하고서도 결론을 내지 못해 9월 13일부터 다시 2단계 회의를 하고서야 일주일 만인 9월 19일 6개항의 한반도 비핵화를 위한 원칙과 해법을 마련했다.

6자회담을 성공적으로 마친 후 한국의 송민순 수석대표와 미국의 크리스토퍼 힐 수석대표, 중국의 우다웨이 외교부 부부장이 손뼉을 치고 있다 / 성연재 2005. 9. 19

223

오만한 외신, 연합뉴스에 꿇다

지금도 필자에겐 9.19 공동성명 특종의 추억이 아련하다.

연합뉴스는 당일 오후 1시를 막 넘겨 '공동성명 타결될 듯'이라는 제목의 〈긴급〉기사를 국문과 영문 기사로 송고한 데 이어 불과 20분도 안 되어 2보와 종합 기사를 내보냈다. 나아가 의장국인 중국이 공식적으로 타결 발표를 하기도 전에 타결의 배경과 전망을 담은 분석 기사까지 타전했다. 당시 상황을 복기해 보면 6자회담 대표들은 댜오위타이에서 낮 12시 2분(현지시간, 한국시간으로 오후 1시 2분) 전체회의를 열어 6개항의 공동성명을 채택하고, 오후 1시 17분에 회의를 폐막한 후 30여 분이 지나서야 중국 외교부가 공식적으로 타결 발표를 했다.

상황이 이러했으니 리얼타임 경쟁이 생명인 세계적인 뉴스통신사들은 연합뉴스를 넋 놓고 바라볼 수밖에 없었다. 타결 여부를 확인할 수 없었던 통신사들로선 속이 타들어갈 수밖에 없는 상황이었다. 그때 로

댜오위타이에서 열린 제4차 6자회담 전체회의 / 성연재

이터는 연합뉴스 긴급 기사 타전 후 10여 분 만에 연합뉴스 보도를 인용해 '9.19 공동성명' 타결을 보도했다. AP통신은 연합뉴스보다 40여 분

6자회담을 성공리에 마친 6개국 대표들이 손을 맞잡고 축하하고 있는 모습 / 성연재

이 지나서야 1보를 송고했다.

당시 베이징에 출장을 간 우리 취재팀은 통일외교팀 인교준·이상헌 기자와 이우탁 상하이 특파원, 북한부 정준영 기자, 영문뉴스부 김광태 기자 5명이었다. 베이징 현지에서 상주하는 조성대 특파원도 가세한 가운데 본사 통일외교팀의 이 유 팀장이 지휘봉을 잡고 취재 전체를 총괄했다. 일본 교도통신은 본국 이외에 6자회담 참가 5개국의 주재기자까지 무려 40여 명을 베이징에 투입해 4차 회담을 취재하고 있었다. 로이터·AP·AFP통신은 이보다 훨씬 많은 기자가 현장 취재를 하고 있던 터라 연합뉴스의 특종 보도는 반향이 클 수밖에 없었다. 국내외 할 것 없이 기자들로선 특종 보도야말로 무어라 표현할 수 없는 '짜릿함'이 있다. 하지만 낙종 후 확인조차 할 수 없는 처지의 비참함은 말해 무엇하랴.

6자회담이라는 사안의 성격상 광범위한 취재망과 지명도가 좋은 외신이 더없이 유리한 상황이었다. 우리나라 매체들로선 외신에 뒤지는 것을 어쩌면 당연히 여겼지만 연합뉴스의 9.19 공동성명 특종 보도를 계기로 정설은 바뀌었다.

두 번 먹으면 어떠랴, 마무리는 '식판 취재'로

당시 우리의 특종은 거저 얻어진 게 아니었다. 댜오위타이와 상당히 멀리 떨어진 베이징 메리어트호텔에 프레스센터가 만들어진 상황에서 적은 인력에도 불구하고 회담장은 물론 베이징의 북한대사관, 우리나라와 미국, 일본 6자회담 대표들이 묵는 호텔에서까지 그들을 밀착 취재했다.

우선 한국 대표단의 움직임이 가장 중요했다. 회담 타결에 소극적이었던 미국, 6자회담 장(場)을 계기로 외교적인 영역 확장에 여념이 없는 중국, 미국과 한국을 연결해 존재감을 드러내려는 일본 등과 달리 무리한 요구로 일관하는 북한을 비핵화의 길로 유도해야 하는 숙명일 수밖에 없는 한국 대표단이 실질적으로 여타 5개국을 거중조정해 가며 회담을 이끌었기 때문이다. 자연스럽게 정보가 모일 수밖에 없었다.

회담장인 댜오위타이에는 접근할 수 없으니 숙소를 서성이고 전화로 귀찮게 해댈 수밖에 없었다. 취재는 현장에서만 이뤄지지 않는다. 회담 대표단에는 보고 채널이 있다. 따라서 베이징 현장 취재팀은 외교부·통일부 등의 채널로 매일 수시로 전화를 걸어 당국자의 멘트 속에서 미세한 변화를 감지해 내고 자투리 정보를 모았다.

어느 순간 불쑥 발표를 해대는 북한 측에 대한 '커버'도 물론 중요했다. 북한 대표단은 통상 베이징 내 호텔에 숙소를 정하지 않고 주중 북한대사관에서 묵는데 상황에 따라 대사관 문을 열고 입장 발표를 해댔다. 문제는 자정에 가까운 시간에도 그런 발표를 했다는 점이다. 다행히 북한대사관이 연합뉴스의 베이징 지사와 인접해 있던 터라 베이징 주재 특파원 선배들이 주로 맡아줬다.

미국 대표단은 연합뉴스의 영문뉴스 기자들이 수고를 해줬다. 공식적인 답변이기는 했어도, 영문에서의 미세한 표현 변화를 면밀하게 포착해야 한다.

무엇보다 중요한 건 외신과의 '교류'였다. 수적으로 열세인 데다 한국대표단 중심의 취재에서 벗어나려면 교류를 통해 다른 나라의 정보를 파악해야 했다. '관영' 중국 매체와는 실시간으로 교류하기가 쉽지 않았고, 일본과 미국 매체들과는 자주 정보를 나눴다. 특히 북한문제에 관심이 많은 일본 매체들은 상대적으로 정보가 많은 연합뉴스에 친한 척을 했다. 우리나라 신문방송 매체들도 서로 교류하는 일본 매체와 연계해 정보망을 강화했기 때문에 사실 현장에서의 정보력 수준은 큰 차이가 없었다.

그럼에도 우리는 발로 뛰는 '강점'이 있었다. 대표적인 게 이른바 '식판 취재'였다. 대표단도 먹어야 하는 만큼 호텔 식당에서 식판을 들고 당사자들을 졸졸 따라다니면서 얻은 조각 정보를 모았다. 전날 밤과 새벽에 우리나라의 회담 대표단 지휘 라인인 외교·통일·국방부, 그리고 청와대 외교안보라인에 대한 전화 취재로 큰 틀을 잡고, 당일 회담 시작 전에 식사를 하는 자리에서의 식판 취재로 그날의 분위기를 읽었다. 그리고 우리 정부 내 다른 부분의 입장과 외신의 흐름을 종합하면 당일 주요 기사의 틀이 잡혔다. 이른바 식판 취재의 주인공은 이우탁·이상헌 기자였다. 그 취재의 단점은 아침을 여러 번 먹어야 한다는 점이었다.

9.19 공동성명 채택 현장에서의 전화

우리가 당시 로이터 · AP 등 외신과는 비교도 할 수 없을 정도로 빠르게, 그것도 회담 주최국인 중국이 공식 발표도 하기 한 시간여 전에 9.19 공동성명 타결 기사를 내보낸 것은 타결의 기류를 먼저 읽었기 때문이다. 두세 달에 걸쳐 1, 2단계로 나눠 회담을 했으나 접점을 찾지 못하던 상황에서 서로 뭔가를 만들어야겠다는 분위기를 읽고 베이징 현장과 한국 내부의 흐름을 감지하고서 주요 채널에 접근했다. 무엇보다 타결 전날인 9월 18일 공동성명에 대한 '문안 조정'이 거의 완료되고서 핵심문구 등에 대한 이견을 자국에 '보고 후 훈령'을 받는 절차를 거치기로 했다는 내용을 취재한 게 큰 힘이 됐다.

9.19 공동성명 타결 정보를 폐막도 하기 전에 소상하게 알 수 있었던 것은 공동성명의 얼개를 그 전날 얻어듣고서 사전에 여러 건의 기사를 작성해 놓았기에 가능했다. 그리고 나서 현지시간으로 그 다음날인 9월 19일 낮 12시 2분 전체회의 시작과 동시에 6개항의 공동성명 채택을 '확인한' 내부자가 휴대전화로 "타결됐다"는 한 단어를 제보해 줌으로써 미리 준비한 기사에 약간의 수정을 거쳐 〈긴급〉, 2보, 3보, 종합, 종합 2보 등 특종 기사를 쉼 없이 내보낼 수 있었다.

냉전의 산물, 북한 핵 "갈 길 멀다"

북한 핵문제는 말 그대로 냉전의 산물이라고 할 수 있다. 동구와 소련의 붕괴 속에서 '우리식 사회주의'로 내달리던 북한으로서도 화해 · 협력의 필요성을 절감했고 당시 노무현 정부 역시 과감한 북방정책을 시도해 한국의 외연을 넓히는 과정에서 북한 핵문제가 급부상했다. 사회주의권의 연쇄 붕괴에 놀란 북한은 '보위'를 위해 핵무기 보유를 시도한 것으로 보였으며, 민족의 장래를 위해서라도 한반도 비핵화가 절실했다.

임동원 전 통일부 장관의 저서인 '남북관계와 북핵문제 25년, 피스 메이커'(177쪽)를 보면 북한의 핵개발 의혹은 1991년 2월 걸프전쟁 발발 직후부터였다. 미국 측 정보에 따르면 "북한이 1987년 초부터 30MW급 원자로(나중에 발전용량 5MW급으로 확인됨)를 가동 중인데 이는 발전용이 아니라 군사목적용으로 보이며 연간 핵폭탄 1개를 제조할 수 있는 분량의 플루토늄을 생산할 수 있었을 것으로 판단됐다.

미국은 냉전 후 북한의 핵무기 보유는 남한, 일본의 연쇄적인 핵무장을 부를 '빌미'가 될 수 있을 것으로 보고, 이를 차단하는 데 전력을 기울였다. 그로부터 우여곡절을 겪은 1년 가까이 남북 간 회담을 거쳐 1991년 12월 31일 남북한이 '한반도 비핵화 공동선언'을 했으나 핵 사찰을 두고 팽팽하게 대립했던 미국과 북한은 자칫 전쟁에 휘말릴 지경까지 처한 상황에서 극적으로 1994년 제네바 핵 합의를 하게 된다.

북한의 핵 동결을 전제로 한 미국·한국·일본·유럽연합 등의 경수로 건설과 원유 제공이라는 거래가 성사됐다. 그러나 미국에서 빌 클린턴 행정부 이후 집권한 조지 부시 행정부가 제네바 합의를 뒤집음으로써 북핵문제는 다시 원점으로 돌아갔다.

북한은 1994년 7월 8일 김일성 사망을 계기로 '고난의 행군' 운운하면서 외부 세계와 단절한 가운데 수년간 핵 능력을 키웠다. 그리고 이른바 '네오콘'을 배경으로 한 조지 부시 행정부가 2002년 10월 제임스 켈리 국무부 차관보를 보내 북한의 고농축우라늄 핵무기 의혹을 제기한 것을 계기로 제네바 합의는 '해체' 수순에 들어갔다.

제2차 북핵 위기는 이렇게 시작되었고, 중국을 의장국으로 한 2003년 8월 제1차 6자회담이 베이징에서 열린 데 이어 2004년 2월에 제2차, 같은 해 6월에 제3차 회의가 개최됐다. 그리고 2005년 7월에 이어 9월에 제4차 회담이 열려 9.19 공동성명을 채택하기에 이른다.

그러나 9.19 공동성명 직후 미국이 마카오의 방코델타아시아(BDA)가 북한의 돈세탁 창구라는 의문을 제기하고 이로 인한 북미 대립으로 9.19 공동성명은 그 의미가 퇴색돼 갔다. 그 이후에도 여러 차례 6자회담이 열리지만 북핵 문제는 해결되기보다 악화 상황으로 치달았다.

2016년 북한이 잇따라 핵실험을 단행함에 따라 버락 오바마 행정부 10년을 거치면서 '전략적인 인내 정책'으로 방치됐던 북한 핵문제가 다시 뉴스의 중심으로 부상하고 있다. 언제나 그래왔듯 우리는 새롭게 전개될 북핵문제 전개 과정을 취재해 국민의 알 권리를 채우는 알찬 매체의 역할을 할 만반의 준비가 돼 있다는 점을 강조하고 싶다.

지우려는 자와
기억하려는 자의 투쟁

글 l **조준형** 당시 도쿄특파원, 현 통일외교부 차장

2015년 8월 14일 오후 6시. 일본 도쿄 지요다(千代田)구의 일본 총리 관저.

필자를 포함해 기자회견실을 가득 채운 100명 넘는 내외신 기자들에게 마치 대입 시험지를 연상케 하는 문서들이 배포됐다. 정부 발표문으로는 이례적인 세로쓰기로 쓴 문서는 아베 신조(安倍晋三) 총리의 전후(戰後) 70년 담화, 이른바 아베담화였다.

우익 성향 역사 수정주의자 이미지가 강한 아베 총리의 역사인식이 담길 담화에 식민지배와 침략에 대한 사죄와 반성이 명시될 것인가. 세계인의 이목이 집중된 사안이었다. 1초라도 먼저 1보를 써야 하는 뉴스통신사 기자인 필자는 가만히 앉아서 '시험지 배포'를 기다릴 수 없었다. 자리를 박차고 일어나 '시험지'를 받아왔다.

알쏭달쏭 아베담화에 담긴 역사 수정주의

"우리나라는 지난 대전에서의 행동에 대해 반복해서 통절한 반성과 진

심 어린 사죄의 마음을 표명했다."

"다시는 전쟁의 참화를 반복해서는 안 된다. 사변, 침략, 전쟁, 어떠한 무력의 위협이나 행사도 국제분쟁을 해결하는 수단으로서는 두 번 다시 사용해선 안 된다. 식민지 지배로부터 영원히 결별하고 모든 민족의 자결권이 존중되는 세계를 만들지 않으면 안 된다."

관심을 끌었던 무라야마(村山)담화(1995년 무라야마 도미이치 당시 총리가 발표한 전후 50년 담화)의 '4대 키워드'인 식민지배, 침략, 사죄, 반성 등은 모두 들어가 있었다. 그러나 사죄와 반성은 간접화법이었다. 과거 정권의 사죄와 반성을 소개하는 것이었고 아베 총리 본인의 말은 아니었던 것이다. 식민지배와 침략도 자신들이 했다고 인정한 것이 아닌 '일반론'이었다.

그리고 조선 식민지화의 발판이 된 러일전쟁은 "식민지 지배하에 있었던 많은 아시아와 아프리카인들에게 용기를 북돋워줬다."고 미화하기까지 했다. 또 "우리들의 아이와 손자, 그 뒤 세대의 아이들에게 사죄를 계속할 숙명을 지워선 안 된다."고 못을 박았다.

아베 총리는 태평양전쟁 A급 전범을 단죄한 극동군사재판(도쿄재판)에 대해 "연합국 측이 승자의 판단에 따라 단죄했다."고 비판하고, 총리 재임중 A급 전범이 합사된 야스쿠니(靖國)신사를 참배한 바 있다.

그런 아베 총리의 역사 인식과 우익 성향인 골수 지지층의 기대, 담화 내용을 주시하는 '전승국' 미국의 눈 등을 두루 의식한 교묘한 절충이 '간접화법 사죄'라는 기이한 형태로 나타났다. 반성인지 자기합리화인지 알쏭달쏭한 이 담화를 아베 총리는 내외신 기자들 앞에서 결연한 표정에 단호한 목소리로 읽어 내려갔다.

아베 총리가 2015년 8월 14일 총리관저에서 전후 70년 담화를 발표하는 모습 / 신화통신

이 담화 발표로부터 1개월여 뒤인 2015년 9월 19일, 아베 총리는 제3국에 대한 공격을 자국에 대한 공격으로 간주하고 반격하는 권리인 '집단 자위권'을 용인하는 안보법제의 국회 통과를 야당과 여론의 반대 속에 강행했고, 이어 '전쟁을 할 수 있는 보통국가' 일본을 만들기 위한 개헌 행보에 나섰다.

침략전쟁을 인정하지 않은 전후 70년 담화로 아베 총리는 군국주의 일본의 과오를 청산했다고 말할 수 있을까. 필자는 아니라고 할지라도, 일본의 군사력이 중국을 견제하는 데 필요한 미국과 서방국가들은 더 이상 일본을 전범국가로 대우하지 않는다는 것은 한국인으로선 받아들이기 쉽지 않은 냉엄한 국제사회의 현실이다.

아베담화에 대한 한국 정부의 반응은 의외였다. 조선 식민지배에 대한 언급이 전혀 없었음에도 당시 박근혜 대통령은 이튿날인 2015년 8월 15일 광복절 경축사에서 절제된 입장을 냈다. "아쉬운 부분이 적지 않은 것이 사실"이라면서도 "(일본) 역대 내각의 입장이 앞으로 흔들리지 않을 것이라고 국제사회에 분명히 밝힌 점을 주목한다."고 말했다.

아베담화에 대한 당시 박 대통령의 절제된 발언은 아베 총리의 야스쿠니신사 참배(2013년 12월 26일), 위안부 제도에 대한 일본군과 정부의 개

입을 인정한 고노담화에 대한 일본 정부 차원의 검증(2014년) 등으로 악화일로를 달리던 박근혜 정부 한일관계사의 '터닝 포인트'가 됐다는 게 필자의 생각이다.

한일 역사 갈등의 최대 고비로 지목됐던 아베담화에 대해 한국 정부가 유화적인 태도를 보인 이후 최대 현안이었던 군위안부 문제 해결을 향한 한일 정부의 물밑 접촉은 본격적으로 속도를 냈다.

정식 채널인 한일 국장급 협의보다는 주일대사를 역임한 이병기 청와대 비서실장(2016년 5월15일 사임)과 아베 총리의 '외교책사'인 야치 쇼타로 (谷内正太郎) 국가안보국장 채널에서 의미있는 협의가 이뤄졌다. 양국 정상의 두 측근은 10차례 가까이 비밀회동을 한 끝에 2015년 12월 28일 서울에서 윤병세 외교부 장관과 기시다 후미오(岸田文雄) 일본 외무상의 공동회견을 통해 군위안부 합의가 발표됐다.

위안부 합의로 한일관계는 전기를 맞이한 듯 보였다. 여론과 일부 피해

윤병세 외교장관(오른쪽)과 일본 기시다 후미오 외무상이 2015년 12월 28일 서울 종로구 도렴동 외교부에서 열린 공동기자회견에서 일본군 위안부 협상 최종 타결을 발표하고 있다 / 진성철

자들의 반대가 있었지만 양국은 "최종적 · 불가역적" 해결을 선언했다. '중국 경사론'을 귀가 따갑게 들어야 했던 한국의 지도자나, 한 · 미 · 일 3각 안보공조 복원을 위해 한일관계를 개선하라는 미국의 요구를 듣던 일본의 지도자 모두의 이해가 맞아떨어진 상황에서 그렇게 한일 위안부 문제는 해결된 것으로 선언됐다. 한국 내 여론과 상당수 피해자들이 인정하지 않는 정치적 해결 선언이었다.

필자는 수만 명의 일본 한류 팬들이 들어찬 가운데 지바(千葉)에서 2015년 4월 9일 진행된 케이팝 콘서트, 다시 북적대는 신오쿠보(新大久保) 코리아 타운의 한국식당, 혐한 도서들이 사라진 도쿄 대형서점의 베스트셀러 서가 등에서 한일관계 개선의 흐름을 느끼며 2016년 8월 10일 3년 6개월의 도쿄특파원 생활을 마치고 귀임했다.

하지만 위안부 문제를 포함한 역사 갈등은 양국 정치인 사이에서만 이뤄진 '미봉'이었음을 알게 되기까지는 그리 오랜 시간이 걸리지 않았다. 아베 총리는 2016년 10월 3일 국회에 출석한 자리에서 '기시다 외무상이 대신 읽은 위안부 피해자들에 대한 사죄를 편지에 옮겨 보낼 뜻이 없느냐?'는 야당의원의 질문에 "털끝만큼도 없다."고 잘라 말했다. 피해자들에 대한 모독이었다. 한일 합의에 담긴 사죄와 책임 통감에 대해 털끝만큼의 진정성이 있다면 할 수 없는 말이었다.

네티즌들은 들끓었지만 그 다음날 조준혁 외교부 대변인은 정례 브리핑에서 아베의 '털끝' 발언에 대해 질문받자 "아베 총리의 구체적 발언, 특히 구체적 표현에 대해 언급을 자제하고자 한다."라고 역시 절제된 대응을 했다. 아베의 야스쿠니 참배 이후 한일 역사 갈등이 격화됐을 때라면 상상조차 하기 어려운 '자제'였다.

북핵에 대응한 한미일 3각 공조가 필요한 때이기에 한일 간 갈등전선을 만들지 않으려는 의도였을 것이다. 한일 역사 갈등은 그렇게 피해자들을 뒤로 한 채 한일 정치와 행정 당국자들에 의해 '봉합'된 것으로 '선언'됐다. 그리고 한일은 2016년 11월 23일, 서울 국방부 청사에서 기자들을 서명식장 밖에 세워둔 채 군사비밀정보보호협정(GSOMIA)을 체결했다.

정부 사이의 역사 담론은 결국 정치 상황에 따라 이리저리 흔들리게 마련인가. 한때 위안부 문제를 포함한 역사문제에 한일관계의 전부를 거는 듯했던 한국 외교는 과연 무엇을 지향했던 것일까. 씁쓸한 마음을 떨칠 수 없었다.

하지만 필자는 정치적 목적과 관계없이 자신의 양심에 따라 '기억 투쟁'을 벌여온 일본 시민들의 얼굴을 하나하나 떠올리며 위안을 받는다. 무모한 전쟁을 일으켜 아시아와 자국에 수천만 명의 희생자를 내고도 살아남은 일본 전쟁 지도부의 후손을 대표하는 아베 정권이 역사 해석의 권한을 장악하고 있는 상황에서 역사의 진실을 찾으려는 사람들을 필자는 특파원 생활 내내 숱하게 볼 수 있었다.

'아름다운 일본'을 내세우는 아베 총리와 그 내각을 구성하는 사람들이 식민지배와 침략, 패전이라는 '아름다운 일본'의 얼룩을 지우는 일에 몰두하는 동안 이들 양심세력은 '과오를 잊지 않음으로써 과오를 반복하지 말자'고 외치고 있었다. 참으로 외롭고 지난한 싸움이었지만 그들의 노력이 있었기에 그나마 묻힐 뻔했던 진실이 밝혀지고, 진즉에 잊히고 거론조차 되지 않았을 피해자들의 목소리가 가늘게나마 들려오고 있는 것이다.

풀뿌리 역사운동가들이 일본의 양심 지켜

간토(關東) 대지진(1923년 9월1일) 당시 조선인 학살사건의 피해자 추모 및 진상 알리기 활동을 30년 이상 벌여온 일본인 니시자키 마사오(西岐雅夫) 씨와 간토 대학살 91주기였던 2014년 9월 1일 조선인 희생자 추도비가 설치된 도쿄 스미다(墨田)구의 요코아미초(橫網町) 공원에서 만나 인터뷰했던 기억은 잊을 수 없다.

10여 년 전까지 중학교 교사로 근무한 니시자키 씨는 교사 시절 저축해 둔 사재를 써가며 한국 정부도 전혀 관심을 기울이지 않는 간토 대지진 당시 조선인 학살의 진상을 알리는 전업 활동가로 일하고 있다. 자택 옆에 세운 추도비의 '지킴이' 역할을 하는 한편, 일본 시민단체 '봉선화'와 '간토 대지진시 조선인 학살의 국가책임을 묻는 모임'에 주도적으로 참여하고 있다.

인터뷰에서 그는 "33년간 하고 있지만 (문제가) 전혀 진전되지 않고 있다는 느낌이 든다. 큰 힘이 되지 못하고 있다는 데 대해 매우 부끄럽게 생각한다."고 말했다.

또 "간토 대지진 당시 학살 사건도 그렇고 (일본이 저지른 과오들이) 제대로 교과서에 적혀 있지 않고, 교과서의 기술이 점점 지워지고 있는 상태에서 올바르게 배울 기회가 없다고 생각한다. 특히 아베 정권 하에서는 과거에 그런 일이 없었던 것으로 만들어 버리려는 움직임이 계속 이뤄지고 있다."고 개탄했다.

현직 교사인 일본인 역사 연구가 다케우치 야스토(竹內康人) 씨는 누구도 알아주지 않는 조선인 징용 피해 문제를 20여 년간 천착해 왔다. 자비로

지방을 다니며 조선인 징용 노동자가 일한 탄광 등을 현장 답사했고 주말이면 국립공문서관에서 자료에 파묻혔다.

(왼쪽 위) 와타나베 미나 씨가 유엔 인권권고 실행 촉구 집회에서 발언하는 모습 / 조준형
(오른쪽 위) 연합뉴스와 인터뷰 중인 니시자키 마사오 씨
(왼쪽 아래) 다케우치 야스토 씨의 저서 '조사 · 조선인 강제노동-탄광편'
(오른쪽 아래) 요시미 요시아키 교수가 도쿄 중의원 의원 회관에서 강연하는 모습 / 조준형

필자는 특파원 시절 4~5차례 걸쳐 그의 연구결과를 기사로 소개했다. 그의 연구는 무슨 의미인지를 이해하기 어려울 때가 많았고 새로운 연구인지 과거에 소개된 것인지 구분하기 어려운 것들도 있었다. 그러나 필자는 며칠씩 시간을 들여 그의 연구 자료를 읽고, 인터뷰해 기어이 기사로 소개했다. 한국 정부가 하지 않는 일을 대신 하는 일본 시민에게 한국 언론인으로서 표할 수 있는 최소한의 예의라는 생각에서였다.

2016년 4월 8일 필자의 기사에 실린 다케우치 씨의 말은 긴 여운을 남겼다. 그는 "역사는 결국 사람들의 이름을 복원하는 일"이라고 했다. 식민지 모국에 끌려가 일본의 정의롭지 않은 전쟁을 지탱하면서, 뜨거운 지하 탄광에서 죽어간 사람들의 이름을 찾아내는 일을 한국인이 아닌 일본인이 하고 있었다.

또 일본군 위안부 연구의 선구자 요시미 요시아키(吉見義明) 주오(中央)대 교수는 위안부의 강제연행 부정에 주력하는 아베 정권에 오직 자신이 연구로 축적한 팩트만으로 맞서고 있다. 그는 군위안부 관련 시민단체의 각종 행사에 얼굴을 드러내며 아베 정권이 외면하려는 위안부 제도의 범죄성을 알렸다.

와타나베 미나(渡邊美奈·여) '여성을 위한 전쟁과 평화 자료관' 사무국장은 도쿄 와세다대 근처에 위안부 관련 역사적 자료와 사진 등을 모아둔 자료관을 만들어 놓았다. 유엔 인권이사회 등에서 위안부 문제가 다뤄지면 그는 어김없이 현장으로 날아가 국제 여론을 상대로 아베 정권의 역사 왜곡을 알리는 일을 해왔다. 일본 우익들에게 그는 '매국노' 같은 존재일지 모르지만 필자의 눈에 그는 일본의 양심을 지키는 '애국자'였다. 우익들의 협박이 겁날 법도 하건만 항상 씩씩한 모습에 호탕하게 웃는 그를 보면서 큰 감동을 받았다.

이들은 누가 알아주지 않아도 역사의 진실을 들춰내고 잊지 않게 하는 일을 평생의 일, 즉 라이프워크lifework로 삼고 있었다. 전후체제 탈피와 결부된 개헌을 라이프워크로 삼고 있는 아베 총리와 대척점에 그들은 서 있었다. 아베와 이들 풀뿌리 역사운동가들 간의 싸움은 지금 이 시간에도 계속되고 있다.

한일을 초월한 '따뜻한 보통 일본 사람들'

필자는 3년 6개월의 특파원 생활 기간 중 많은 시간을 아베 정권의 우익성향 행보와 일본 사회의 보수화 움직임, 한일관계의 악화 과정 등을 소개하는 데 할애했다. 서두에 소개한 2015년 8월 14일의 아베담화 발표 취재는 그 대표적 사례였다. 그리고 일본인들에게 정확한 역사를 알리고, 역사인식의 퇴행을 저지하려는 일본 시민사회 인사들의 움직임을 전하는 노력은 특파원 생활의 또 다른 절반이었다. 이렇듯 대척점에 서 있는 사람들의 이야기를 주로 전하다보니 '보통'의 일본 사람들, 이를 테면 일본을 강하게 비판하는 한국에 서운해 하다가도 '정치가 양국 젊은 이들의 교류를 막아서는 안 된다.'며 관계 악화를 걱정하는 사람들, 그런 선량한 이웃들의 이야기를 충분히 전하지 못했다는 아쉬움이 있다. 일본 생활 중 가장 행복한 기억으로 남아있는 순간들은 모두 선량한 보통 일본인들과의 만남에서 한일을 초월한, 사람 대 사람으로서의 온기를 느꼈을 때였다. 2016년 4월 구마모토 지진 때 '몸조심 하라'며 외국 기자로서 현장을 취재하는 필자를 꼭 안아주었던 일본인 할머니의 따스함, 재해의 와중에 식량을 구하지 못해 들개처럼 헤매던 초면의 필자에게 '괜찮다면 드시라'며 호일에 싼 삶은 달걀과 고기 몇 점을 준 구마모토 시청 옆 선술집 종업원의 박애. 표현하기 어려울 정도로 가슴 벅찬 기억이다.

이변의 트럼프 당선,
한미관계 앞날은?

글 | 강영두 워싱턴특파원(2016. 6∼)

'**아**웃사이더' 도널드 트럼프의 제45대 미국 대통령 당선을 바라
보는 세계의 첫 시선은 어땠을까?

트럼프의 당선 직후 눈에 띄었던 미국 신문들의 2016년 11월 9일자 헤
드라인은 이랬다. '반(反) 트럼프'에 앞장섰던 뉴욕 데일리뉴스는 백악관
배경 사진과 함께 "공포의 집"(house of horrors)이라고 적었다. 또 조난
신호를 보낸다는 의미로 위아래가 뒤집힌 성조기를 백악관 앞에 내걸었
다. 필라델피아 데일리뉴스는 더 직설적이었다. "차마 눈 뜨고 못 봐주
겠다."(I can't look)를 1면 제목으로 뽑았다.

해외 언론도 다르지 않았다. 캐나다 몬트리올 저널은 "오 마이 갓!"

2016년 11월 9일 미국 대선에서 도널드 트럼프 공화당 후보가 대통령에 당선된 직후 연설하는 모습. 왼쪽은
마이크 펜스 부통령 후보, 오른쪽은 아들 바론 트럼프 / EPA

(oh, my god! 세상에 이럴 수가)이라고 썼고, 벨기에의 한 신문은 '아메리칸 사이코'American psycho라는 노골적인 표현을 동원했다.

트럼프의 당선이 그야말로 '대이변'이었던 모양이다. 누구도 '샤이shy 트럼 프'를 주목하지 못한 탓이리라. 조짐은 일찌감치부터 쭉 있었지만 말이다.

분노한 '샤이 트럼프'

대선을 80일 앞둔 버지니아주 프레더릭스버그시 엑스포 센터. 수도 워 싱턴DC에서 남서쪽으로 100km가량 떨어진 이 도시의 흑인 인구 비율은 24.4%, 평균(12.6%)보다 배 가까이 높다. 트럼프 후보는 남북전쟁 승리 로 노예를 해방시킨 에이브러햄 링컨 대통령을 입에 올리며 "공화당은 링컨의 정당입니다. 나는 공화당이 다시 한 번 흑인 유권자들의 고향이 되길 바랍니다."라고 목청을 높였다. 그러나 엑스포 센터에 모인 1천여 명의 트럼프 지지자들 사이에서 흑인은 눈 씻고 봐도 찾기가 어려웠다. 히스패닉도 드물었고, 정말 백인뿐이었다.

2016 미국 대선 투표를 이틀 앞두고 도널드 트럼프 공화당 후보가 버지니아주에서 막바지 유세를 하고 있다 / EPA

트럼프가 공화당 대선후보 로 공식 지명된 한 달 전 전 당대회 모습이 떠올랐다. 미 프로농구 NBA 클리블 랜드 캐벌리어스의 홈구장 '퀴큰론스 아레나'에서 나 흘간 열린 마치 '백인 단합 대회'를 연상시켰던 전당대회 말이다. '대선후보가 된 지 한 달이 지났는데도 흑인과 히스패닉—둘을 합치면 30%다—은 보이지 않고, 백인(62%) 표는 트럼프와 힐러리가 엇비슷하게 나눠 가질 테니, 승부는 뻔하다.' 필자의 생각은 이랬다. 아마 트럼프가 그 후로 달라지지 않았다면 예상은 적중했을 것이다.

그러나 트럼프는 변신했다. 정확히 말하자면 '원래의 트럼프'로 돌아갔다. 어차피 민주당 힐러리 클린턴을 지지할 히스패닉과 흑인 눈치를 보느니 자신의 지지층인 백인 보수 유권자를 결집하는 전략으로 되돌아간 것이다. '극우' 매체 브레이트바트 사장 존 배넌을 최고경영자로 영입하는 등 선거캠프도 강경파로 일신했다.

미국 사회의 주류로 자부했던 백인 보수층은 흑인 대통령 버락 오바마의 좌파정부 8년에 이어 힐러리가 또 대통령이 되면 미국을 '몰락'에서 구할 수 없을 것이라고 믿었다. 그러나 히스패닉, 무슬림, 여성을 향해 막말과 비하 발언을 거침없이 일삼는 '차별주의자' 트럼프를 드러내놓고 지지하긴 쉽지 않았다. 속마음을 감춘 '샤이 트럼프'의 출현은 이런 배경이 자리하고 있다. 여론조사에서 파악되지 않았던 이들의 잇단 투표 행렬이 트럼프 당선을 견인했다는 데 이견은 없었다.

유례없는 '한국 때리기'

트럼프 대통령은 선거운동 기간 우리나라와 북한을 향해 거침없는 발언을 쏟아냈다.

"한국과 북한이 전쟁을 한다면 끔찍하겠죠. 정말 끔찍하겠지만 행운을 빌 뿐입니다."(2016.4.3) "미국이 일본, 독일, 한국, 사우디아라비아를 지켜줍니다. 그런데 돈을 내지 않아요. 그들도 돈을 내야 합니다. 미국이 엄청난 돈을 내면서 막대한 서비스를 해주고 있으니까요."(2016.9.26) "(김정은에게) 빌어먹을 핵무기를 포기하도록 설득할 수 있는 확률은 10~20%죠. 누가 그 핵무기를 갖고 있기를 원하겠습니까?"(2016.6.15) "힐러리는 우리의 일자리를 좀먹는 무역협정을 지지했죠. 한미 FTA는 정말 형편없는 겁니다."(2016.8.8)

주미 한국대사관은 물론 미국 내 한반도 전문가들은 한결같이 "미 대선에서 한국 이슈가 이처럼 많이 쏟아진 것은 처음"이라고 입을 모았다.

더 큰 문제는 한미동맹과 한미 FTA를 뒤집고 한국을 안보 무임승차 국가라고 비난하더니 북한 핵문제는 아예 모르쇠로 나오는 트럼프의 기존 미 정부와는 180도 다른 인식이었다. 자칫 대선 후 한반도의 안보지형이 급변하고 한미간 통상 마찰이 불거질 수 있다는 우려가 나오기에 충분했다.

그러나 트럼프의 인식은 사실과는 동떨어진 측면이 짙다. 주미 한국대사관은 정부의 입장을 '주입'하기 위해 트럼프 캠프와 물밑 접촉을 여러 차례 시도했다. 하지만 트럼프와 마찬가지로 이른바 캠프 실세들 역시 워싱턴 정치권과는 거리가 먼 '이방인'이었던 탓에 속칭 '줄을 대는' 것조차 여의치 않았다는 후문이다.

아쉬운 발걸음

트럼프의 한국 때리기는 단순한 선거용, 즉 세계화에 뒤처져 소외된 백인 중하층의 불만을 표로 연결하려는 선거공학적인 셈법으로만 보면 되는 걸까. 트럼프의 승리가 한국에 불러일으킬 후폭풍을 고민할 무렵 트럼프 측 인사를 만나기 위한 우리 정부와 정치권의 워싱턴행 발걸음이 분주히 이어지기 시작했다. 트럼프 정부의 한미동맹 의지를 확인하고 양국 교역에 대한 인식을 탐색하기 위한 방문이었다. 그러나 우리 대표단이 만나는 미국 측 인사들은 에드 로이스 하원 외교위원장 등 기성 워싱턴 정치권의 범주를 벗어나지 못했다. '그 나물에 그 밥'이랄까.

다수의 방미단이 면담 후 워싱턴 특파원에게 전한 요지는 이러했다. "'대통령 트럼프'는 '대선후보 트럼프'와는 다른 모습을 보일 것이다.", "선거는 선거일 뿐이니 한국은 선거운동 기간 나온 트럼프의 발언에 크게 걱정하지 않아도 된다.", "설령 취임 초반 정제되지 않은 발언이 나오더라도 놀라지 마라(Don't panic!)."

한국이 변죽만 울린 것과 달리 일본은 아베 신조(安倍晋三) 총리가 대선이 치러진 지 열흘이 지나지 않아 트럼프와 만났다. 외국 정상으로는 처음이었다. 유대인인 트럼프의 사위 재러드 쿠슈너가 징검다리가 됐다. 미국에서 활동하는 유대계 사업가 인맥과 일본 정재계 사이의 오랜 네트워크가 기반이 됐다. 일본 정부와 기업은 미국 정재계에 인맥을 구축하면서 핵심 세력인 유대계 인맥과도 두터운 관계를 유지하고 있다. 아베 총리는 "회담은 매우 잘 진행됐고 (앞으로) 잘해 나갈 수 있겠다고 생각했다."며 만족스러워 했다. 한국은 '최순실 국정농단' 사건으로 청와대의 손발이 꽁꽁 묶인 탓이 컸을 것이라고 생각하면서도 씁쓸한 마음이 좀처럼 가시지 않았다.

'폭주 기관차' 트럼프, 한미관계 앞날은

트럼프 대통령은 2017년 1월 20일 취임과 동시에 '오바마 케어' 폐지를 시작으로 나프타(북미자유무역협정) 재협상, 멕시코 국경 장벽 건설, 무슬림 7개국 국민의 미국 입국 금지 등 행정명령을 잇따라 발동하며 전 세계에 '트럼프 시대'를 선포했다. 숱한 논란을 낳았던 공약을 거침없이 밀어붙이는 트럼프 대통령의 모습은 '대선후보 트럼프'와 한 치도 달라지지 않았다. 한국으로선 그의 대(對)한반도 공약이 쓰나미처럼 밀어닥칠 가능성을 배제할 수 없게 됐다.

안보를 미국에 크게 의존하고 있는 상황에서 북한의 핵미사일 위협 고조는 우리의 입지를 축소시킬 수 있다. 물론 트럼프 대통령의 안보참모들이 북한을 '악의 축'으로 인식하고 있고, 북한 김정은이 신년사에서 대륙간탄도미사일(ICBM) 시험발사 준비가 마무리 단계라고 주장한 터라 한미동맹이 당장 흔들릴 가능성은 크지 않아 보인다. 또한 미국 입장에서는 미국 본토를 위협할 수도 있는 북한의 도발을 억제할 필요성과 함께 점증하는 중국의 아시아 영향력을 견제하기 위해서라도 한국의 전략적 중요성은 클 수밖에 없다.

그러나 예측 불가능한 행보에 더해 비즈니스 마인드로 똘똘 뭉쳐 '아메리카 퍼스트'를 외치는 트럼프 대통령에게 안보가 '밀당'의 대상이 되지 말라는 법은 없어 보인다. 지금의 주한미군 방위비분담금특별협정(SMA)이 2018년 말 만료되기 때문에 트럼프 정부는 2017년 안에 협상 개시를 독촉할 가능성이 크다는 관측이다. 한 국가가 일방적으로 주도하는 방식의 동맹관계라면 국민과 정치권의 부정적인 목소리가 고조될 수 있고, 사드(고고도미사일) 배치 문제도 그 연장선 위에 놓일 수 있다.

한미 FTA 재협상 요구 역시 발등에 불이 될 전망이다. 트럼프 대통령은 미국과 일본, 싱가포르 등 아시아·태평양 지역 12개국이 참여한 다

자간 무역협정인 환태평양경제동반자협정(TPP) 폐기를 선언하며, 미국은 앞으로 양자 간 자유무역협정(FTA)을 체결하겠다는 구상을 밝혔다. 이로써 앞으로 '협상의 달인'으로 자부하는 트럼프 대통령의 활약 무대가 곳곳에서 펼쳐질 것으로 보인다. FTA 체결보다 수월한 재협상 대상인 '미국 근로자의 일자리 킬러' 한미 FTA가 먼저 무대 위에 오를 가능성이 한층 커진 셈이다.

중국을 겨냥한 환율조작국 지정이 여의치 않거나, 압박이 필요하다면 한국이 유탄을 맞을 수 있다는 관측도 있다. 일부 한국산 제품에 대한 수입 규제 카드 또한 언제든 꺼낼 수 있다는 우려도 나온다. 실제로 트럼프 취임 일주일 만에 미국 상무부는 한국산 화학제품에 대해 첫 반덤핑 예비관세 부과를 결정했다. 트럼프 취임 후 한국 경제를 둘러싼 대외 불확실성은 어느 때보다 커지고 있다.

그러나 미 국방부 동아태 차관보에 거론되는 빅터 차 전 백악관 국가안보회의(NSC) 아시아 담당 보좌관은 아직 트럼프 대통령의 북한 인식은 그다지 깊지 않다고 지적한다. 우리 정부가 먼저 대안과 답안지를 제시하고, 한국이 미국의 신뢰할 수 있는 우방국이라는 점을 믿게 한다면 효과를 볼 수 있다는 얘기다. 물론 미·중 두 강대국 사이에 끼인 우리 정부의 운신의 폭이 크지 않다는 우려도 있다. 하지만, 역으로 그만큼 미·중 갈등의 완충국 역할을 할 수 있는 여지 또한 있는 게 사실이다. 한미 관계의 미래는 결국 한국의 협상 능력에 달려 있다.

"그래서 너는 만나 봤냐?"

글 | 김화영 뉴욕특파원(2014. 6〜)

글로비시 판치는 미국땅 유엔본부

유엔본부는 미국 뉴욕 맨해튼에 있다. 그러나 그곳이 엄밀히 말해 미국 땅이 아니라는 것은 중앙로비에 1분만 눈을 감고 서 있으면 알 수 있다. 귀에 꽂히는 소리는 영어 반, 외국어 반이다. 영어도 전형적인 미국인 억양은 생각보다 많지 않고 국제공용 영어 '글로비시' Globish 가 대부분이다. 필자는 소리로 구분했지만 친구는 눈으로 구분했다. 눈이 밝은 그 친구가 유엔본부를 한 번 둘러본 후 대뜸 "여기 동유럽 쪽 사람들이 원래 이렇게 많아?"하고 물었을 때 필자는 이 빌딩 속 외국인의 수가 상상 이상이라는 것을 감 잡았다.

미국인이 알아듣는 영어를 해야 하는 부담에서는 해방되지만 나쁜 점도 있다. 적지 않은 외국여행을 하면서 어디서든 프랑스어로 말하면 그래도 대접을 받는다. 그런데 프랑스어에 퉁명에 가까울 만큼 무덤덤하게 반응하는 곳은 유엔이 유일했다. 불어는 이곳에서 사교계, 상류층, 외교가의 언어가 아니고 그냥 영어랑 동급인 공용어일 뿐이다. 포르투갈인인 안토니우 구테흐스 사무총장이 취임사를 세 쪽으로 나눠 가운데 부분은 프랑스어로 말했듯 영어로 말했다가 프랑스어로 바꾸고, 다시 매끄럽게 영어로 돌아가는 대화가 그냥 일상인 것이다. 외국으로의 거주지 이전에 따른 스트레스 대처에 도움을 줄 수 있으니 상담이 필요하면 전화하라는 한 직원의 개인 광고문은 '영어, 불어, 스페인어 가능'이어서 필자를 특별히 기죽였다.

'세계 제일' 전망의 구내식당, 식사는 10분 만에 뚝딱

세계인이 집결하는 장소임을 알려주는 것이 193개 회원국 국기가 펄럭이는 중앙출입문 국기계양대, 그 앞에서 365일 연중무휴로 계속되는 단체관광객의 기념사진 찍기 말고도 또 있다. 바로 구내식당이다. 허드슨강이 한눈에 들어오는 전망은 '미슐랭 스타' 7개 감이다. 그러나 이곳은 외교관과 유엔 직원들이 둥근 은박접시를 누런 재활용 종이쟁반에 얹은 후 뷔페식으로 차려진 음식들을 몇 가지 골라 담아 10여 분 만에 입속에 밀어 넣고 사무실로 총알같이 돌아가는 구내식당의 원형이라고 할 수 있다.

이 식당은 회원국들의 풍습과 종교를 존중하는 차원에서 고기요리에 관한 한 정보를 미리 준다. 식당 한구석에 놓인 깨알 같은 주간 메뉴표를 읽는 사람이 과연 있을까 의문이지만, 그래도 소고기, 돼지고기, 닭고기, 양고기 요리가 어느 날 차려지는지 미리 고지한다. 맛은 썩 괜찮은 편이다. 그러나 필자는 맛에 신경 쓰지 못하는 소나기밥을 먹는 경우가 대부분이었다. 뭔가를 씹었는데 찾아보니 '양고기 스튜'였던 경험도 있다. 바쁘게 살수록 오감은 둔감한 게 좋다는 게 필자의 생각이다.

늘 효율성 고민하는 정오의 브리핑

미국 뉴욕 맨해튼에 있는 유엔본부 건물 / DPA

유엔 복도를 걷는다는 것은 지구 위를 걷는 것과 비슷하다. 그 하이라이트는 낮 12시에 있는 정오 브리핑이다. 프랑스인인 스테판 두자릭 대변인은 원래 사무총장의 대변인이어서 늘 "사무총장은…."으로 발언한다. 이 정오 브리핑이 과연 효율적인가는 정말 토론이 필요한 문제다. 물론 며칠 건너 한 번씩 기사거리는 나오지만 30~40분 사이에 기자들이 서로 돌아가며 개개인의 관심 사안을 유엔 대변인에게 묻다보니 '물고 늘어지는' 질문을 계속 던지기가 굉장히 눈치 보이는 환경이 만들어진다. 시리아, 서아프리카, 콩고, 북한, 예멘, 아프가니스탄, 이라크 등지에서 벌어지는 사건들을 이 짧은 시간에 질의응답하는 게 과연 의미가 있는가, 필자는 정말이지 무수히 생각했다. 그냥 유엔의 공식 입장을 듣는 선에서 그칠 수밖에 없다. 그래서인지 이 정례 브리핑에는 유엔에 상주 출입하는 주요국 주요 언론사의 기자들 20여 명 정도밖에 참석하지 않아 다소 썰렁한 분위기다.

"그래도 북한이 있기에…" 유엔에 출입하는 이유

그래도 유엔 상주 출입 지위를 부여받은 연합뉴스 특파원들은 이 유엔 본부 건물 내 기자실에 일주일에 두세 번씩 출근한다. 집에서 두 시간 정도 걸리는 출근길을 가다보면 "나는 왜 오늘도 유엔에 가는가?"라는 질문을 던지지 않을 수 없게 된다. 그리고 스스로에 대한 대답은 한결같다. "거기에 북한이 있으니까."였다.

미국과 외교관계가 없는 북한은 유엔 회원국으로서 유엔 주재 북한대표부를 두고 있다. 미국에 주재하는 북한 외교관을 만날 수 있는 곳은 유엔이 유일하다. 이 말을 하면 예외 없이 "그래서 너는 만나보았냐?"는 질문이 돌아온다. 가장 현명한 대답은 "남북관계의 기상도에 따라 다르다."이다. 과거 남북관계가 좋았던 김대중 정부 때에는 뉴욕의 한인 동포들과 친북 성향 동포들이 만나는 저녁자리도 있었다고 들었다. 아마 그 시절에 필자가 유엔을 출입했다면 적어도 북한 외교관과 가끔은 유엔 카페테리아에서 1.5달러짜리 커피 한 잔은 서로 사주면서 선문답이라도 하지 않았을까? 그러나 필자가 유엔을 출입한 지난 2년 반 동안은 북한이 핵미사일 실험을 일 년에 수십 번씩 했고, 한국·미국·일본은 이를 응징하기 위해 안전보장이사회(안보리)를 열어 북한을 경제적으로 옥죄는 고강도 제재를 퍼붓는 시기였다. 이것은 안보리 회의장 앞에서의 잦은 취재와 더불어 북한 외교관들을 전혀 다른 각도에게 만나도록 만들었다. 어쩌면 커피를 뽑아 마시는 환경보다 북한인을 더 자주 만났을 수도 있다. 따로 대면했다는 의미가 아니라, 북한과 관련한 유엔의 행사를 모조리 커버하면서 북한인을 몇m 밖에서 간접 취재했다는 뜻이다.

시기가 시기인 만큼 북한 정부는 유엔총회가 열리는 매년 9월이면 유엔 본부에 외무상을 파견했다. 리수용 외무상, 2016년 리용호 외무상이 뉴욕 케네디공항에 도착할 때에는 난리도 그런 난리가 없었다. 2015년 유엔총회 때 리수용 외무상이 뉴욕에 도착할 때에는 한국 특파원단과 북한 외교관들이 '숨바꼭질'도 벌였다. 한 북한 외교관이 특파원단 앞에 나타나 묻는 질문에 대답을 척척 해주는데 그 현장을 어떻게 떠날 수 있겠는가. 그러나 그 사이 리수용 외무상은 '입국장'이 아닌 '출국장'으로 공항을 빠져나가 특파원단을 따돌리고 맨해튼으로 입성했다.

대답 없이 산산이 흩어지는 질문이여…

북한 외무상들은 유엔총회 기조연설 때 한국어로 연설한다. 초긴장을 해서 유엔 총회장에 자리 잡고 앉아 그 연설내용을 한마디도 안 빠뜨리고 노트북 컴퓨터에 받아치다 보면 북한 조선중앙통신 기자도 이런 성의를 안 기울이지 싶은 생각이 든다. 이들이 질의응답에 나선 적은 한 번도 없었다. 정말 번개같이 총회장 출입문으로 빠져 나갈 뿐 아니라 동선을 같이하더라도 보통 대답 없이 앞만 보며 걸어가기 때문에 질문은 허공에서 산산이 흩어진다. 이것은 뉴욕에 온 외무상들이 참석하는 오찬장이나 친북인사 음악회장 입구에 진을 치고 서 있어도 마찬가지다.

케네디공항서 '퍼즐 맞추기' 끝에 리용호 도착 취재

2016년 유엔총회 참석을 위해 리용호 외무상이 입국할 때에는 동료인

박성제 특파원이 케네디 공항 4번 터미널에서 거의 밤을 새웠다. 누군가를 밤새워 기다린 경험이 일생에 몇 번이나 있을까. 우리는 북한 외무상을 그렇게 기다린 경험이 있다.

북한의 리용호 외무상이 2016년 9월 20일 유엔총회 기조연설을 위해 미국 뉴욕의 JFK공항을 통해 입국하고 있는 모습 / 박성제

베네수엘라 포르라마르라는 휴양지에서 제17차 비동맹운동 회의를 마친 후 참석자들이 전세기를 타고 단체로 유엔으로 이동하는 독특한 여정이었다. 전세기는 공항 전광판에 출발·도착 정보가 나타나지 않는다는 점에서 고약하다. 박 특파원은 여러 곳에서 끌어 모은 정보로 '퍼즐 맞추기'를 하더니 4번 터미널일 것임을 '예언'했고 자신의 감각을 믿고 이곳에서 버티다 새벽 3시쯤 나타난 리 외무상을 성공적으로 만났다. 안 그랬다면 아마 1번부터 8번 터미널을 서울 지하철 2호선처럼 뺑뺑 도는 공항 '에어트레인'을 탔을 것이다.

북한의 나홀로 방어에 '착잡'

북한 외교관들에 대한 간접 취재가 썩 유쾌한 것은 아니다. 질문을 거부당해서가 아니다. 유엔에도 북한의 우방들이 있을 것이다. 그러나 아주 전면에 나서서 편을 드는 것을 못 봤다.

매년 유엔총회에서 북한 인권결의안이 채택되는데, 총회에 앞서 산하

회의인 유엔총회 제3위원회에서 모든 절차가 준비된다. 북한은 이 과정에서 자국 외교관들을 총출동시켜 최대한 자국의 입장을 주장한다. 유엔 인권문제를 담당하는 스위스 제네바 주재 북한 외교관들이 뉴욕으로 날아오는 것도 이때다.

유엔 회원국 대부분이 공개회의에서 북한의 인권 상황을 비난한다. 완전히 코너에 몰린 채 '한국인의 영어'로 유엔에서 홀로 자국을 방어하는 북한을 지켜보는 것은 마음이 무거워지는 것임을 부인할 수 없다.

반 총장, 기자들과의 대화는 '조심조심'

사실 유엔을 출입하면서 "그래서 너는 만나봤냐?"는 질문을 줄기차게 받은 대상이 북한 외교관 말고 또 한 명 있다. 한국인 유엔 수장인 반기문 제8대 사무총장이다.

2006년 10월 14일 유엔총회에서 사무총장으로 공식 선출된 반기문 후보가 각국 대표들의 환영을 받으며 총회장으로 입장하고 있다 / 성연재

반 총장은 재임 기간 자신을 찾아오는 사람들을 정말 많이 만나는 것 같았다. 그러나 필자의 임기 중 특파원단과는 밥을 함께 먹는 기자간담회를 딱 한 번 했다. 반 총장을 못 만난 필자에게 사람들은 "아니, 나는 만났는데 너는 왜 못 만났냐?"는 아주 괴로운 역질문을 하곤 했다. 출입기자 1천 명의 정당 대변인도 기자들과 붙어 다니는데, 특파원단 20명이면 이름을 다 외우겠다는 투였다. 반 총장이 언론기피증을 갖고 있다고 보진 않았지만, 자신의 미래 행보를 면밀하게 계획하고 있으며 돌다리를 두드리듯 걸음을 옮기다 보니 기자들과의 대화에 조심스럽다는 인상은 받았다.

'밥이 있는 간담회'는 반 총장의 대선출마설, 이른바 '반기문 대망론'이 무럭무럭 피어오르던 2015년 12월 22일에 있었다. 유엔 주재 한국대사가 일 년에 한 번 특파원단을 부부동반으로 관저로 초청해 저녁식사를 하는 연말파티였다. 이 파티에 반 총장이 '짠' 하는 식으로 나타난 것이다. 외교관들은 이런 이벤트를 앞두고 앞으로 100년 후에도 "오늘 파티에 반 총장이 옵니다."라고 화끈하게 말할 것 같지는 않다. 이날도 필자는 반 총장의 참석을 알 듯 모를 듯, 올 듯 말 듯 "오늘 뭔가 있을 수도 있습니다."라는 힌트로 전달받았고, 나름의 '외교가 번역기'를 돌려 "오늘은 반 총장이 오니 밤새워 기사 써야 할 겁니다."로 해석했다.

그날 반 총장은 부인 유순택 여사와 함께 참석했다. 별로 놀랄 것도 없었다. 예상대로 특파원 및 가족들과 차례로 기념촬영을 했고, 또 예상대로 반 총장은 은유법을 이용해 동양사상에 살짝 접목된 듯, 구름에 올라앉아 있는 듯한 '물 정치론'을 폈다.

접시에 뷔페식으로 음식을 뜬 후 둥글게 둘러앉아 반 총장과 특파원단

반기문 유엔 사무총장이 2015년 12월 15일 미국 뉴욕 맨해튼의 한 식당에서 유엔본부 출입기자단과 송년 만찬을 하고 있다 / 김화영

이 질의응답식으로 간담회를 했다. 역시 예상대로 외교부 당국자의 비보도 요청이 뒤따랐으나 그런 것은 그냥 의전용이고 가능한 한 많은 발언이 신문 1면에 걸리는 게 '작심발언'을 한 반 총장의 속마음일 것으로 확신했다. 파티장을 빠져나오면 무표정으로 돌변해 신속히 '미션 수행'에 들어가는 제임스 본드처럼 필자도 그날 버스에 오르자마자 노트북을 켰고, 밤새껏 자판을 두드려댔다.

기자 넷이 뭉치니 甲이다?

필자는 유엔 복도에서 반 총장을 우연히 만난 적이 있다. 한국에서라면 악수한 손을 놓지 않은 채 온갖 현안을 물어봤을 것이다. 그러나 5m 전방에서 걸어오는 반 총장 얼굴을 막 알아보던 그 순간에 번개 같은 경호원의 억센 팔뚝에 밀려 동선 밖으로 '치워지고' 말았다. 반 총장이 먼저 다가와 "반갑습니다"라고 인사하지 않았으면 두고두고 서운하게 남았을 기억이다.

얼마 후 왜 그렇게 과한 경호가 필요한지 이해할 만한 계기가 생겼다. 2016년 12월 유엔출입기자단(UNCA)이 주최한 유엔 사무총장 초청 송년파티 때였다. 이 파티는 정말 풀 메이크업에 드레스를 입고, 남자는 최소 보우타이를 하고 가야 하는 파티다. 10년간의 유엔총장 임기만료 카운트다운에 들어간 반 총장은 이미 한국으로 돌아가면 대선 출마가 기정사실화돼 있었다. 그래서 필자는 파티가 아니라 오로지 대선주자 취재를 위해 이 자리에 갔고, 거기서 필자와 같은 한국특파원을 세 명이나 더 발견했다. 도합 네 명이 반 총장에게 인사나 하러가자고 식사 도중 자리에서 함께 일어서서 다가가는데 '뭉친 우리가 갑(甲)이다.' 싶은 묘한 느낌이 왔다. 반 총장이 우리를 보더니 자리에서 일어나 다가왔고, 그 넓은 연회장 한복판에서 함께 기념촬영을 했다. 이것이 정말 여러 사람의 눈에 띈 모양이다. 다들 숟가락을 내려놓고 핸드폰을 쥐고 달려왔는지 주변이 삽시간에 사람들로 뒤엉켰다. 진땀 흘리던 경호원들의 표정이 지금도 생생하다.

반 총장의 애매모호함과 이탈리아 기자의 유머

외국 기자들이 반 총장의 대선 출마에 대해 필자에게도 이것저것 물어본 게 사실이다. 그러나 사람의 마음은 함부로 예단할 게 아니다 싶어 대충 얼버무렸다. 그런데 유엔기자단 사무실에 갔다가 우연히 UNCA 회장인 지암파올로 피올리 기자가 "출마한대?"하고 물었을 땐 국장급도 한참 넘어 보이는 노기자의 위상을 고려해서라도 뭔가 성의를 보여야 할 것 같았다. 그래서 기사로 치면 '1천자 미니 박스' 정도로 요점을 산뜻하게 정리해 필자 나름의 전망을 했다. 그러나 답변이 신통치 않았던 모양이다. 유엔기자단과 반 총장의 마지막 기자회견 때 피올리 기자는 제일 앞자리에서 "2주 후면 반 총장께서는 대선에 출마하거나, 집에서 쉬고 있거나 할 겁니다. 둘 중 어떤 선택을 할지 좀 더 명확한 말로 대답해 주시기 바랍니다."라고 질문했다. 이때도 애매모호했던 반 총장의 답변은 기억이 가물가물한데, 피올리 기자의 이탈리아식 유머와 거기에 '뿜어버린' 기자단의 폭소는 두고두고 즐거운 기억으로 남을 것 같다.

'헬 게이트' 여는
기자가 왔다

글 | 하채림 이스탄불특파원(2016. 6〜)

2016년 7월 15일. 그날은 이스탄불에 도착한 지 한 달 남짓 지난 금요일이었다. 처음으로 긴장을 풀고 귀한 삼겹살로 저녁을 먹었다. 더 귀한 소주 한 잔을 받아 마신 탓인지, 이삿짐이 오지 않아 침대도 없이 텅 빈 집에 돌아와서는 감자부대마냥 소파 위에 널브러졌다.

잠결에 점점 또렷해지는 벨소리에 눈을 비비고 휴대전화를 보니 밤 11시(한국시간 새벽 5시, 이후 모두 현지시간 기준)가 다 돼 가는데 회사번호가 화면에 떠 있었다. 잠이 덜 깬 채 받은 전화기 너머로 이명조 유럽총국장의 목소리가 들려왔다.

"지금 뭐하고 있나? 터키에 쿠데타가 났다는구먼."

처음에 무슨 말인지 '해독'이 되지 않았다. 잠이 덜 깼나 싶어 머리를 세차게 흔들고는 되물었다.

"쿠데타라고요? 테러겠지요. 뭔가 오해일 겁니다, 선배."

"글쎄, 그렇지는 않은 것 같고… 일단 챙겨보라고….”

전화를 끊자마자 바로 인터넷에 접속했다. 그런데 세상에 말도 안 되는 것 같던 총국장의 말은 실제 상황이었다. 머릿속이 하얘졌다. 한국을 피해 터키로 왔더니 여기서 또 '헬 게이트'가 열리고 있었다.

이스탄불 부임 한 달, 지옥문이 열리다

그로부터 한 달 전 터키 주재 한국기업 모임에서 "임기 내내 순탄하기를 바란다."는 인사에 농담 삼아 이렇게 답했다.

"제가 한국에서 복지부를 취재할 때 '광우병', '멜라민 과자', '신종플루'로 정신을 차리질 못했거든요. 조용히 일하려고 국제부로 가니 '아랍의 봄'에 '동일본 대지진'이 터지더니, 안전행정부로 옮긴 지 3주가 안 돼 세월호가 침몰했습니다. 이제 제가 왔으니 이스탄불에도 '헬 게이트'('지옥문'을 뜻하는 인터넷 용어)가 열릴 겁니다."

물론 진짜로 지옥문이 열려 감당하기 힘든 일이 쏟아질 거라고 예상하지는 않았다. 그러나 너스레를 떠는 그 순간에도 터키 땅에 무언가 자라고 있고 그것이 곧 형체를 드러내리라는 불안한 예감도 없진 않았다. 4년 만에 찾은 이스탄불은 너무나 달라져 있었다. 도시의 공기가 변해 있었다. 거리 곳곳에 히잡을 쓰거나 아예 눈만 드러낸 검정색 니캅을 입

에르도안 터키 대통령, '국부' 아타튀르크와 나란히 / 하채림

은 여자들이 부쩍 많아진 게 느껴졌다. TV뉴스는 대개 레제프 타이이프 에르도안 대통령의 이름으로 시작했다. 의원내각제 국가인데도 총리보다 대통령 사진이 더 많이 걸려 있었다. 2015년 가을부터는 이스탄불 번화가와 수도 앙카라, 남동부 국경지역을 가리지 않고 수시로 폭탄 공격이 벌어졌다. 여기저기 어슬렁거리는 고양이만 4년 전이나 지금이나 변함없이 평온했다.

첫 테러현장 취재, 빠르긴 했는데…

부임한 지 약 20일 만인 2016년 6월 28일 터키의 관문이자 유럽의 '허브공항'으로 꼽히는 아타튀르크 국제공항에서 자폭 테러가 발생했다. 사건 발생을 알리는 기사를 급히 보내고 자정을 넘겨 카메라를 메고 집을 나섰다. 택시 정류장에서 아타튀르크 공항으로 가자고 했더니 기사 두 명이 어깨만 으쓱했다. "피프티 유로"라고 외쳤더니, 그제야 "오케이"라는 답이 돌아왔다.

공항 입구는 예상대로 통제돼 있었다. 경찰차와 앰뷸런스의 불빛과 사이렌이 어지러웠다. 프레스카드를 보이며 청사 안으로 들여보내 달라고 했지만 경찰은 고개만 저었다. 서두르느라 통역을 구하지 못한 걸 뼈저리게 후회했다. 터키 취재진이

자폭테러 발생한 이스탄불 공항 통제현장 / 하채림

카메라를 설치한 바로 옆에 필자도 자리를 잡고 셔터를 눌렀다. 한밤 중 혼란 탓일지는 몰라도 현지 언론사가 아닌 외국 매체의 취재진은 보지 못했다. 한국 언론은 말할 것도 없었다. CNN은 터키 협력사인 CNN튀르크의 화면을 쓰다가 이튿날 현장이 정리된 후에 필자가 사진을 찍은 그 자리에 중계석을 차려놓고 현장 라이브를 내보내기 시작했다. 터키에서 그나마 택시 기사에게 부탁해 현장감을 담아 찍은 스탠딩 영상은 질이 나빠 쓰지 못해 두고두고 아쉽다.

대기업 법인장 거실 점거

그로부터 보름 남짓 지난 7월 15일 밤 한 식사자리에서 공항 테러가 화제가 되자 필자는 예의 '헬 게이트' 예언을 다시 꺼내며 푸념을 늘어놨다. 동석한 이들이 "그래도 이제 한동안은 조용할 겁니다."라고 했고, 필자도 그러리라 기대하며 긴장을 놓았다. 그 순간 바로 옆에서 진짜 지옥문이 열리고 있는 줄도 모르고….

잠결에 "터키에서 쿠데타가 일어났다."는 총국장의 전화를 받은 후 12시간은 복기하고 싶지 않은 시간이다. 집에 TV가 없어 같은 건물에 사는 모 대기업 터키 법인장 집으로 쳐들어갔다. 거실을 점거하고 허둥대는 필자를 본 법인장은 아예 집을 내주고 직원 집으로 옮겨갔다. 한국의 지인들로부터 안부를 묻는 전화와 메시지가 쉴 새 없이 쏟아졌다.

자정 무렵에도 에르도안의 소재가 파악되지 않았다. 공포가 밀려왔다. '만약 이대로 쿠데타가 성공하면 어쩌나.' 에르도안의 지지율은 못 돼도 51%라고들 하는데, 지지자들이 이대로 가만히 있을 리 만무했다. 나전으로 빠져들 게 분명했다. 의도치 않게 종군기자가 될 판이었다. 전날 저녁자리에서까지도 '달라진 터키', '무기력한 야권', '침묵하는 지식인' 운운하던 필자가 에르도안의 '무사 조기 복귀'를 빌고 있었다. 인간이 이렇게 나약하다.

전투기 굉음에 공포의 밤

이곳저곳 연락을 주고받느라, 또 부끄럽게도 날 밝으면 생필품을 어떻게 확보할지 걱정하느라 처음엔 기사에 집중하기 힘들었다. 당시 전 세계 외신을 모니터링한 샌프란시스코 특파원에게 초기 기사를 부탁하고는 여기저기 연락해 상황이 얼마나 위험한지를 파악하면서 시간을 허비했다. 자정이 가까워서야 겨우 정신을 차린 것 같다.

이튿날 새벽 3시 반께 에르도안이 아타튀르크 공항에 나타났다. 솔직히 말한다. 그의 모습을 보고 안도했다. 그러나 동시에 후폭풍을 염려하는 마음이 교차했다. 이때를 기점으로 쿠데타가 실패로 급격히 기울었지만 이스탄불의 공포는 오전 내내 이어졌다. 동이 트기 전 공항 쪽에서

터키 시민운동의 상징 탁심광장에 쿠데타 진압 후 새로 걸린 대형 터키 국기 / 하채림

는 폭발음이 들려오고 쿠데타군의 F-16 전투기가 저공비행을 했다. 당시 필자가 있던 방은 47층이었는데 공기를 가르며 건물을 뒤흔드는 전투기 굉음이 아직도 생생하다. 의사당이 파괴된 수도 앙카라의 모습은 전쟁터와 다름없었다.

연합뉴스, 한국 언론 중 첫 현장 리포트

급한 기사를 보내고 눈을 붙인 후 인터넷으로 확인한 한국 언론의 보도는 당혹스러운 것이었다. 대부분 '탱크를 몸으로 막은 시민의 승리'와 '터키 민주주의 쾌거'로 해석하고 있었다. 당연히 쿠데타는 정당성이 없다. 쿠데타를 막은 것은 터키 민중이다. 그렇다고 해서 현장에서 벌어지고 있는 상황을 '터키 민주주의의 쾌거'로 규정할 수 있는 것 또한 아니다. 서둘러야 했다. 급히 서울로 전화를 걸어 현지에서는 '조작설', '방조설'이 확산되는 정도이고, 야권과 지식인은 숙청 공포에 떨고 있다는 기류를 기사에 담겠다고 했다. 마음은 급한데 머리와 손이 너무나 더뎠다. 그날 오후 터키 시민운동의 상징적 공간인 탁심광장으로 나갔다. 쿠데타 세력을 규탄하고 에르도안을 지지하는 이스탄불 시민들이 다시 하나둘 모여들고 있었다. 쿠데타 후 한국 언론으로는 처음으로 현장에서 리포트를 내보냈다.

일상의 일터가 곧 역사의 현장

외부의 시각으로 쿠데타 진압 후 대량 사법처리·해고 사태를 보면 에르도안 대통령의 강력한 통제 탓에 야권이나 시민사회가 제 목소리를 내지 못한다고 생각하기 쉽다. 한국 인터넷에서 그런 반응이 흔히 보인다. 틀린 말은 아니다. 그러나 집회와 거리에서 터키인들로부터 진실의 또 다른 면을 보고 들었다. 거리의 터키인들은 에르도안 대통령이 터키를 놀랍게 발전시켰으며 서민의 편을 드는 지도자라고 입을 모았다. 세속주의를 강요한 기존 지도자들과 달리 공공기관에서 자유롭게 히잡을 쓸 수 있게 해 줬다는 애정 어린 반응도 자주 접했다. 에르도안의 막강한 권력은 터키인 과반의 강력한 지지에 뿌리를 내리고 있었다. 소수 정권이 다수 민중을 압제한 결과가 아니었다. 현장에 있지 않았다면 빨리 깨닫지 못했을 부분이다.

이런 사정을 정확하게 전하려면 현지에 특파원을 두지 않고는 쉽지 않을 것이라고 생각한다. 지난 1년간 글로벌미디어의 헤드라인을 쏟아낸 터키에 특파원을 둔 한국 언론은 연합뉴스가 유일하다. 일본 언론도 교도통신 등 세 곳만 이스탄불에 상주할 정도로, 동아시아 취재진의 기반이 약한 곳이다. 새해 첫날 이스탄불 나이트클럽에서 발생한 총격테러 직후 새벽녘, 도주 중인 범인이 주변에 있을지 모르는 상황에서 경찰 통제선 앞에 현장 취재를 나온 외신기자는 필자를 포함해 두세 명에 불과할 정도였다.

부임 후 거의 매일 관련 기사를 쓰면서도 정작 한걸음도 밟아보지 못한 땅이 있다. 내전이 7년차로 접어든 시리아다. 작년 8월 말 터키 남부 말단 하타이에서 시리아 알레포주(州)를 먼발치에서 바라만 보다 발걸음을 돌렸다. 우리 외교부는 이곳을 아예 여행금지지역으로 못 박아 놨다. 외교부의 여권 사용 심의를 통과하면 된다고 하나, 현실적으로 넘기 힘든 장벽으로 서 있다.

수도 다마스쿠스는 해외 취재진의 발길이 끊이지 않고, 최근 전투가 끝난 알레포는 재건 사업 기회가 무궁무진하다. 우리 정부의 '무조건 막아놓고 보자.'는 식의 여행제한은 한국의 기회를 스스로 차단하는 것이 아닌가 싶다. 바쁜 일상 업무를 이유로 외교부를 설득할 만한 준비를 충분히 하지 못한 필자도 물론 반성한다.

필자의 관할지역은 지금 이 순간에도 세계의 이목이 쏠려 있는 역사의 현장이다. 작년 말 러시아대사가 공개 장소에서 저격으로 사망했고, 수니파 극단주의조직 '이슬람국가'(IS)가 터키를 완전한 적으로 돌려 새해 첫날부터 대형 테러를 감행했다. 바샤르 알아사드 정권이 시리아내전의 승기를 잡았지만 극단주의 조직과 반군, 쿠르드계, 서방 동맹군, 러시아, 터키, 이란, 헤즈볼라가 여전히 시리아 곳곳에서 전쟁을 벌이고 있다. 이스탄불 일대 지하에는 규모 7.5 이상의 지진을 일으킬 만한 에너

2016년 10월 18일 촬영한 터키 남부 가지안테프주 이슬라히예 제2난민보호센터 전경 / 하채림

(왼쪽 위) 시리아 국경이 보이는 난민촌
(왼쪽 아래) 터키 남부 가지안테프주 이슬라히예 제2난민보호센터에서 만난 소녀들
(오른쪽) 터키 · 시리아 국경지방 텐트촌의 난민 꼬마

지가 축적돼 있어 바로 이 순간 대지진이 강타할 수도 있다. 터키가 작심하고 중동의 난민에 길을 열어준다면 유럽은 뿌리부터 흔들릴지 모른다. 터키와 국경을 맞댄 불가리아에는 북한대사관이 불법 사업에 의지해 유럽 내 북한 공관 중 최대 규모로 성업 중이다.

당장 오늘 밤 서울 데스크로부터, 또는 파리 유럽총국장으로부터 얕은 잠을 깨우는 전화벨이 울릴지 모른다. 이 거대한 헬 게이트가 닫히기 전까지 일상의 일터가 곧 역사의 현장이다.

이보다 완벽한
첩보영화는 없다

글 | 김상훈 방콕특파원(2016. 8~)

북한 최고 권력자인 김정은 노동당 위원장의 이복형 김정남의
최후는 관객들을 가슴 뛰게 하는 한편의 잘 만들어진 첩보영
화처럼 극적이었다. 하루 수만 명의 인파가 이용하는 국제공항 청사에
서 벌어진 이 사건에서는 북한 공작원들에게 포섭된 것으로 보이는 외
국인 여성들이 '주연'으로 등장한다. 게다가 범행에 사용된 무기는 첩보
영화에서 악당들이 테러를 위해 동원하는 맹독성 신경화학제 VX로 판
명났다. 여기에 북한 국적의 용의자 가운데 절반이 '과업 완수'를 확인한
뒤 유유히 현장을 빠져나가 평양으로 도피하고, 남은 용의자들도 국가

2001년 5월 4일 일본 나리타 국제공항에서 위조여권으로 일본에 불법 입국
하려다 적발된 김정남 / 연합뉴스 자료사진

간의 갈등을 이용해 혐의를 벗는 상황까지 더해졌다.

김정은이 집권 후 '잠재적 대안'이 될 수 있는 김정남을 죽이라는 '스탠 딩 오더'(취소할 때까지 계속 유효한 주문)를 내렸고 이 명령에 따라 북한이 5년 동안이나 기회를 엿봐 왔다는 게 우리 정보당국의 설명이다. 따라 서 북한의 권력투쟁에서 밀려나 동남아시아를 떠돌던 김정남이 끔찍한 방식으로 암살되는 상황은 2017년 2월 13일 오전 9시 쿠알라룸푸르 국 제공항 제2청사 출국장 무인발권기 앞에서 벌어지지 않았더라도 언젠 가는 벌어졌을 일이리라.

국제사회를 뒤흔들었던 김정남 암살사건은 불과 한 달여 만에 사람들 의 뇌리에서 빠르게 잊혀지면서 배후 규명은 사실상 불가능해졌다. '리얼리티 쇼'에 출연하는 줄 알고 범행에 가담했다는 베트남과 인도 네시아 국적 여성 2명만이 김정남 암살자로 역사에 기록될 운명을 안 게 됐다.

일본 언론의 '물량공세'에 '소수 연합군' 결성 대응

사건 발생 후 이틀, 언론보도를 통해 세상에 알려진 지 하루가 지난 2017년 2월 15일 말레이시아 수도 쿠알라룸푸르는 겉보기에 평온했다. 독살당한 김정남이 이동했던 경로에 모여든 취재진만이 끔찍한 살인사 건이 벌어졌다는 사실을 알리고 있었다. 김정남 암살 현장인 쿠알라룸 푸르 국제공항 제2청사, 독극물 공격을 받고 처음 이송됐던 푸트라자 야 병원, 시신 부검이 진행된 쿠알라룸푸르 종합병원 국립법의학연구소 (IPFN), 그리고 시내 고급주택가인 부킷 다만사라에 있는 북한대사관은

말레이시아 일간 뉴스트레이츠타임스 2월 18일자 1면에 실린 김정남의 피살 직후 모습이 담긴 신문을 시민들이 살펴보고 있다 / 김상훈

전 세계에서 몰려든 취재진으로 북새통이었다.

특히 주요 포인트에 진을 친 기자들 가운데 유독 일본 언론사 취재진이 눈에 띄었다. 인력 규모도 그렇지만 전·현직 한국 특파원을 비롯해 한국과 중국에서 북한을 취재해 온 전문가들을 한자리에 모아놓은 듯했다. 일본이 북한 문제에 얼마나 관심을 두고 민감하게 반응하지 느낄 수 있는 대목이었다.

대대적인 물량공세에 나선 일본 언론은 취재 현장을 이 잡듯 휩쓸었고, 비록 돈거래 의혹이 불거지긴 했지만 김정남 독살 장면이 담긴 공항청사 폐쇄회로(CC) TV 화면을 입수해 보도하는 등 적잖은 성과를 냈다.

연합뉴스는 국가기간뉴스통신사답게 현장에 필자를 포함해 2명의 인근 지역(방콕, 자카르타) 특파원을 투입하고, 마카오·상하이·베이징 등의 특파원들과 국제뉴스부, 통일 외교부, 정치부 등 본부의 관련 부서들이

후방 지원을 하는 방식으로 취재의 틀을 짰다.

사건 초기에는 연합뉴스와 콘텐츠 교류협력 협정을 맺은 현지 국영 뉴스통신 베르나마가 길잡이 역할을 해줬지만, '제 코가 석 자'인 현장기자들에게 무턱대고 계속 도움을 청할 수는 없었다. 결국 현장에서 만난 몇몇 현지 매체 기자들과 일부 외신의 현지 스트링어 등이 의기투합해 취재 정보 공유 그룹을 결성하기로 했다.

모바일 메신저 왓츠앱에 '김정남 암살'이라는 제목의 단체대화방을 만들고 정보 공유가 필요한 7~8명의 기자들을 불러 모았다. 말레이시아 경찰과 정부 부처에서 발표하는 김정남 암살 관련 보도자료와 다수의 기자들이 현장에서 확인한 실시간 정보들이 돌기 시작하자 막막하기만 하던 상황에 숨통이 트이기 시작했다. 또 이곳에서 공유한 정보를 통해 강철 북한대사의 한밤중 돌발 기자회견, 말레이시아 외무부의 강 철 대사 추방 결정 등의 사안을 국내 언론 가운데 가장 신속하고 정확하게 보도할 수 있었다.

암살된 김정남의 행적과 북한대사관 관계자들의 동향을 파악해야 하는 현장 취재에서는 선택과 집중이 필요했다. 방콕 주재 특파원인 필자와 자카르타에서 온 황철환 특파원이 북한대사관과 시신이 안치된 병원을 번갈아가며 지켰고, 현장에서 취재한 정보와 사진, 동영상을 모바일 메신저로 전송하면 하노이 주재 김문성 특파원이 기사를 작성하는 시스템을 갖췄다.

새벽에 숙소에서 나와 자정이 다 되어서야 돌아오는 일상이 반복됐다. 중요한 사건이 생길 것 같은 날은 병원과 대사관 앞 도로에서 무더위와 모기를 쫓으려 안간힘을 쓰며 꼬박 밤을 새우기도 했다.

현장 인력이 단 두 명뿐인 데다 국제적으로 민감한 사안에 대해 입을 닫은 현지 경찰과 정부 관계자를 통해 정보를 얻어내기란 사실상 불가능했다. 결국, 대부분의 외신이 그러했듯 당국에서 흘러나오는 정보에 접근이 가능한 현지 언론보도에 의존할 수밖에 없었다. 좀 더 신속하게 현지 언론보도를 확인하기 위해 휴대전화에는 다수의 현지 언론사 모바일 앱을 깔아 푸시 서비스로 속보를 확인하고, 종이 신문이 배달되기 전에 PDF 파일로 된 온라인 신문을 확인하기 위해 매일 새벽 잠을 포기했다.

'가짜 뉴스'에 낚이다

국제사회의 이목을 집중시키는 대형 이슈의 취재 현장에서는 적잖은 오보와 확인되지 않은 설들이 난무하기 마련이다. 말레이시아 경찰의 수사정보에 대한 접근이 제한되고 북한과 말레이시아 중국 등 다양한 정부 간 물밑접촉이 은밀하게 이뤄진 김정남 암살사건 처리 과정에서도 오보 차원을 넘어선 가짜 뉴스와 유언비어가 횡행했다.

김정남 암살사건 취재에 동원된 전 세계 언론인들을 제대로 '낚은' 가짜 뉴스는 바로 김정남의 아들 김한솔의 말레이시아 방문설이었다. 사건 발생 엿새째인 2월 20일 모바일 메신저인 왓츠앱에서는 기자들의 구미를 당길 만한 메시지 한 통이 돌았다.

한국과 중국, 일본 기자들에게 집중적으로 전달된 이 메시지에는 김한솔이 아버지의 시신을 수습하기 위해 당일 저녁 비행기로 쿠알라룸푸르에 도착한다는 내용이 담겨 있었다. 더욱이 발신자는 김한솔로 되어 있었다.

일부 현지 언론은 김한솔이 당일 저녁 마카오발 쿠알라룸푸르행 항공기 탑승자 명단에 있다고 보도해 소문을 키웠다. 이 메시지가 확산되자 현지에서 취재 중이던 200여 명의 내외신 기자들이 공항 등지에 진을 친 채 그의 자취를 찾아 나섰고, 시신이 안치된 영안실 앞에서도 취재진이 뜬눈으로 밤을 새웠다.

그러나 공항 어디에서도 김한솔의 모습은 확인되지 않았고, 김정남의 시신이 안치된 쿠알라룸푸르 종합병원 영안실에도 끝내 모습을 드러내지 않았다. 결국 200명이 넘는 현장의 기자들이 가짜 뉴스에 낚여 밤새 골탕을 먹었고 김한솔의 쿠알라룸푸르행 보도를 주워 담느라 곤욕을 치른 셈이 됐다.

이런 와중에 한 국내 방송사는 한밤중 병원에 나타난 복면의 무장경관들 사이에 김한솔이 섞여 있었다는 근거 없는 보도를 해 안 그래도 가짜 뉴스에 낚여 심기가 불편한 현장 기자들의 화를 돋웠고 국제적인 망신을 샀다.

심지어 일주일여가 지난 28일에는 김정은 위원장이 조문을 위해 김정남의 시신이 안치된 영안실을 방문했으며, 이 때문에 쿠알라룸푸르 인근 클랑밸리의 주요 도로와 고속도로가 통제됐다는 황당한 소문이 돌기도 했다.

김정남의 시신에서 대량 살상용 화학무기로 전용될 수 있는 신경작용제 VX가 검출된 사실이 공개됐을 때는 용의자들이 독극물 외에도 방사성 물질을 함께 사용했을 것이라는 낭설이 퍼져 심각한 불안감이 조성됐지만, 역시 사실이 아닌 것으로 판명이 났다.

끝나지 않은 김정남 암살사건

3월 6일 필자는 강 철 전 말레이시아 주재 북한대사의 추방 길 '배웅'을 끝으로 꼬박 20일간의 현지 출장 취재를 마감했다. 하지만 뒤를 이어 김문성 하노이 특파원과 최현석 홍콩 특파원이 현장에 투입되는 등 연합뉴스의 김정남 암살사건 취재는 계속됐다. 한국 언론이 모두 철수한 이후에도 인근 지역의 특파원들은 상황을 예의주시하고 있다.

김정남 암살사건은 아직 진행형이다.

2017년 2월 20일 강 철 주말레이 북한대사의 대사관 앞 기자회견 현장을 취재하는 필자(왼쪽 아래). 이날 말레이시아 외교부에 불려갔던 강 대사는 기자회견을 자청해 북한국적자들을 용의자로 지목한 말레이 경찰의 수사 결과 발표를 믿을 수 없다고 주장했다 / AP

북한 공작원에게 포섭돼 암살을 실행하고 살인혐의로 기소된 베트남 국적 여성 도안 티 흐엉(29)과 인도네시아 여성 시티 아이샤(25)에 대한 재판이 2017년 4월 13일에 시작됐다.

하지만 안타깝게도 사건을 계획하고 배후 조종한 북한 국적의 용의자들은 모두 수사망을 벗어났다. 리재남(56), 홍송학(33), 오종길(54), 리지현(32) 등 북한 국적 용의자 8명 가운데 4명은 사건 직후 말레이시아를 유유히 빠져나가 평양으로 도피했다. 말레이 경찰이 인터폴을 통해 적색 수배를 내렸지만 이들을 검거하는 것은 사실상 불가능하다.

말레이 경찰이 유일하게 신병을 확보했던 리정철(47)도 증거 불충분으로 풀려났고, 북한대사관에 은신했던 외교관 신분의 현광성(44), 고려항공 직원 김욱일(37)과 일명 '제임스'로 불렸던 리지우(30) 등 나머지 용의자 3명도 3월 30일 북한의 '인질외교' 끝에 간단한 조사만 받고 평양으로 돌아갔다. 그뿐만 아니라 이 사건의 가장 확실한 증거인 김정남의 시신도 용의자들과 함께 북한으로 넘겨졌다.

사건의 배후에 북한 정권과 김정은이 있다는 강력한 심증이 있지만, 증거를 기반으로 이를 명백하게 밝혀내는 작업은 사실상 어려워진 셈이다. 북한이 끊임없는 미사일과 핵 도발로 한반도와 일본을 넘어 미국 본토까지 위협하는 상황에서 미국이 북한의 정권교체를 대북정책의 목표로 내세워야 한다는 목소리가 커지고 있다. 사건 발생 이후 한국을 방문한 렉스 틸러슨 미국 국무장관이 북한의 태도 변화를 기다리는 이른바 '전략적 인내' 정책의 종언을 고하며 강경 대북 기조를 천명하면서 정권교체 추진 가능성도 커졌다.

북한 정권교체가 대북정책의 대세로 자리 잡는다면 불안감을 느낀 김정

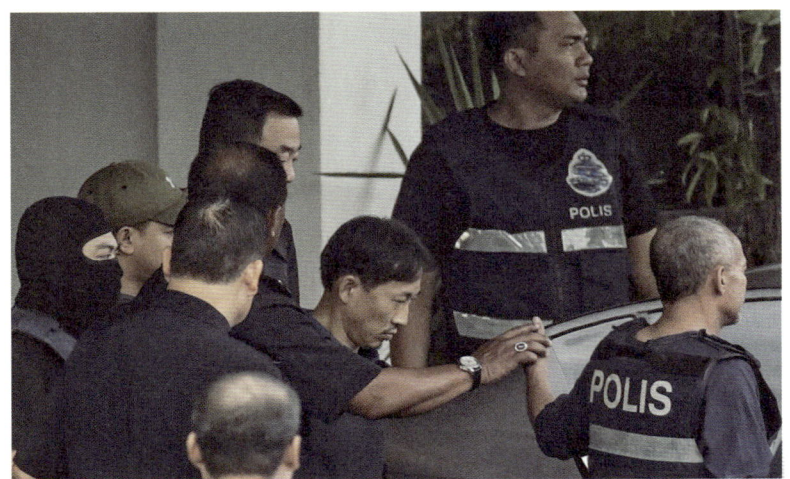
김정남 암살 혐의로 말레이시아 당국에 체포됐다가 증거 부족으로 석방된 북한 국적자 리정철(가운데) / EPA

은은 김정남의 자손들을 겨냥해 제2, 제3의 암살을 계획할 수도 있다. 이런 불상사를 막기 위해서라도 말레이시아 당국과 국제사회가 사건의 배후를 철저하게 밝히고, 이를 토대로 김정은 정권에 대한 철저한 처벌을 위해 최선을 다하기를 기대해 본다.

제3장 스포츠
현장

'세울' 유치,
자만했던 일본 엎어버리다

글 | 하정조
당시 체육부 차장, 연합뉴스 동북아센터 상임이사 역임

"**세**울(Seoul)…피프티 투." 1981년 9월 30일 후안 안토니오 사마란치 당시 국제올림픽위원회(IOC) 위원장이 봉투를 열고 투표 결과를 읽자 독일 바덴바덴 총회장에 있던 한국대표단 90여 명은 서로 부둥켜안고 눈물을 흘렸다. 말도 안 된다던, 불가능하다던 일이 현실로 이뤄진 순간이었다. 오만하기 그지없었던 일본 나고야는 27표로 서울에 무릎을 꿇었다. 서울을 만만히 보고 건성건성 준비한 결과 고배의 쓴잔을 마셔야 했다.

88올림픽 개최지로 대한민국 서울이 발표되자 환호하는 박용수 서울시장(가운데)을 비롯한 한국 올림픽 위원회 대표단 / 연합뉴스 자료사진

일사천리 유치 선언

이날 독일의 조용한 휴양도시 바덴바덴에서 열린 IOC 총회는 압도적인 지지로 경제대국 일본 나고야 대신 서울을 선택해 세계의 이목을 집중시켰는데 당시 연합통신(현 연합뉴스)은 서울올림픽유치단의 일원으로 현장 취재의 막중한 책임을 수행했다.

경비 문제도 있었지만 국내 언론은 올림픽 서울 유치가 절대로 불가능하다고 판단해 바덴바덴 IOC 총회 취재를 외면했다. 1964년 도쿄 올림픽을 성공적으로 치른 바 있는 일본이 일찌감치 올림픽 수영 메달리스트이자 IOC 부위원장인 기요카와를 중심으로 대다수 IOC 위원들로부터 나고야 지지를 확보한 반면, 한국은 1970년에 아시안게임을 유치했다가 반납하는 등 모든 여건이 올림픽 유치를 들먹일 형편이 되지 못했다.

서울올림픽유치단 공식대표 가운데 한 사람인 조상호 체육회장은 올림픽 유치의 불가능을 전제로 체육회와 유치단의 현장 활동을 정확하게 보도할 기자의 파견을 연합통신에 요청했다. 신생 연합통신도 타 언론사와 마찬가지로 독자적으로 IOC 총회 취재에 나설 형편은 아니었던 터라 우여곡절 끝에 올림픽유치단의 배려로 필자에게 역사적인 현장을 취재할 기회가 주어졌다.

통신기자 최초로 IOC 총회 취재의 기회를 얻은 필자는 2년 전인 1979년 6월 푸에르토리코 산후안에서 열린 국가올림픽위원회총연합회(ANOC) 총회에서 박종규 대한체육회장이 세계 체육지도자들을 향해 서울올림픽 유치 계획을 밝힌 사실을 취재한 적이 있었다. 일찍이 올림픽 개최의 원대한 꿈을 가졌던 박 회장은 청와대 경호실장으로 있으면서 군소 비인기 경기단체였던 대한사격연맹 회장을 자청해 사격으로 자신의 꿈을 실현해 나갔다. 그는 서울올림픽 유치의 계기를 마련하기 위해 자신의 역량을 십분 활용했고 한국 스포츠 사상 최초로 1978년 세계사격선수권대회를 서울에서 성공적으로 치러 국제스포츠계에 한국을 각인시키는 데 성공했다.

유일하게 올림픽 유치를 시종일관 확신하며 매진해 온 박 회장은 그러나 1979년 10.26사태로 모든 공직에서 물러난 채 야인이 됐다. 박 회장의 뒤를 이은 조상호 대한체육회장은 올림픽 유치의 대업을 떠맡았고 12.12사태로 탄생한 전두환 정권의 제5공화국은 전임 대통령이 결정한 올림픽 유치 여부를 놓고 갑론을박하며 극심한 혼란으로 빠져들었다. 전두환 전 대통령은 우여곡절 끝에 1981년 9월 3일 올림픽 유치전에 나서겠다는 결정을 내렸다.

바덴바덴의 열흘 작전

바덴바덴 현지에서 펼쳐질 정부의 최종 대책은 1981년 9월 11일 대통령의 재가로 최종 확정됐다. 총회의 프레젠테이션과 전시관 개관 등 만반의 준비에 소홀함이 없었다. 턱없이 부족했던 현지 활동비 예산은 유치위원장이던 정주영 현대 회장이 사재 20만 달러를 쾌척함으로써 부족함이 없었다. 조상호 체육회장을 비롯한 유치단 본진은 9월 18일 서울을 출발해 프랑크푸르트에서 1박을 한 후 20일 바덴바덴에 도착했다. 정주영 위원장 등 일부 대표들은 사전 유치 활동을 벌이다 현지에서 합류했다.

유치단 본진이 집결한 김포공항 귀빈실의 분위기는 다른 국제회의 참가와는 달리 전쟁터에 나가는 병사들마냥 무거웠다. 그런 가운데 눈길을 끄는 한 사람이 있었다. 다름 아닌 올림픽 유치의 첫 단추를 끼운 박종규 전 대한체육회장. 야인인 그는 당시 정치적인 이유로 국내외 활동이 제한돼 있었고 언론에 이름 석 자도 오르내릴 수 없었다. 설왕설래했던 올림픽 유치를 앞두고 전두환 대통령의 특별 배려로 백의종군하며 올림픽 유치전 현장에 동참한 것이다. 필자는 박 전 회장이 비공식적이지만 올림픽 유치전에 참여치 않았더라면 과연 결과가 어떻게 됐을까하는 의구심을 갖고 있다.

100여 명으로 구성된 올림픽유치단은 총괄반, 정보반, 섭외반, 홍보반, 전시반, 경리반의 6개 반으로 편성돼 일사불란하게 움직였다. 바덴바덴의 옛 철도역 자리에 설치된 전시관은 동계올림픽 3개 후보 도시를 포함해 모두 5곳이었는데 서울은 경쟁 도시 나고야와는 뚜렷한 차이를 보였다. 그야말로 서울의 완벽한 리드였다.

서울은 외국어에 능통한 한복 차림의 여성 프레젠터가 한국의 미를 과시했다. 건설 중인 잠실올림픽 주경기장의 모형도와 전통문화, 근대화된 서울의 모습은 빼어난 입체적 영상물 상영으로 내실을 기했다.

반면 나고야는 이때까지만 해도 여전히 서울을 심각한 경쟁 상대로 여기지 않은 듯 그야말로 무성의하게 준비해 보기 좋게 일격을 당했다. 첫 라운드는 서울의 일방적 우세였고 정주영 위원장을 비롯한 전방위 물밑 활동은 자만으로 가득 찼던 나고야의 허를 찔렀다.

일본대표단 대대적인 자축 계획에 들떠

초반까지만 해도 IOC 위원들의 생각은 나고야로 많이 기울어져 있었고 '설마 서울이?' 했던 것도 사실이다. 그러나 설마가 사람 잡는 법. 일본은 한국대표단의 움직임을 속속들이 알 수 없었던 터라 대역전극이 일어날 것이라고는 상상도 못했다. NHK 등 일본 언론을 비롯한 일본대표단은 전 세계를 향한 대대적인 자축 계획에 들떠 있었다.

세계평화를 위해 지구상 유일한 분단국이며 개발도상국인 한국에서 올림픽이 개최돼야 한다는 당위성도 있었지만 지지를 끌어내는 실질적인 묘책도 뒤따라야 했다. 한국은 소련을 비롯한 공산권과 중남미, 아프리카를 최대 승부처로 삼았다. 세계 최대 스포츠용품 업체인 아디다스의 다슬러 회장은 공산권과 아프리카 지역의 IOC 위원들을 움직일 수 있는 최적의 인물이었다. 일찍이 다슬러 회장과 두터운 친분을 쌓아온 박 전 회장은 그의 지원을 얻어냈고 호형호제하는 중남미 스포츠계의 대부 마리오 바스케스(멕시코) ANOC 회장의 적극적인 후원을 이끌어내는 데도 성공했다.

실제로 다슬러 회장은 공산권과 아프리카 IOC 위원들의 후견인 역할을 톡톡히 해온 인물로 특히 공산권의 맹주 소련과 물꼬를 트는 데 큰 역할을 한 것으로 알려졌다. 공식 직함이 없던 박 전 회장은 다슬러 회장 등 국제 스포츠계 주요 인사들을 공식채널인 정주영 유치위원장에게 연결해 줌으로써 올림픽 유치에 혼신의 힘을 쏟았다. 아디다스 회장은 올림픽 개최가 일본에서 이뤄질 경우 올림픽에 사용될 공식용품이 강력한 경쟁자인 일본 유수의 업체들 손에 들어갈 거라는 사실을 훤히 꿰뚫고 있었던 것이다.

이 같은 분위기 속에서 일본에 마지막 일격을 가한 것은 투표 하루 전날 있었던 유치 후보 도시 프레젠테이션이었다. 기조연설과 IOC 위원들의 예상 질문을 포함해 치밀하게 총회 대책을 세운 서울은 짜임새 있는 영상물로 기선을 제압한 뒤 영어가 유창한 공식대표들의 거침없는 질의응답으로 회의장을 압도했다. 자만에 차 있던 일본은 통과의례 정도로 보였을 뿐 별다른 특색이 없었다.

박종규 · 정주영 · 조상호 3인 합작품

당시 프레젠테이션에서 일본은 친일 성향인 소련의 국제체조연맹 티토프 회장의 입을 통해 한국의 취약점으로 생각했던 경비 문제를 들고 나왔다. 즉 60억 달러 대일 차관문제를 들먹이며 돈을 빌려 올림픽을 치르려 하느냐고 꼬집었다. 답변에 나선 경제전문가 유창순 대표는 대일 차

TV중계를 통해 88년 올림픽 서울 유치 결정이 발표되자 환호성을 올리는 대한체육회 직원들 / 연합뉴스 자료사진

관문제는 순수한 국제 간 경제현안일 뿐 올림픽 개최와는 아무런 관계가 없으며, 1988년 한국의 경제 능력은 1964년 도쿄올림픽 당시를 훨씬 능가할 거라고 되받아 좌중을 압도했다. 특히 일본은 한국전쟁의 수혜국으로 경제특수를 누려 경제대국이 됐다는 '안보논리 경협'은 장내를 숙연하게 만들기도 했으며 막판 표심의 요동으로 이어졌다.

결과는 52대 27로 대역전, 서울의 승리였다. 서울올림픽 유치에 관한 뒷얘기는 무성하지만 필자는 박정희 대통령의 유치 결정, 꺼져가던 불씨를 살린 전두환 대통령의 결단이 있었기에 가능하지 않았나 생각한다.

필자는 많은 서울올림픽 유치의 유공자들이 있지만 가장 큰 공신 3명으로 박종규 전 회장과 정주영 위원장, 조상호 회장을 꼽고 싶다. 이들의 공로는 일일이 다 열거할 수 없지만 일찍이 올림픽 유치를 발상하고 백의종군한 박종규 전 회장, '불가능은 없다'는 신화를 남긴 기업인 정주영

88서울올림픽 개막식 행사, 주경기장 모습 / 연합뉴스 자료사진

(왼쪽) 서울올림픽 복싱 플라이급에서 금메달을 수상한 김광선 선수 / 연합뉴스 자료사진
(오른쪽) 남자탁구에서 세계 정상에 오른 순간 감격의 환호성을 올리는 유남규 선수 / 연합뉴스 자료사진

위원장, 그리고 어려운 시기에 대한체육회를 맡아 유창한 외국어와 외교관의 매너로 국제 스포츠계 인사들을 매료시킨 조상호 회장은 서울올림픽과 함께 영원히 기억될 것이다.

안타깝게도 박 전 회장은 서울올림픽 개막을 보지 못한 채 1986년 타계했다. 필자는 유치단의 공식 요청으로 IOC총회를 현장 취재하면서 각 언론사 유럽지역 특파원들에게 매일 유치 현황을 브리핑했고, 투표 하루 전날 '서울올림픽 유치 확실시'라는 특종 기사를 쓰는 행운을 누렸다. 덕분에 기자에게는 어울리지 않는 서울올림픽 유치 유공자로 국민훈장 동백장을 받았다.

'알라神이 보우하사'
비극이 기적으로

글 | 김정연
당시 체육부 차장, 현 한국예총 나주지부 문화사업단 총괄고문

1993년 10월 28일 밤, 열사(熱砂)의 나라 카타르 수도 도하에서 '94 미국 월드컵축구 아시아지역 최종예선 마지막 경기가 벌어졌다. 최종예선전은 앞서 열린 조별예선에서 살아남은 한국과 일본, 북한, 사우디아라비아, 이란, 이라크 등 6개 팀이 출전, 풀리그를 벌여 본선경기에 진출할 2개 팀을 가리게 된다. 각 팀이 그동안 4경기씩을 치르고 마지막으로 한국-북한, 일본-이라크, 사우디-이란 3경기만 남았다.

한국은 1승2무1패(승점 4)로 사우디(1승3무, 승점 5)와 일본(2승1무1패, 승점 5)에 뒤지고 승점이 같은 이라크에 골득실차로 앞서 겨우 3위를 유지한 상태여서 마지막 경기에서 북한을 이기더라도 자력으로는 본선 티켓을 기대하기 어려운 실정이었다.

한국은 반드시 이겨야 하는 이날 남북대결에서 전반을 득점없이 끝냈으나 후반 5분과 10분 김현석의 잇따른 어시스트로 고정운과 황선홍이 1골씩 터뜨리고 31분 하석주가 1골을 추가해 3대 0으로 낙승했다.

그러나 안심할 수 없는 상황이었다. 승부조작이나 담합을 방지하기 위해 똑같은 시간, 다른 장소에서 벌어지는 일본-이라크전과 사우디-이란전의 결과에 따라 본선 진출 여부가 결정되기 때문이었다.

3대 0은 만족스러운 스코어였지만 선수들도 즐거워하는 기색없이 오히려 불안하고 초조한 표정이었다. 곧 사우디가 이란에 4대 3으로 이겼다는 소식이 전해졌으나 사우디의 승리는 예견된 것이어서 덤덤했다.

문제는 일본-이라크전 결과였다. 일본이 후반전 종반까지 2대 1로 앞서고 있다는 연락을 받은 터라 한국선수단은 북한을 이기고도 초상집 분위기였다. 이대로 경기가 끝나면 월드컵 본선 티켓은 승점7을 얻은 일본과 사우디 차지가 되기 때문이다.

이때 이라크가 종료 38초 전 자파르 올람의 헤딩 골로 일본과 2대 2로 비겼다는 기적 같은 낭보가 들어왔다. 한국은 2승2무1패로 일본과 동률이 됐으나 골득실 차에서 +5로 일본(+3)을 앞서 사우디에 이어 2위를 차지하게 됐다.

한국이 3연속 월드컵 본선 진출에 성공한 순간이었고, 오매불망 본선 첫 진출을 고대하던 일본의 국민적 염원은 물거품이 돼버린 셈이었다.

한국의 월드컵 본선 진출 소식에 만세를 부르는 정몽준 회장과 최남준 카타르 대사 / 연합뉴스 자료사진

본선 진출이 확정되자 정몽준 대한축구협회장과 김 호 감독, 코치진, 콧수염 가수 김흥국(축구협회 홍보위원) 등 우리 선수단은 물론 기자들까지 한데 엉겨 만세를 부르고 환호성을 질렀으며 누군가는 알라신(神)을 들먹거리기도 했다.

숙소로 돌아와 TV를 보니 일본이 종료 직전 실점으로 본선 진출이 좌절되자 스탠드를 가득 매운 일본 관중들은 한동안 고개를 숙인 채 말을 잃었으며 열혈 여성 팬들은 울먹이거나 흐느끼고 있었다.

망신당한 한국축구

한국이 대회 마지막 날 북한을 이기고도 다른 팀의 경기에 촉각을 곤두세우는 옹색한 입장이 된 것은 순전히 사흘 전(10월 25일) 벌어진 한일전 때문이었다. 일본과의 경기에 앞서 한국의 전적은 1승2무로 사우디와 동률이었으나 골득실 차에서 앞서 6개 팀 중 선두를 달리고 있었다. 한국은 1차전에서 난적 이란을 3대 0으로 이겨 쾌조의 스타트를 끊었으나 이라크와 2대 2, 사우디와는 1대 1로 비겼다. 경기 종반까지 이라크에 2대 1, 사우디에는 1대 0으로 앞서 이기는 듯했으나 종료 직전 1골을 뺏겨 아쉽게 비긴 만큼 이때까지는 전력 면에서도 아시아 최강이라 할 만했다.

이에 비해 일본은 사우디와 비기고 이란에 패한 뒤 약체 북한을 상대로 첫 승을 챙겨 1승1무1패의 어중간한 성적이었다. 월드컵 본선 첫 진출과 2002년 월드컵 유치라는 국민적 염원이 어깨를 짓누르고 있는 데다 한국에 패하면 본선 탈락이 확정되는 절박한 상황이었다.

한국 축구가 다른 팀의 경기 결과에 관계없이 3회 연속 월드컵 본선 진출의 꿈을 이루기 위해서는 일본을 이기거나 최소한 비겨야 했다.

한국은 역대 대표팀 전적 42승13무7패, 월드컵 예선 전적 7승3무로 상대 전적에서도 절대 우위를 보여 당시 일본축구의 상승세를 감안하더라도 걱정할 만한 상대는 아니라고 봤다.

10월 25일 밤, 도하의 칼리파 구장. 한국은 최종예선 4차전에서 일본과 맞섰다. 본부석 좌측은 일본 응원단으로 넘쳐났으며 다수 일본인들이 필승을 다짐하는 머리띠를 두르고 구호를 외쳐댔다.

현지 신문들도 한국과 일본의 과거사까지 언급하며 이 경기를 과대 포장했다. 팽팽하게 시작된 경기는 시간이 흐를수록 일본의 일방적인 우세로 변해갔다. 예상과는 달리 전후반 내내 무기력하게 끌려 다니던 한국은 0대 1로 맥없이 무너졌다.

그동안의 포지션과는 달리 MF 노정윤을 최전방에 원톱으로 세우고 공격수 고정운을 수비로 돌려 일본의 주공(主攻) 미우라 가스요시 견제를 맡긴 한국은 수비에 치중하다 속공으로 골을 노리는 작전을 폈다.

한국은 노정윤이 경기 시작 5분 만에 GK와 1대 1로 맞섰으나 한발 늦어 골을 놓쳤다. 한국의 작전을 눈치챈 일본은 오프사이드 전략으로 응수했다.

일본은 브라질서 귀화한 게임 메이커 루이 라모스와 골게터 미우라에 대한 견제가 심해지자 이하라, 기타자와 등 2선으로 공격을 다변화하고 종패스로 측면을 돌파한 후 문전 센터링으로 골을 노렸다. 전반 11분 한국 수비가 미우라와 라모스에 쏠린 사이 이하라가 문전으로 쇄도하며 날카로운 슛을 날렸으나 GK 최인영의 펀칭으로 득점을 놓쳤다.

한국은 여러 차례 실점 위기를 GK 선방으로 모면한 뒤 38분 구상범이 상대 수비가 나오는 틈을 타 기습적인 중거리 슛을 쏘았으나 왼쪽 골포스트를 살짝 빗나갔다.

후반 들어 한국은 노정윤을 서정원으로 교체해 빠른 측면 돌파로 다소 활기를 찾는 듯했다. 그러나 15분, 역습에 나선 일본은 왼쪽에서 문전으로 올라온 볼을 미우라가 나카야마에게 밀어주고 다시 나카야마의 패스를 받아 수비가 흔들린 한국 골문에 가볍게 찔러 넣었다.

0대 1로 뒤진 한국은 20분 김정혁을 투입하는 등 안간힘을 썼으나 실점을 만회하기에는 역부족이었다.

이 경기는 한국의 1골차 패배로 끝났으나 경기 내용은 스코어와는 달리 일본의 일방적 우세여서 노련한 GK 최인영의 선방이 아니었다면 서너 골은 더 내줄 뻔했다. 경기가 끝나자 교민을 포함한 한국응원단과 보도진은 악몽에서 깨어난 듯 식은땀을 흘려야 했다.

한국은 공수(攻守)의 조율사 라모스 봉쇄에 집착한 나머지 유일하게 기동력이 뛰어난 신홍기를 마크맨으로 지정해 그의 미드필더 역할을 사장(死藏)했으며, '적토마'로 불리는 공격수 고정운을 수비로 돌려 이도저도 아닌 어정쩡한 선수로 만들어놓았다.

우리 측의 작전을 눈치챈 일본 오프트 감독은 이를 역이용하는 기막힌 재주를 선보였다. 일본선수들은 신홍기가 라모스를 따라다니느라 미드필드를 비우자 현란한 패스워크를 구사하며 저항 한 번 제대로 받지 않은 채 미드필드를 통과해 우리 측 문전을 헤집고 다니면서 날카로운 슈팅을 쏘아댔다.

우리 수비진은 가까스로 볼을 잡고도 이를 연결할 미드필더를 찾지 못해 일선 공격수들에게 무책임한 볼 공급을 계속했으며 노정윤, 서정원 등은 이 볼을 쫓아다니느라 무리한 질주를 거듭하다 체력이 탕진해 제 풀에 주저앉았다.

황선홍이 경고 누적으로 결장해 장신 선수가 없는 한국 공격진은 공중 볼 다툼에 무력했으며 일본의 지능적인 수비로 개인 돌파나 공간 침투 도 여의치 않았다. 가위눌린 듯 답답하고 안타까웠던 이날 경기는 우리 대표팀의 공식 경기 중 가장 한심하고 무기력한 경기로 한국 축구사에 씻을 수 없는 오점을 남겼다.

필자는 당시 분석기사에서 이 같은 사실을 지적하면서 한일전이 열린 10월 25일을 '제2의 국치일(國恥日)'이라고 지칭했는데, 이튿날 도하에 배포된 현지 영자신문에는 AP통신이 서울발(發)로 인용한 필자의 기사

(왼쪽) 카타르 도하 스포츠클럽구장에서 열린 월드컵 아시아지역 최종예선에서 한국의 서정원이 북한의 임하영을 제치고 슛을 시도하고 있다
(오른쪽 위) 카타르 칼리파 경기장에서 열린 월드컵 축구 아시아 최종예선 한국 대 사우디의 경기
(오른쪽 아래) 월드컵 축구 아시아예선 이란전이 열린 칼리파 경기장에서 응원을 보내는 우리 응원단

가 실려 있었다.

나중에 정몽준 회장은 "사실이긴 하나 너무 심했다."고 푸념했다.

가수 김흥국 콧수염 결딴날 뻔

한일전은 이렇게만 끝난 게 아니었다. 정몽준 회장의 놀이친구(?)이자 축구협회 홍보위원인 가수 김흥국이 기자단 간사인 필자의 방으로 찾아와 호들갑스럽게 놀라운 소식을 전했다. 국내에서 분노한 축구팬들이 대한축구협회로 몰려가 시위를 벌였는가 하면 협회 건물 벽에 스프레이와 페인트로 온갖 욕설을 써놓았다는 것이다. 또 "김흥국이 돌아오면 콧수염을 죄다 뽑아버리자."고도 했다는 것이다. 김흥국은 애지중지 기른 콧수염을 부여잡으며 "이제 한국 들어가기는 글렀으니 기자단에서 나를 건사해 줄 순 없겠느냐."고 너스레를 떨었다.

'콧수염 사건'은 김흥국이 한일전 우리 관중들 앞에서 응원을 리드한 때문에 TV에 그의 장난스러운 모습이 여러 번 잡혔는데, 우리 축구팬들은 일본축구에 당한 수모를 애꿎은 김흥국에게 화풀이한 것이다.

심야에 소집된 기자단 회의

기자단에도 이날 밤 일이 생겼다. 도하에 출장온 기자들 중에는 10여 년 축구기사를 써온 스포츠 전문지와 일반 신문의 다혈질 기자들이 몇 명 있었다. 이들이 필자에게 기자단 회의 소집을 요청했다. 이 회의에서 대표팀 감독 경질 문제를 논의하자는 것이었다.

필자는 전쟁 중에는 장수를 바꾸는 법이 아니라며 그들을 만류했다. 그러나 이들이 일단 회의는 열어보자고 한사코 주장한 데다 대표팀의 전례없는 졸전으로 국내에서도 소동이 벌어진 만큼 기자들이 모여 무엇이 문제이며 앞으로 어떻게 해야 할지 의논해 보는 것도 좋겠다 싶어 회의를 소집키로 했다.

방문을 닫아건 회의는 한일전의 선수 기용 및 작전 실패의 책임을 물어 정 회장에게 감독을 즉각 경질하도록 요구(건의가 아님)하자는 파와 아직 본선 탈락이 확정된 것은 아니니 마지막까지 지켜보자는 파로 나뉘었다. 2시간여의 격론 끝에 '기다림파'가 '결행파'를 설득해 밤늦게 회의는 끝났다.

이튿날 이른 아침 호텔 로비에서 만난 정 회장이 필자에게 감사의 인사말을 건네 내심 놀랐다. 기자단 중에서 누군가 약속을 어기고 발설했거나 심상치 않은 기자단 분위기를 눈치챈 축구협회 직원이 은밀히 염탐한 결과일 것이다.

일본 관광객 한국에 축하 박수

우여곡절 끝에 3연속 월드컵 본선 진출에 성공한 한국선수단은 예정대로 귀국길에 올랐다. 기자단도 선수단에 합류했다. 한국이 일본에 져 국내 분위기가 흉흉했을 때는 선수단과 함께 귀국해서는 안 된다고 걱정하는 기자들도 있었다. 실제로 일본이 마지막 경기에서 이라크를 이겨 한국의 본선행이 좌절됐더라면 당시 국내 분위기로는 선수단과 갈라서는 것이 신상에 좋았을지도 모르겠다.

도하 국제공항은 귀국하는 인파로 북적였다. 태극기를 앞세운 한국선수단이 공항 로비를 지날 때 한 무리의 일본 축구팬들과 만났다. 배낭을 메고 스크랩북을 든 낯익은 얼굴들, 배가 나오고 머리가 벗어진 중년층들, 재미를 좇아 세계를 누비는 깔끔한 호사가들, 일본축구의 '오늘'이 있게 한 충성스러운 팬들이었다.

이때 갑자기 박수가 터졌다. 처음 배낭족 쪽에서 시작된 박수는 전체 일본 관광객들로 번져 로비에 울려퍼졌다. 첫 본선 진출의 꿈이 물거품이 되자 분루(憤涙)를 삼키던 그들이 한국 팀의 본선행을 축하하고 있는 것이었다.

자기 것이 될 수도 있었던 티켓을 가로챈 한국선수단에 박수갈채를 보내던 일본인들의 모습이 지금도 눈에 선하다.

NEWS TIP

도하의 기적

1994년 월드컵 본선 진출을 위해 1993년 10월 28일 카타르 도하에서 아시아 지역 예선을 치르던 마지막 날 본선 진출국이 일본에서 대한민국으로 극적으로 바뀐 사건.

사우디와 이란의 경기에서 사우디가 4대 3으로 이기고, 한국은 북한을 3대 0으로 이긴 후 일본과 이라크 경기의 결과를 기다리고 있었다. 경기는 일본이 2대 1로 앞서나가면서 한국의 본선 진출이 힘들었으나 이라크 선수가 종료 10초 전 동점골을 넣으며 한국 팀에 기적을 선사했다. 이로써 사우디가 조 1위로, 한국이 일본을 제치고 극적으로 조 2위로 본선 진출을 확정했다. '도하의 기적'이라 일컫는 우리나라와 달리, 일본에서는 이 사건을 '도하의 비극'이라 부른다.

"나는 후배란
열매를 키우는 나무다"

글 | 하남직 스포츠부 기자(2013. 11~)

2016년 10월 13일(이하 한국시간), 프로골퍼 박세리의 은퇴식에 참석한 박찬호는 "박세리와 난 나무다. 이제는 많은 후배가 열매가 됐다."고 말했다. '한국 최초의 메이저리거'로 출발해 '아시아 최다승 투수' 자리에 오른 박찬호이기에 가능한 표현이다. 그를 보며 야구를 시작한 류현진, 김현수, 강정호 등 '박찬호 키즈'가 코리언 메이저리거의 명맥을 이었다. 박찬호의 열매였던 이들은 야구 꿈나무들에게 새로운 나무가 된다.

1990년대, 박찬호는 시속 160km에 육박하는 빠른 공을 던지며 빅리그 무대의 주인공으로 우뚝 섰다. 당시 외환위기로 힘겨워하는 한국인들에게 박찬호가 미국에서 전해오는 승전보는 청량감을 안겨줬다.

1994년 1월 12일 미국프로야구 로스앤젤레스(LA) 다저스 입단식으로 시작한 '박찬호의 메이저리그 도전사'는 2010년 10월 2일 피츠버그 파이리츠 유니폼을 입고 빅리그 개인 통산 124승(98패 2세이브 평균자책점 4.36)째를 거둔 뒤에야 끝이 났다.

17년의 세월 동안 연합뉴스는 박찬호와 국내 팬 사이에서 가교 역할을 했다고 자부한다. 박찬호의 경기 소식을 전하고 그의 말을 들었다. 또한 박찬호에 관한 다양한 이야기도 풀어냈다.

월드베이스볼클래식(WBC) 2라운드 한국과 멕시코의 경기에서 9회 초 삼진으로 경기를 마무리한 후 환호하는 박찬호 / 김주성 2006. 3. 13

공주고에서 두 번째 투수에 불과하던 박찬호

공주고 시절 박찬호는 또래 중 가장 빠른 공을 던졌다. 하지만 그보다 높은 평가를 받는 '92학번 투수'들이 많았다. 임선동, 조성민, 손경수가 '트로이카'로 불렸고 차명주, 염종석, 정민철 등 수준급 투수가 즐비했다. 프로 스카우트들이 '투수 풍년'이라고 떠올리던 시절이다. 박찬호는 공주고에서도 손혁에 이은 두 번째 투수였다. 불안한 제구가 단점으로 꼽혔다.

고교 졸업을 앞둔 1991년 연고팀 빙그레 이글스(한화 전신)가 박찬호 영입에 관심을 보이긴 했다. 박찬호도 조금 흔들렸다. 하지만 빙그레가 제시한 3천만 원대 계약금에 박찬호는 만족하지 않았다. 훗날 박찬호는 "계약금을 1천만 원 더 제시했다면 빙그레에 입단할 수도 있었다."고 털어났다. 박찬호의 성향을 엿볼 수 있는 대목이다. 금액에 민감한 프로선수가 지녀야 할 자질이 보였다.

한양대로 진학한 박찬호는 1993년 주전 강 혁이 부상을 입으면서 하계유니버시아드 대표팀에 추가 선발됐다. 명석이 깔리자 박찬호는 '국제 경쟁력'을 과시했다. 박찬호는 미국 뉴욕주 버펄로에서 열린 대회에서 시속 150㎞대 중반의 강속구를 던지며 메이저리그 스카우트의 마음을 빼앗았다.

다저스가 가장 적극적으로 뛰어들었다. 다저스는 한국으로 주치의를 보내 박찬호의 몸 상태를 점검했고, 무려 120만 달러(당시 약 12억 원)의 엄청난 계약금을 책정해 박찬호를 영입했다.

1994년 1월 12일, 미국 LA 옥스퍼드호텔에서 피터 오말리 구단주가 박찬호에게 다저스 모자를 선물했다. 코리언 빅리거의 씨앗이 잉태하는 순간이었다. 1960년대 이원국, 1970년대 이재우, 1980년대 박철순이 미국프로야구 구단과 계약하긴 했지만, 공식 입단식은 열리지 않았다. 그리고 이들은 끝내 빅리그 무대에 오르지 못했다.

박찬호 첫 등판 장면

1994년 4월 9일, 박찬호는 미국 캘리포니아주 다저스 스타디움에서 열린 애틀랜타 브레이브스와의 홈경기, 0대 4로 뒤진 9회 초 마운드에 올랐다. 한국인이 처음으로 빅리그 마운드에 선 순간이다. 이날 그의 성적은 1이닝 1피안타 2볼넷 2실점 2삼진이었다.

당시 이 역사적인 순간을 지켜본 연합뉴스의 김성겸 특파원은 "박찬호

플로리다 말린스와의 경기에 선발투수로 출전한 LA 다저스의
박찬호 / 연합뉴스 자료사진 1998. 5. 9

선수가 9회에 예고 없이 등판하자 관중들이 열렬한 환호와 박수를 보내 대단한 관심을 보였다."며 "박찬호가 스트라이크를 잡을 때마다 환호성이 나왔고, 삼진을 잡을 때는 기립박수를 보내기도 했다."고 당시 분위기를 전했다.

첫해 박찬호가 메이저리그에 머무른 순간은 매우 짧았다. 박찬호는 그해 4월 15일 세인트루이스 카디널스와의 방문 경기에 구원 등판해 3이닝 4피안타 3실점을 기록한 뒤 마이너리그 강등을 통보받았다. 빅리그에서 단 두 경기만 뛰고 첫 시즌을 마감한 것이다.

박찬호는 1995년에도 빅리그에서 단 두 경기만 뛰었다.

마침내 1996년 4월 7일. 박찬호가 한국 야구사에 길이 남을 명장면을 연출했다. 시카고 컵스와의 방문 경기, 다저스 선발 라몬 마르티네스가 2회 초 타석에서 허벅지 통증을 느꼈고 2회 말부터 박찬호가 마운드를 이어받았다. 박찬호는 당대 최고 타자로 꼽히던 새미 소사를 삼진으로 처리하는 등 4이닝을 3피안타 무실점으로 막았다. 팀이 3대 1로 승리하면서 박찬호는 역사적인 첫 승을 거뒀다. 한국인이 메이저리그에서 거둔 첫 번째 승리였다.

박찬호 신드롬 한미 강타

이후 박찬호는 승승장구했다. 1996년 처음으로 풀타임 메이저리거로 뛰며 5승 5패를 거둔 박찬호는 이듬해 다저스 선발진에 진입했고 14승 8패 평균자책점 3.38로 에이스 역할을 했다. 박찬호의 첫 승만으로도 감격했던 한국 팬들은 '메이저리그 10승 투수 탄생'에 열광했다.

 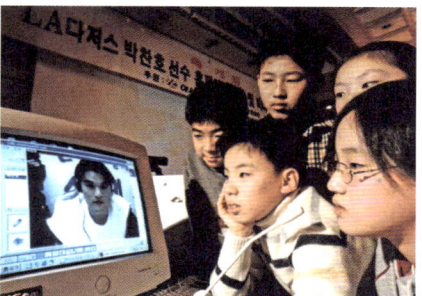

(왼쪽) 미국 프로야구 LA 다저스 소식지인 라인 드라이브스의 표지모델로 등장한 코리안 특급 박찬호
(오른쪽) 신라호텔에 마련된 〈LA다저스 박찬호 선수 홈페이지 개설 및 비디오 기자회견〉에서 컴퓨터 화면을 통해 어린이들과 대화를 나누고 있는 박찬호 선수

박찬호 관련 책이 서점가를 강타했고, 박찬호를 CF 모델로 '모시려는' 기업체의 경쟁도 치열했다. 농구에 빠졌던 청소년들이 야구에 관심을 보였다. 시차 때문에 박찬호 등판 경기 생중계를 보지 못하는 학생과 직장인이 수업, 일과 시간에 몰래 라디오 중계를 듣는 장면도 흔히 볼 수 있었다.

미국에서도 '동양에서 온 강건' 박찬호에 대한 관심이 쏟아졌다. 특히 박찬호가 등판하기 전 모자를 벗어 묵례하는 장면이 화제였다. 현지 언론은 박찬호를 '예의 바른 선수'라고 불렀고, 박찬호를 통해 '동양 문화'를 배웠다.

고비 끝에 쌓은 100승 연합뉴스에 심정 토로

1997년부터 2001년까지 5시즌 연속 두 자릿수 승리를 거둔 박찬호는 2002년 자유계약선수(FA) 자격을 얻어 텍사스 레인저스로 이적했다. 보장금액만 6천500만 달러의 초대형 계약이었다.

하지만 박찬호는 가장 높은 곳에서 바닥으로 곤두박질쳤다. 허리 부상에 시달리면서 구위가 뚝 떨어진 것. 부진이 길어지자 텍사스 팬과 언론은 박찬호를 노골적으로 비난했다. 박찬호는 당시 연합뉴스에 힘겨웠던 심정을 털어놓기도 했다.

박찬호는 다저스에서 단숨에 75승을 쌓았지만 100승을 채우는 데 꽤 오랜 시간이 걸렸다.

그래도 박찬호는 버텼고 마침내 100승의 금자탑을 쌓았다. 샌디에이고 파드리스로 이적한 2005년 6월 5일 캔자스시티 로열스와의 방문 경기에서 선발승을 따내며 100승을 채운 것이다. 이날 그의 성적은 5이닝 11피안타 6실점으로 사실 좋은 편은 아니었다. 그러나 운이 좋게도 팀 승리를 지켰다. 박찬호는 당시 현장을 찾은 김홍식 연합뉴스 특파원과의 인터뷰에서 "나 혼자 거둔 100승이 아니다. 주위에서 고통과 기쁨을 함께해 주셨다."고 감격에 젖은 표정으로 소감을 털어놓았다.

고국 팬들의 열렬한 환영 속에 파묻힌 '코리안 특급' 박찬호 선수 / 하사헌 1997. 11. 11

메이저리그 마지막 등판에서 박찬호는 '평생의 라이벌' 노모를 넘어섰다. 박찬호는 2010년 10월 2일 피츠버그 파이리츠 유니폼을 입고 구원투수로 등판해 3이닝을 무피안타 무실점으로 막고 구원승을 챙겼다. 그의 124번째 승리였다. 모진 바람을 견딘 '선구자' 박찬호 덕에 미국프로야구에 대한 한국 내에서의 관심도 폭증했다.

6월의 대한민국
펄펄 끓다

글 l **최태용** 당시 스포츠부 기자. 현 연합뉴스TV 스포츠부장

" **월** 드컵축구대회를 유치해 놓고 조별 리그에도 출전 못하는 망
신을 당하는 것 아니냐."

시드니올림픽 8강 진출 실패, 제12회 아시아축구선수권대회 3위…. 한
일월드컵 축구대회를 2년 앞둔 2000년의 한국 축구계는 잇따른 부진으
로 위기감이 팽배해 있었다. 부진한 성적도 한 요인이었지만 월드컵 본
선에서 맞붙을 강호들과 상대하기에는 너무도 빈약한 경기력이 더 문
제였다.

급기야 축구협회를 포함한 정부 차원의 월드컵필승대책위원회가 발족
돼 한국축구 살리기를 위한 긴급대책회의가 하루가 멀다 하고 열렸다.
최종 결론은 "16강 진출을 위해서라면 아낌없이 주겠다."는 것이었다.
축구협회는 제일 먼저 외국인 감독 영입에 나섰고, 98년 프랑스월드컵
에서 한국에 0대 5의 참패를 안겨 줬던 네덜란드의 거스 히딩크 감독을
낙점했다. 또한 히딩크 감독을 보좌할 네덜란드 코치진(핌 베어벡 코치,
얀 룰프스 기술분석관)을 영입했고, 세 명의 한국 코치진도 스태프에 합류
시켰다. 역대 대표팀은 감독 · 코치 2명, 행정 담당 2명, 의료 및 마사지

사 2명 등 7명 수준이었지만 2002년 대표팀에는 코칭스태프만 5명에다 의료 담당 2명, 마사지사 3명, 통역을 포함한 행정 담당 4명, 장비 담당 2명, 기술위원 등 20명의 대규모 지원단이 구성됐다.

히딩크는 2000년 12월 17일 김포공항에 첫 발을 내디디면서 대표팀 사령탑에 올랐고 2002월드컵까지 18개월 동안 한국축구대표선수들과 피와 땀이 어린 역사를 함께 만들어나갔다. "만일 조국 네덜란드와 같은 조에 속하더라도 네덜란드를 꺾겠다."는 게 기자회견장에서 히딩크가 던진 야심찬 일성이었다.

잇단 5대 0 참패 후 콤팩트사커 적응

2000년 12월 18일, 대한축구협회와 한국축구대표팀 감독으로 정식 계약한 히딩크는 2001년 1월 핌 베어벡, 얀 룰프스, 박항서, 정해성 등과 코칭스태프를 구성하고 1월 12일부터 울산에서 대표팀 훈련을 시작했다. 그러나 그해 5월 개막한 컨페더레이션스컵(5월 30일~6월 10일)에서 한국 축구는 현주소를 고스란히 드러낸다.

한국은 이 대회에서 1998년 월드컵 챔피언 프랑스에 0대 5의 참패를 당한다. 수비벽은 상대의 빠른 돌파와 개인기에 여지없이 무너졌고 공격다운 공격 한 번 펼쳐보지 못했다. 남은 2경기에서 호주와 멕시코를 꺾고 2승 1패가 됐지만 결과는 예선 탈락. 공동개최국인 일본은 결승까지 오르는 성과를 거둔 점이 비교되면서 히딩크 영입에 대한 회의론이 제기되기 시작했다.

뒤이어 2001년 8월, 한국대표팀은 네덜란드 등을 비롯해 유럽을 돌며

전지훈련을 실시하고 체코와의 평가전을 치렀다. 결과는 0대 5의 참패. 이때부터 회의론을 넘어 히딩크에게는 '오대영(5대 0)'이라는 별명까지 따라붙었다. 월드컵 본선을 1년도 남겨 놓지 않은 시점이었다.

하지만 2001년 10월, 대구 전지훈련을 기점으로 한국축구 대표팀은 본격적인 색깔을 갖추기 시작한다. 주전형으로 확정한 'ㅡ'자 스리백을 바탕으로 수비가 안정을 찾았고, 공격-미드필드-수비 간의 거리를 좁히는 '콤팩트사커'에 적응하기 시작했다. 2002월드컵 본선 상대인 폴란드, 미국, 포르투갈의 전력이 평가전을 통해 속속 얼굴을 드러낸 이때 히딩크 감독이 내건 화두는 의외로 '체력'이었다. 월드컵을 약 3개월 앞둔 이때부터 히딩크는 베르하이엔 레이몬드 피지컬 트레이너를 팀에 합류시킨 가운데 본선에 맞춰 체력을 최고조로 끌어올리기 위한 혹독한 트레이닝에 들어갔다. 피로회복 시간 단축과 지구력 강화에 무모하리만큼 집착했던 히딩크 감독은 뒤이어 줄줄이 열린 A매치에서 몰라보게 달라진 대표팀을 만들어내며 자신의 길이 옳았음을 증명했다.

세계적인 수준의 체력과 압박 능력을 갖게 된 대표팀은 2002년 4월 20일 코스타리카에 2대 0으로 완승했다. 4월 27일 중국과 득점 없이 비기며 숨을 골랐지만 5월 16일엔 스코틀랜드를 4대 1로 대파해 월드컵 본선을 향한 준비를 착실히 해나갔다. 일주일 뒤인 5월 21일에는 축구 종가 잉글랜드에 맞서 조금도 물러서지 않는 압박 능력을 보이며 1대 1 무승부라는 성과를 올린다. 26일 다시 만난 프랑스에는 2대 3으로 재역전패 했지만 날카로운 배후 침투와 세트플레이로 2골을 잡아내 디펜딩 챔피언의 간담을 서늘하게 했다.

본선서 폴란드 상대 첫 승…미국과 무승부

2002년 6월 4일, 국민이 하나 된 부산아시아드주경기장. 한국대표팀은 역대 선배들이 이루지 못했던 월드컵 첫 승을 폴란드를 상대로 기록한다. 이날 첫 골은 전반 26분 대표팀의 맏형이자 이번 월드컵을 끝으로 대표팀 은퇴를 선언한 '황새' 황선홍의 왼발이 만들어냈다. 이을용이 스로인한 뒤 설기현으로부터 되돌려 받은 볼을 페널티지역 왼쪽에서 골문 앞의 황선홍에게 찔러줬고, 황선홍이 기다렸다는 듯 왼발 발리슛으로 날린 볼은 예지 두데크 골키퍼의 손이 미치기도 전에 네트에 꽂혔다. 후반 8분에는 유상철이 깨끗한 중거리 슛으로 추가골을 터뜨려 폴란드의 추격으로부터 한 걸음 더 달아났고, 한국의 승리를 예감한 관중은 자리를 박차고 일어나 끓어오르는 용광로처럼 포효했다.

2002년 6월 4일 저녁 부산에서 열린 월드컵 D조 한국과 폴란드와의 경기에서 황선홍이 첫 골을 성공시킨 뒤 동료들과 환호하고 있다 / 연합뉴스 자료사진

2002년 6월 10일 대구에서 열린 한국 대 미국전에서 동점골을 넣은 후 환호하는 안정환 / 연합뉴스 자료사진

동구의 강호 폴란드를 완파함으로써 48년 만에 월드컵 본선 첫 승의 쾌거를 올린 한국축구대표팀은 여세를 몰아 미국과의 조별리그 2차전에서도 시종 압도하는 경기를 펼친다. 아쉽게도 이 경기는 무승부로 끝났지만 16강과 8강을 넘어 4강 신화창조의 밑거름이 된 자신감과 상승세만큼은 그대로였다. 한국은 대회 개막 전에 미국을 첫 승과 16강 달성의 제물 중 하나로 여겼으나 강호 포르투갈을 제압하며 이변을 예고한 미국의 전력은 만만치 않았다.

6월 10일 대구월드컵경기장에는 '대~한민국'과 '오! 필승 코리아'의 메아리가 경기장에 울려 퍼졌지만 포르투갈전을 남긴 상황에서 미국을 꺾지 못하면 낭패를 볼 수 있다는 부담 때문인지 경기 초반 태극전사들의 몸은 다소 무거워보였다. 한국 수비라인의 오프사이드 트랩을 허물며 쇄도한 클린트 매시스가 대각선으로 왼발 슛, 그물이 흔들렸고 순간 경기장 이곳저곳에서는 탄식이 뿜어져 나왔다. 히딩크 감독은 후반 중반 황선홍 대신 안정환 카드를 꺼내들었다. 33분 미드필드 왼쪽에서 얻은 프리킥을 이을용이 골문을 향해 띄웠고 수비와 함께 몸싸움을 벌이며 솟구쳐 오른 안정환이 절묘한 백헤딩으로 그물을 갈랐다. 안정환은 자리를 박차고 일어나 환호하는 6만여 관중 앞에 '반지 키스'에 이어 '쇼트트랙' 골세리머니를 펼쳐보였다.

포르투갈 제물로 16강…내친김에 4강까지

한국의 조별리그 최종전이 벌어진 6월 14일 인천 문학경기장. 붉은 옷으로 통일된 팬들은 입장 시작 시간이 한참 남았는데도 일찌감치 경기장 앞에 모여 '대~한민국'을 외치며 분위기를 달구고 있었다. 미처 표를 구하지 못한 팬들은 혹시나 현장에서 구할 수 있지 않을까 하는 마음에 수일 전부터 매표소 앞에 텐트를 친 채 밤을 새우기도 했다. 이 중 간신히 표를 구한 팬들은 기쁨에 겨워 눈물까지 글썽였고 밤을 샌 보람도 없이 경기장을 등져야 했던 팬들은 마지막이 될지도 모르는 태극전사들의 플레이를 볼 수 없게 된 데 대해 하늘을 원망했다.

태극전사들이 앞선 두 경기에서 거둔 성적은 1승1무. 한국과 맞붙을 포르투갈이 1승1패, 미국이 1승1무, 폴란드가 2패여서 한국은 포르투갈과 비기기만 하면 조 2위로 2회전에 오를 수 있었다. 밤 8시 30분, 스탠드를 가득 메운 붉은 물결이 파도처럼 출렁였다. 주심이 길게 휘슬을 불었고 경기가 시작됐다.

포르투갈은 처음부터 강하게 밀어붙였지만 김남일, 유상철, 이영표, 송

월드컵 D조 한국-포르투갈전에서 박지성이 골을 성공시킨 뒤 히딩크 감독과 감격의 포옹을 하고 있다 / 연합
뉴스 자료사진

종국 등 한국의 막강 미드필더들의 압박에 막혀 쉽사리 한국의 수비 진
영을 뚫을 수 없었다. 경기가 제대로 풀리지 않자 포르투갈 선수들은
서로 갈등하기 시작했다. 피구는 왜 공을 빨리 주지 않느냐면서 핀투
에게 역정을 냈고 파울레타도 결정적인 찬스를 만들어주는 기회가 없
다며 짜증을 부렸다. 전반 26분 핀투가 퇴장당하면서 11대 10. 수적
으로 우위에 놓인 한국은 후반 26분 상대 진영 왼쪽을 파고들던 이영
표가 길게 센터링한 볼을 골문 오른쪽에 있던 박지성이 가슴으로 받은
뒤 바로 앞의 콘세이상을 오른발 숫 동작으로 젖히고 강하게 왼발 숫,
네트를 흔들었다. 한국 축구사에 박지성이라는 새로운 스타가 탄생하
는 순간이었다.

조별리그를 통과해 사상 첫 16강이라는 역사를 쓴 한국축구는 여기서
멈추지 않았다. 6월 18일 16강전에서 안정환의 연장전 헤딩 결승골로

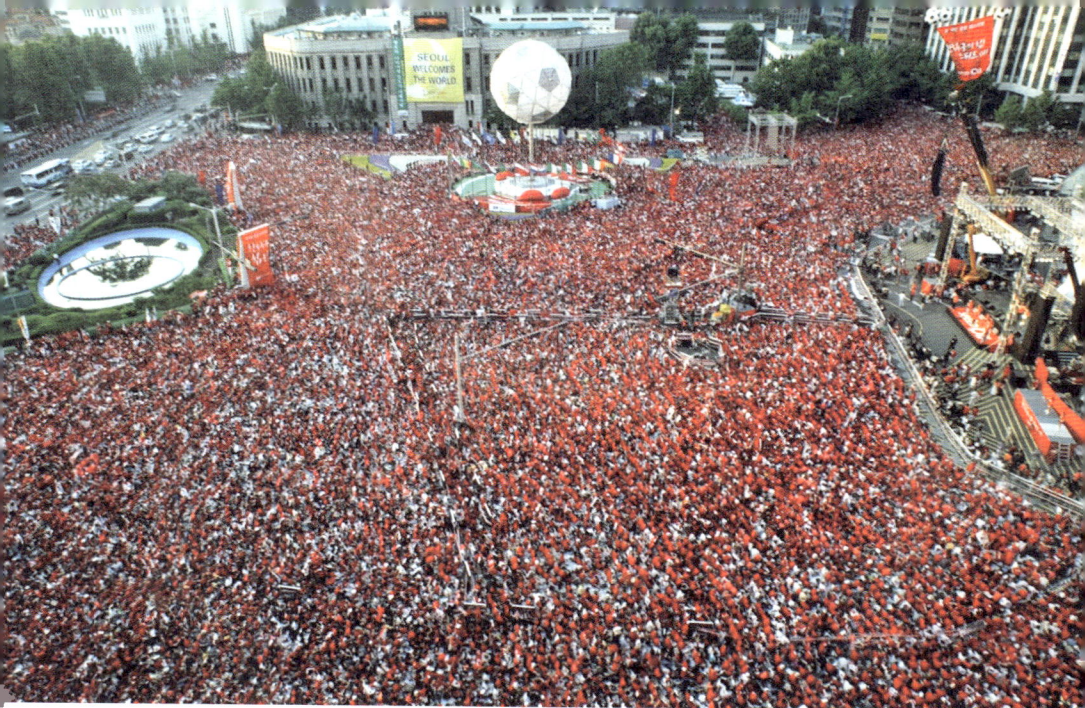

한국–포르투갈전이 열린 2002년 6월 14일 오후 40여 만 명의 응원 인파가 시청 앞에 모여 한국의 필승을 기원하고 있다 / 이희열

이탈리아를 꺾은 한국은 나흘 뒤 스페인마저 승부차기로 꺾고 4강 신화를 만들었다. 이날 경기에서 승부차기 마지막 키커로 나선 홍명보가 골을 터뜨린 뒤 환한 표정을 지으며 그라운드를 도는 모습은 15년 가까이 지난 현재에도 최고의 장면으로 꼽힌다.

이후 한국은 4강전에서 독일에, 3~4위전에서 터키에 패하면서 위대한 여정은 끝을 맺었다. 하지만 2002년 초여름 6월을 뜨겁게 달궜던 월드컵은 대한민국 역사에서 결코 잊을 수 없는 한 페이지를 장식했다.

세상에서 제일
재미있는 한일전

글 | 장현구
2005~2014 스포츠부 기자, 현 스포츠부 차장대우

스 산한 바람이 불던 2013년 11월 초, 서울 종로의 한 선술집.
"1년 중 가장 슬픈 날은 야구시즌이 끝나는 날"(토미 라소다 전
메이저리그 로스앤젤레스 다저스 감독이 남긴 말)이라는 말을 40대 중반의 필
자는 절감했다. '야구를 안 하는 내년 봄까지 약 5개월간 인고의 세월을
어떻게 견딜까?' 머리를 싸매던 찰나 머리에 번뜩 떠오른 게 있었다. 바
로 한일전이었다. 야구 한일전만큼 재미있는 게 또 있을까. 이기면 이
긴 대로, 지면 진 대로 술을 부르고 입을 즐겁게 하는 영원한 소재가 한
일전 아니던가.
그리고 언제나 필자의 기억 속 한일전의 첫 장면은 김재박의 개구리 번
트다.

한일전 승전사의 서막 '개구리 번트'

야구 한일전 드라마의 시작은 1982년 서울 잠실야구장에서 열린 세
계야구선수권대회다. 국내 첫 프로스포츠인 프로야구가 출범한 그해,

서울운동장에 걸려있는 제27회 세계야구선수권대회 대형 현수막
/ 연합뉴스 자료사진

지대한 관심 속에 안방에서 열린 국제대회 취재에 우리나라 유일의 뉴스통신사였던 연합뉴스 (당시 연합통신)가 빠질 순 없었다.

이 대회를 위해 선수의 프로 입단마저 늦추면서 한국 최고의 야구 인재들로 구성한 대표팀의 에이스는 공교롭게도 가장 어린 고려대 2학년 선동열이었다. 나이와 실력은 별개라는 것을 입증하듯 얼굴에 생생한 여드름 자국과 달리 선동열은 혼신의 역투로 대표팀에 3승을 안겼다. 일본과의 최종전에서 나온 실업야구 최고 스타 김재박의 '개구리 번트', 한대화의 역전 3점 홈런은 30년이 훌쩍 넘은 지금 봐도 짜릿함을 안긴다.

우리나라가 세계 야구에서 처음으로 정상에 오른 대회는 1977년 니카라과 슈퍼월드컵이었다. 1982년 제27회 세계야구선수권대회를 서울 잠실에서 개최한 우리나라의 목표는 당연히 안방 우승이었다. 세계 야구의 변방에서 중심부로의 진입이 태극전사의 어깨에 달려 있었다. 때마침 아마추어 최강 쿠바가 불참해 우승의 적기라는 평가가 쏟아졌다. 대표팀은 약체 이탈리아에 패해 흔들리긴 했지만, 이후 연전연승해 7승 1패 동률인 일본과 최종전에서 결승을 다퉜다. 선동열은 일본전에서 2점만 주고 호투했지만, 타선이 일본 선발 스즈키에게 꽁꽁 묶이는 바람에 패색이 짙었다. 그러다가 0대 2로 끌려가던 8회에 각본 없는 드라마가 쓰였다. 선두 심재원이 중전 안타로 포문을 열자 대타 김정수가 중월 2루타를 쳐 추격에 불을 댕겼다. 1대 2로 따라붙은 1사 3루에서 김재박이 바깥쪽으로 완전히 빠진 볼에 느닷없이 개구리처럼 뛰어올라 3루 파울라인 안쪽에 떨어뜨리는 기적의 '개구리 번트'를 성공시킨 덕분에 한국은 2대 2 동점을 이뤘다. 계속된 2사 1,2루에서 '영웅' 한대화가 왼쪽 파울 폴을 직접 때리는 역전 결승 3점포를 터뜨려 승부를 갈랐다. 5대 2로 이긴 한국은 대회 우승컵을 들어올렸다.

일본의 교과서 왜곡사건으로 대일 감정이 극도로 악화한 시점에서 일본을 제물로 역사에 길이 남을 역전승을 거두자 우리 국민은 기쁨을 감추지 못했다. 훗날 김재박의 귀신같은 번트는 실은 사인 미스였다는 사실이 새롭게 알려졌다. 이날 번트 사인은 오른손으로 모자를 만지는 데서 시작하기로 돼 있었다. 왼손 사인은 아무 의미도 없다는 뜻이었다. 김재박이 사인을 잘못 읽어 번트를 댔지만, 역전승을 일군 희대의 번트였으니 한국에 행운이 깃든 것이나 다름없었다.

짜릿한 8회의 마법들

한일전의 감격은 십 수 년을 넘어 프로선수들의 국제대회 참가가 허용돼 '드림팀'을 이룬 2000년 시드니 하계올림픽으로 이어졌다. 아마추어, 국내 프로, 메이저리거를 포함한 해외 선수를 모두 아우른 우리의 드림팀은 1998년 방콕 아시안게임을 앞두고 최초로 결성됐다. 방콕에서 금메달을 목에 건 한국 대표팀은 그보다 훨씬 규모가 크고 상징성도 남다른 시드니올림픽에서 동메달을 노렸다.

하지만 2002년 시드니올림픽에서 우리 야구 대표팀은 선수들의 카지

노 출입 보도 등으로 초반에 크게 흔들렸다. 예선에서 일본을 7대 6으로 힘겹게 물리치고 준결승에 올랐지만, 심판의 노골적인 편파 판정으로 미국에 결승행 티켓을 주고 다시 일본과 동메달을 놓고 다투는 상황에 직면했다.

일본 킬러로 명성이 높던 좌완 투수 구대성은 동메달 결정전에서 9이닝 동안 공을 155개나 던지면서 1점만 주는 혼신의 역투를 펼쳤다. '아기 사자' 이승엽은 0대 0이던 8회 일본 최고 투수 마쓰자카 다이스케를 2루타로 무너뜨리며 아시아 최고 타자로 떠올랐다. 이승엽은 그날 삼진을 세 번이나 당하다가 투아웃 2, 3루에서 좌중간을 가르는 적시타로 한국 야구의 해결사로 자리매김했다. 일본을 3대 1로 누른 한국은 금메달에 버금가는 동메달을 땄다.

한국 야구는 이보다 앞선 1991년, 1995년, 1999년 일본프로야구팀과의 세 차례 슈퍼게임에서 현격한 실력 차를 확인했지만, 시드니올림픽에서 일본을 거푸 격파한 뒤 단기전 승부는 한번 해볼 만하다는 자신감을 얻었다. 시드니올림픽 특별취재단을 가동한 연합뉴스는 당시 동메달의 수훈 선수로 구대성을 꼽고 일본 프로구단의 치열한 스카우트 경쟁을 전망했다.

우리나라는 벌써 두 번이나 8회에 일을 내 일본을 거푸 골탕먹였다. 이른바 8회의 마법은 한일전의 승리 공식이자 전통이 됐고, 2006년 제1회 월드베이스볼클래식(WBC)의 '도쿄대첩'에서도 재연됐다. 축구의 월드컵처럼 세계 야구의 최강국을 가려보자는 취지에서 메이저리그 사무국이 주축이 돼 만든 대회가 바로 WBC다. 한국과 일본은 자국 프로리그는 물론 메이저리그에서 뛰는 선수들까지 모두 불러 최강·최정예 대표팀을 꾸렸다.

그러나 한국은 희한한 대회 규정 탓에 예선과 본선, 4강 등 세 번이나 일본을 만났다. 두 번을 이겼지만 세 번째 대결인 4강전에서 패해 준결승 진출에 만족해야 했다. 같은 팀을 세 번 연속 이긴다는 건 우리나라 프로야구에서도 힘든 일이었다. 하물며 우리보다 수준이 몇 수 위라던 일본을 상대로는 더욱 어려웠다.

(왼쪽) 2000년 9월 27일 올림픽파크 야구장에서 열린 3~4위전 일본과의 경기, 8회 말 첫 득점타로 일본을 3대 1로 꺾는 데 포문을 연 이승엽이 환호하고 있다 / 연합뉴스 자료사진
(오른쪽) 2009년 3월 5일 오후 도쿄돔구장에서 열린 WBC 대 일본전에서 세이브를 기록한 박찬호가 역투하고 있다 / 연합뉴스 자료사진

그럼에도 2006년 도쿄대첩과 애너하임대첩은 한국 야구의 강인함을 세계에 알린 결정적인 계기가 됐다.

이승엽은 2006년 일본 도쿄돔에서 열린 WBC 아시아 예선 1위 결정전에서 1대 2로 뒤진 8회 1사 1루에서 우측 펜스를 시원하게 넘어가는 2점 홈런으로 일본의 일방적인 응원을 단숨에 잠재웠다. 이승엽의 손에서 '8회의 마법'이 6년 만에 다시 펼쳐진 것이었다. '코리안 특급' 박찬호는 3대 2로 앞선 9회에 나와 1점 차 승리를 지키고 세이브를 거뒀다. 그가 유격수 뜬공으로 요리한 마지막 타자가 일본의 자랑 스즈키 이치로였다는 사실은 이 대회 한일전의 상징적인 순간 중 하나로 꼽혔다. 이치로는 대회 직전에 "한국이 앞으로 30년간 일본 야구를 넘보지 못하도록 하겠다."고 우리나라를 자극했다가 혼쭐이 났다.

미국 캘리포니아주 애너하임에서 열린 WBC 본선 2라운드에서도 한국은 2대 1로 또 일본의 코를 납작하게 눌렀다. 0대 0이던 8회 이번에는 '바람의 아들' 이종범이 이승엽의 배턴을 이어받아 좌중간을 가르는 통렬한 2타점 적시타로 '8회의 마법 쇼'를 지휘했다.

제1회 WBC는 흥행에는 성공했지만 비정상적인 대진은 손질을 봐야 한다는 지적이 많았다. 미국의 결승 진출을 유도하려고 대회 조직위원회가 같은 팀끼리 세 번이나 맞붙도록 짠 대진표가 분명 문제라는 시각이 반영된 것이었다.

이제 '일본은 없다'

한일전만 있으면 우리 선수들의 사기는 충천했다.

9전 전승의 신화로 금메달을 목에 건 2008년 베이징올림픽이 압권이었다. '사무라이 재팬'을 예선과 준결승에서 완벽하게 따돌리고 샴페인을 터뜨렸다. 바뀐 무대에서는 새로운 스타가 탄생했다. 5대 3으로 이긴 일본과의 예선에서 0대 2로 뒤진 7회 동점 2점 홈런을 쏴 역전의 기틀을 마련한 이대호, 2대 2이던 그 경기 9회 2사 1, 2루에서 왼손 투수 이와세를

2008년 베이징 우커송야구장에서 열린 야구 한국 대 일본 경기에서 7회 초 무사 1루 때 이대호가 투런홈런을 친 후 더그아웃에서 선수들과 함께 환호하는 장면 / 김주성

상대로 결승 중전 안타를 친 대타 김현수는 '국제용' 선수라는 훈장을 단숨에 얻었다. 두 후배의 결정적인 한 방으로 오른 준결승에선 '국민타자' 이승엽이 또 해냈다. 올림픽 내내 부진하던 이승엽은 준결승전에서 8회에 우월 투런포로 사실상 경기를 끝냈다. 이승엽의 대포로 기세를 올린 대표팀은 일본을 6대 2로 따돌려 사무라이 재팬의 콧대를 완전히 꺾었다. 준결승에서 8이닝 동안 2점으로 일본 타선을 틀어막은 왼손 투수 김광현은 새로운 좌완 일본 킬러의 맥을 이었다.

한국은 2009년 3월에 열린 제2회 WBC에서도 일본과 명승부를 펼쳤으나 이번에는 쓸쓸한 뒷맛을 느끼고 우승 문턱에서 주저앉았다. 1회 대회보다 더 이상한 대회 방식이 한국의 발목을 잡았다. 패자부활전이라는 이름으로, 한 대회에서 같은 팀끼리 다섯 번이나 붙게 된 대진 탓이었다. 한국은 아시아라운드 첫 번째 한일전에서 2대 14, 7회 콜드게임으로 졌다. 아마추어도 아니고 프로 선수가 참가한 경기에서 콜드게임 패배를 당하자 팬들이 받은 충격은 컸다. 하지만 0대 100으로 패해도 다음에 1대 0으로 이길 수 있는 게 야구의 참맛이다.

한국은 사흘 후 패자부활전을 거쳐 다시 격돌한 아시아라운드 1, 2위 결정전에서 1대 0으로 이겨 설욕에 성공했다. 왼손 투수 봉중근이 '봉 의사'로 부활했다. 한국과 일본은 미국 캘리포니아주 샌디에이고로 옮겨 벌인 WBC 본선 라운드에서도 1승씩을 주고받았고, 결국 결승에서 다섯 번째로 붙었다. 하지만 결승전은 별다른 이목을 끌지 못했다. 네 번째 맞붙었을 때도 양 팀의 긴장감이 너무 떨어져서 흥미가 반감된 상태였다. 아무리 재미있는 한일전이라도 같은 얼굴끼리 단기간에 너무 자주 붙으면 선수들이나 그것을 본 팬들이나 피로감을 느끼는 게 당연지사였다. 한국은 결승에서 9회 극적으로 3대 3 동점을 만들었지만, 연장 10회 이치로에게 2타점 안타를 맞고 3대 5로 무릎을 꿇었다. 한국팀은 준우승에 그쳤지만 2008년 베이징올림픽을 계기로 국가대표 세대교체를 이룬 젊은 피들이 '국제용'으로 성장해 앞으로 10년간 거뜬히 한국 야구를 이끌 재목으로 공인받았다는 점에서 후한 점수를 받았다.

이후 한동안 뜸하던 한일전의 승전보가 다시 날아온 건 2015년 11월 세계 랭킹 상위 12개국의 최강국 결정전인 프리미어12 대회에서였다. 역대 최약체라는 평가 속에 2013년 WBC의 실패 만회를 노리던 한국은 조별리그 첫 경기에서 일본에 0대 5로 무력하게 패해 고전을 예고했다. 1차 목표인 8강 진출에 겨우 성공한 한국은 그러나 준준결승에서 쿠바를 7대 2로 완파한 뒤 준결승에서 다시 만난 일본에 드라마 같은 역전승을 거두고 초대 대회 챔피언을 향한 9부 능선을 넘었다. 0대 3으로 패색

WBSC 프리미어12 대회 4강전을 앞두고 2015년 11월 18일 오후 일본 도쿄돔구장에 나란히 내걸린 태극기와 일장기 / 홍해인

이 짙던 9회 초 마지막 공격에서 대타 오재원이 왼쪽으로, 두 번째 대타 손아섭이 중전 안타를 날려 역전을 향한 실낱같은 희망을 갖게 했다. 곧바로 정근우가 좌선상 1타점 2루타를 터뜨리면서 마침내 일본에 추격을 알렸다. 이용규의 몸에 맞은 볼로 이어간 무사 만루에서 김현수가 밀어내기 볼넷을 골라 2대 3까지 쫓아갔다. 뒤이은 찬스에서 한국의 해결사 이대호는 2타점 좌전 적시타를 때려서 4대 3으로 전세를 순식간에 뒤집었다. 9년 전 '도쿄대첩'의 승전지인 도쿄돔에서 이번엔 8회가 아닌 9회에 큰일을 내 더 짜릿한 감동을 팬들에게 선사했다. 당시 연합뉴스는 일순간 도쿄돔에 정적이 감돌았다며 다 이긴 경기에 패해 결승에도 못 간일본 관중들의 기분을 생생하게 전달했다.

비록 마주할 상대도 없는 '혼술'이었지만 한일전을 회상하며 어느덧 내 입에 털어 넣은 술잔이 두 자릿수를 넘겼다.

'숙명과도 같은 한일야구'는 앞으로 어떤 역사를 남길까?' 필자는 한일전의 남모를 흥분과 뜨뜻한 아랫목의 기대감을 안고 집으로 향했다.

밴쿠버에서 소치까지
18년 감동의 역사

글 | 이영호 당시 스포츠부 기자. 현 스포츠부 차장

차 가운 얼음판의 냉기가 쿵쾅거리는 심장의 박동을 살짝 진정시
켰다. 그녀는 생각했다. '조금만 더 냉정해지자.' 그리고는 조
지 거슈윈의 '피아노 협주곡 F장조'의 피아노 선율이 울리기 직전 머릿
속으로 자신이 움직여야 할 동선을 꼼꼼하게 되새겼다. 또다시 다짐했
다. '실수는 없어야 해! 꼭!'

밴쿠버 동계올림픽 여자 싱글 피겨스케이팅 시상식에서 금메달을 차지한 김연아가 감격의 눈물을 흘리고 있다
/ 김현태 2010. 2. 26

밴쿠버 동계올림픽서 탄생한 '은반의 여왕'

2010년 2월 26일 캐나다 밴쿠버의 퍼시픽 콜로세움. 2010 밴쿠버 동계 올림픽 피겨 여자 싱글 프리스케이팅에 나선 '피겨 퀸' 김연아가 링크 중 앙에서 연기 준비를 마치자 관중석을 가득 메운 1만5천여 명의 팬들 역 시 숨을 죽인 채 '여왕의 탄생'을 기다렸다.

이윽고 김연아의 스케이트 날이 숨죽인 관중석을 압도하며 음악의 선 율에 따라 얼음을 지치기 시작했다. 관중의 시선이 한꺼번에 쏠리는 중 압감 속에서도 여왕은 미소를 잃지 않았다. 김연아는 첫 번째 점프 과 제인 트리플 러츠-트리플 토루프 콤비네이션 점프를 향해 스피드를 최 고치로 높였다.

다른 경쟁자들을 수도 없이 물리쳐온 여왕의 '필살기'였다. 오른쪽 스케 이트 화의 토(톱니)로 얼음을 강하게 내려찍은 김연아는 공중으로 솟구 치며 3회전을 마쳤고, 사뿐하게 착지한 뒤 곧바로 또다시 얼음을 박차고 3회전을 펼친 뒤 완벽한 착지 동작으로 미끄러져 나갔다.

순간 관중석에서는 '아!' 하는 탄성이 저절로 터져 나왔다. 완벽한 점프 였다. 심판들도 '퍼펙트!'라는 표정으로 김연아의 첫 번째 점프의 기본점 (10점)에 수행점수(GOE)를 2점이나 줬다.

김연아의 첫 번째 점프 성공을 지켜본 필자를 비롯한 전 세계 기자들 은 너나 할 것 없이 '우승은 이미 정해졌군…'이라는 표정으로 김연아 의 '피겨 여제 대관식' 장면을 상상하며 재빠르게 기사를 작성했다. 사 진기자들도 '여신'의 그림자까지 놓치지 않으려고 연신 카메라 셔터를 눌러댔다.

긴장 속에 콤비네이션 스핀(레벨 4)과 스파이럴(레벨 4)을 마친 김연아는 '마(魔)의 3연속 점프구간'을 가산점 행진 속에 끝내더니 스텝에 이어 마지막 점프 요소인 더블 악셀(기본점 3점)까지 깨끗하게 착지했다. 또 플라잉 싯 스핀과 체인지 풋 콤비네이션 스핀으로 환상의 연기를 끝냈다. 한 치의 오차도 없는 완벽한 '클린 프로그램'이었다. 감정이 북받친 김연아 역시 끝내 울음을 터트렸고, 관중들은 여왕의 눈물에 기립박수로 찬사를 보냈다.

이미 이틀 전 쇼트프로그램에서 78.50점으로 중간 순위 1위에 오른 김연아는 키스앤드크라이존에서 환하게 웃는 얼굴로 점수를 기다렸다. 마침내 장내 아나운서가 김연아의 점수를 발표했다. 프리스케이팅 점수는 당시 여자 싱글 최고점인 150.06점이었다.

초조하게 결과를 기다린 김연아는 프리스케이팅과 총점 모두 역대 최고점이라는 사실을 확인하고 금메달을 확신하며 호쾌한 웃음을 지었다. 주니어와 시니어 대회를 통틀어 쇼트프로그램과 프리스케이팅에서 동시에 최고점을 기록한 것은 밴쿠버 동계올림픽의 김연아가 처음이었다. 7살 때 처음 스케이트 부츠를 신을 때부터 상상해 온 '금메달의 꿈'을 14년 만에 완성하는 순간이었다. 더불어 김연아의 금메달은 한국 선수로는 1968년 그르노블 동계올림픽 피겨스케이팅에 이광영(남자)과 김혜경, 이현주(이상 여자)가 처음 출전한 지 42년 만에 달성한 역사적인 쾌거였다.

특히 김연아의 총점 기록은 7년 가까이 깨지지 않는 독보적인 점수로 남아 있다. 역대 2위인 아델리나 소트니코바(러시아 · 224.59점)보다 3.97점이나 높다.

시상대에 선 김연아는 태극기가 경기장에 게양되는 순간 애국가를 따라 부르다 또다시 감정이 복받쳐 참았던 눈물을 흘렸다. 김연아는 금메달이 확정되고 나서 이렇게 말했다.

"많은 선수가 경기 후 흘리는 눈물을 보면서 어떤 느낌일까 생각했다. 난 오늘 경기가 끝나고 처음으로 울었는데 이유는 잘 모르겠다. 너무 기뻤고 모든 게 끝났다는 느낌이 들었다."

한국인으로는 사상 처음으로 동계올림픽 피겨 여자 싱글 금메달리스트가 된 김연아는 이후 또 다른 놀라운 대기록을 세운다. 올림픽(2010년), 세계선수권대회(2009년), 그랑프리 파이널(2006년, 2007년, 2009년), 4대륙선수권대회(2009년)를 모두 제패해 여자 싱글 선수로는 사상 처음으로 그랜드슬램을 달성, 피겨 역사에 이름을 남긴다.

김연아의 금메달에 전 세계 언론들도 찬사를 아끼지 않았다.

"김연아의 세계 신기록은 아마도 깨지기 어려울 것 같고 이제 김연아는 한국의 여왕에서 벗어나 세계인 모두의 여왕이 됐다."(뉴스위크)

"김연아의 기록을 돌파할 선수는 김 선수 자신밖에 없을 것이다."(밴쿠버 선)

"김연아의 기량과 재능에 감동한 캐나다의 관중은 국가적 자존심도 잊은 채 경기장이 떠나갈 듯한 갈채를 보냈다."(르몽드)

김연아는 밴쿠버 동계올림픽을 마감하며 현지 취재에 나선 연합뉴스를 비롯한 국내 언론들과의 인터뷰에서 이렇게 말했다.

"걱정 없이 살 수 있다는 게 행복하다. 어릴 때부터 올림픽을 향해 달려왔다. 그 목표가 어제 끝나서 속이 시원하다…. 그동안 머릿속으로 '올림픽이라는 게 없이 살면 어떨까' 생각했다. 사소한 것들이지만 정말 하고 싶은 게 많았다…. 선수로서 최고의 자리에 올랐다. 아직 올림픽 챔피언이 된 게 믿어지지 않을 정도다. 실감이 날 때까지 실컷 즐기겠다."

웃으면서 인터뷰를 진행했지만 김연아가 그동안 달려온 길을 돌아보면 금메달을 목에 걸기까지의 과정은 순탄치 않았고, 그래서 더 값졌다. 연령 제한으로 2006 토리노 올림픽에 나서지 못했던 김연아는 그해 시니어 무대에 진출하면서 부상과 스케이트 부츠 때문에 시련을 겪어야 했다.

동갑 라이벌 아사다 마오와의 경쟁

2002년 트리글라프 트로피 노비스(13세 이하) 부문에서 우승하면서 세계무대에 이름을 알리기 시작한 김연아는 2004~2005 시즌부터 국제빙상경기연맹(ISU) 주니어 그랑프리 대회에 출전해 일본의 동갑내기 라이벌 아사다 마오와 본격적인 경쟁을 펼쳤다.

2006~2007 시즌 시니어 그랑프리 2차대회에서 동메달을 목에 걸었고, 그랑프리 4차 대회에서 우승의 기쁨을 맛보며 한국 선수로는 처음으로 시니어 그랑프리 파이널에 진출했다. 자신의 첫 그랑프리 파이널에서 김연아는 허리 통증이 심해져 진통제를 먹고, 망가진 스케이트 부츠 때문에 기존의 부츠와 새 부츠를 '짝짝이'로 신어야 했을 정도의 악조건 속에서 금메달을 따냈다.

2008년 3월 세계선수권대회에서는 고관절 통증으로 진통제 주사를 맞고 경기에 나서 2년 연속 동메달을 따내는 투혼을 발휘하기도 했다.

2008~2009 시즌을 최상의 몸 상태와 절정의 기량으로 대회를 휩쓴 뒤, 올림픽을 치르기 한 달 전 스케이트 부츠가 잘 맞지 않아 생긴 왼쪽 발목 통증을 이겨내고 한국인 최초로 올림픽 피겨 금메달리스트로 역사에 이름을 남겼다.

밴쿠버 동계올림픽 금메달은 김연아에게도 큰 선물이었지만 적지 않은 후폭풍도 밀려왔다. 인생 최고의 목표로 삼았던 올림픽 금메달의 꿈을 이룬 김연아는 곧바로 치러진 2010 세계선수권대회를 준비하는 동안 '올림픽 후유증'에 시달려야만 했고, 동기 부여가 제대로 되지 않아 은메달에 만족해야 했다.

은퇴, 팬들의 간절한 부름, 그리고 '여왕의 귀환'

2010년 밴쿠버 동계올림픽과 세계선수권대회를 마무리한 김연아는 은퇴와 현역 유지를 놓고 깊은 고민을 시작했다. 결국 김연아는 2010~2011 시즌 국제빙상경기연맹(ISU) 그랑프리 시리즈에 출전하지 않고 휴식을 선택했고, 아이스쇼를 통해 팬들과 교감을 이어갔다.

김연아의 은퇴는 더욱 현실화됐다. 그는 2011년 8월 미국 시사주간지 '타임'과의 인터뷰에서 "올림픽을 향해 오랫동안 훈련했었다. 육체적인 휴식보다도 정신적인 스트레스에서 자유로워지고 싶다."며 은반을 떠나고 싶다는 속내를 숨기지 않았다.

은반을 떠난 김연아는 2018년 평창 동계올림픽 유치 홍보대사로 활동했고, 2012년 제1회 동계 유스 올림픽 홍보대사까지 맡으며 바쁜 나날을 보냈다. 하지만 팬들은 여전히 김연아의 복귀를 간절히 원했다. 무엇

김연아가 2013 국제빙상경기연맹(ISU) 세계피겨선수권대회에서 쇼트 연기를 앞두고 마지막 리허설을 하고 있다
(사진은 다중노출 기법으로 8장의 사진을 연속 촬영한 것) / 최재구 2013. 3. 14

보다 2014년 소치 올림픽을 앞두고 김연아의 대회 2연패를 바라는 목소리가 커졌다.

결국 2년 넘게 거취를 고민한 김연아는 2012년 7월 복귀를 선언했고 올림픽 타이틀 방어를 목표로 다시 스케이트 화를 질끈 동여맸다. 2년의 공백이 있었지만 김연아의 '타고난 실력'은 경쟁자들을 압도하기에 충분했다.

김연아는 2013년 3월 세계선수권대회에서 총점 218.31점으로 가볍게 우승하면서 '여왕의 귀환'을 전 세계에 알렸고, 11개월 앞으로 다가선 소치 올림픽 2연패 달성의 파란불을 켰다.

판정스캔들로 금메달은 날아갔지만 '여왕은 영원하다'

마침내 '은퇴 무대'인 2014년 소치 동계올림픽을 맞아 김연아는 독일의 '피겨 영웅' 카타리나 비트(1984~1988년) 이후 26년 만에 올림픽 2연패의 기대감에 부풀었다. 김연아는 쇼트프로그램에서 74.29점으로 1위에 오르며 순조롭게 올림픽 2연패를 눈앞에 두는 듯했지만 뜻하지 않은 변수를 만났다. 바로 '개최국 텃세 스캔들'이었다. 김연아는 프리스케이팅까지 완벽한 연기를 펼치며 총점 219.11점을 따냈지만 러시아의 아델리나 소트니코바가 224.59점을 받으면서 은메달에 그쳐야 했다.

소트니코바의 우승 소식에 외신들이 먼저 '스캔들'이라며 비판에 나섰다. 프랑스 일간지 레퀴프는 소트니코바에게 금메달을 안겨준 채점이 계획적으로 이뤄진 것 아니냐는 음모론을 내놓았다. 미국 경제 전문지 월스트리트저널도 김연아의 점수가 발표되자 '충격'이라고 표현했다. 미국 일간지 시카고트리뷴은 "소트니코바가 심판 판정 덕에 러시아 선수로는 최초로 여자 피겨 금메달리스트가 됐다. 이는 피겨스케이팅 사상 가장 의문스러운 판정이다."고 평가했다.

2013 국제빙상경기연맹(ISU) 세계피겨선수권대회에서 쇼트 연기를 마치고 관중에게 인사하는 김연아 / 최재구
2013. 3. 15

2014 소치 동계올림픽 피겨스케이팅 여자 싱글에서 은메달을 획득한 후 태극기를 몸에 감고 관중에게 인사하고 있는 피겨여왕 김연아 / 이정훈 2014. 2. 21

생애 마지막 올림픽 무대에서 '판정 스캔들'로 금메달을 놓쳤지만, 김연아는 2014년 2월 21일 소치올림픽 현지에서 연합뉴스와의 인터뷰를 통해 "특별히 어떤 선수로 기억되기보다는 그저 저라는 선수가 있었다는 것에 만족한다. 한결같이 응원해 주신 팬들께 감사하다."는 말로 18년의 은반 생활을 마무리했다.

박세리 '맨발 샷'이 열고
'돌부처' 박인비가 잇다

글 l 권 훈 1998~2011 스포츠레저부 기자 · 차장 · 부장, 현 스포츠부 대기자
글 l 김동찬 2005~2015 스포츠레저부 기자, 현 스포츠부 차장대우

2016년 8월 21일 브라질 리우데자네이루 바하 다 치주카 해변의 올림픽파크 골프코스. 햇볕이 따사로웠다. 제법 한기를 느끼는 겨울철이지만 이날은 달랐다. 대서양에서 불어오는 바람에도 차가운 느낌은 없었다. 서구권 선수들은 아예 반팔 셔츠를 입고 경기에 나설 정도였다.

아픈 몸 이끌고 '골든슬램' 달성한 박인비

116년 만에 올림픽 정식 종목으로 부활한 골프 여자부 최종 라운드가 막 시작되고 있었다. 출전 선수 60명 가운데 맨 마지막에 경기를 시작하는 스물여덟의 박인비는 따뜻한 날씨가 그렇게 반가울 수 없었다. 언제나 그렇듯 표정에는 아무런 변화가 없었지만 여유가 느껴졌다.
박인비가 따뜻해진 날씨에 반색한 까닭은 엄지 때문이었다. 박인비는 리우데자네이루에 오기 전까지 왼손 엄지에 보호대를 끼운 채 생활했다. 인대가 손상돼 힘을 줄 수가 없었다. 인대는 4월부터 아팠다. 왼손 엄지는 백스윙 때 클럽의 무게를 받쳐야 한다. 스윙이 제대로 될 리가

2016 리우하계올림픽 여자골프 4라운드 경기에서 한국의 박인비가 금메달을 확정짓는 퍼팅을 시도하고 있다 / 김도훈 2016. 8. 21

없다. 이 때문에 4월 중순 이후에는 세 차례 대회에서 4라운드를 소화하는 데 그쳤고 그나마 6월 이후엔 아예 대회에 나선 적이 없었다.

올림픽을 2주 앞두고 삼다수 마스터스에 출전했으나 기량은 기대 이하였다. 이런 상태로 올림픽에 나간다는 게 온당하냐는 여론이 일었다. 컨디션이 좋은 후배에게 올림픽 출전을 양보하라는 말도 들었다.

하지만 올림픽 여자부 1라운드에서 박인비는 보기 없이 버디만 5개를 쓸어 담아 5언더파 66타를 때려내며 선두에 1타 뒤진 2위에 나섰다. 놀라운 반전이었다. 박인비 자신도 "올 시즌 이렇게 좋은 라운드를 언제 마지막으로 했는지 기억이 잘 안 난다."고 말할 정도였다.

박인비는 1라운드에 그치지 않았다. 다음날에도 5타를 더 줄여 단독 선두로 올라섰고, 사흘째 경기도 강풍 속에서 1언더파 70타로 잘 버텨 2타차 단독 선두를 지켰다. 이런 박인비의 놀라운 선전 뒤에는 '비밀'이 있었다.

박인비는 대회에 앞서 왼손 엄지를 감싼 테이프를 벗겨냈다. 지지대 역할을 하던 테이프를 벗긴 채 경기를 치르기로 결정했다. 통증이 사라진 게 아니었다. 박인비는 기계적인 스윙으로 샷을 만들어내는 선수가 아니다. 박인비의 스윙은 감각적이다. 백스윙 때 엄지손가락을 중심으로 그립에서 느끼는 감각으로 샷을 조정한다. 신기의 퍼팅 역시 감각에 주로 의존한다. 박인비는 동반 선수들조차 "어떻게 저게 들어가느냐."며 놀라는 퍼팅을 대회마다 보여주곤 한다. 이론이나 훈련으로 설명되지 않는 박인비의 퍼팅은 온전히 타고난 감각 덕이다.

앞서 삼다수 마스터스에서 박인비는 테이프를 감은 상태로는 도저히 스윙이나 이런 천부적인 퍼팅 감각을 느낄 수 없다는 사실을 다시 한 번 확인했다. 테이프를 감으면 샷이 안 되고, 테이프를 벗기면 손가락이 아팠다. 리우로 건너간 박인비는 통증을 견디기로 했다. 샷 감각을 선택한 것이다.

테이프를 감은 채로 하던 샷과 퍼팅은 쇠몽둥이처럼 무뎠지만, 테이프를 벗겨내니 컴퓨터처럼 정교하게 살아났다. 삼다수 마스터스에서 그는 "샷에 날카로움이 없다."고 자평했다. 하지만 테이프를 벗겨내니 샷과 퍼팅이 확 달라졌다. 드라이버샷은 늘 페어웨이 한 가운데, 아이언샷은 거의 매번 핀 옆에 떨어졌다. 어지간한 거리에서도 퍼팅은 홀을 찾아들었다. 샷을 할 때마다, 퍼팅을 할 때마다 엄지는 아팠다. 꾹 참았다. 통증을 잊으려고 더 집중했다.

2타차라는 아슬아슬한 리드를 안고 최종 라운드에 나선 박인비가 날씨에 민감했던 이유는 바로 엄지 통증 때문이었다. 전날 2라운드에서 강풍과 차가운 날씨 속에서 경기를 치르면서 박인비는 통증이 더 심해졌다. 금메달이 결정되는 최종 라운드는 따뜻하고 바람이 차지 않으면 하는 생각이 절로 났다.

따사한 햇볕에 마음이 놓인 박인비는 사기가 올랐다. 최종 라운드 금메달 경쟁 상대는 세계랭킹 1위 리디아 고(뉴질랜드)였다. 리디아 고는 첫날에는 다소 부진했지만 무서운 기세로 추격해 턱밑까지 따라붙었다. 박인비는 "같은 출발선에 섰다고 생각하겠다."고 사뭇 긴장감을 떨치지 못했다. 하지만 막상 경기가 시작되자 승부는 싱겁게 갈렸다. 2번 홀(파4)에서 리디아 고의 두 번째 샷이 그린 왼쪽 모래밭에 떨어졌다. 덤불 한가운데 놓인 볼을 쳐내기가 어렵자 언플레이어블을 선언했다. 리디아 고가 보기를 적어내면서 타수차는 3타로 벌어졌다.

박인비가 3번부터 5번 홀까지 3연속 버디를 잡아내자 사실상 금메달 경쟁은 일찌감치 끝났다. 남은 홀이 13홀이 있다고 하지만 최종라운드 6타차는 따라잡기 어려운 격차였다.

박인비와 달리 리디아 고는 퍼트가 지독할 정도로 들어가지 않았다. 박인비가 부러워 할 만큼 뛰어난 리디아 고의 퍼트 실력이 이날은 전혀 힘을 쓰지 못했다. 박인비와의 기 싸움에서 완패한 셈이다. 리디아 고는 "언니 퍼터는 대면 들어가네요."라며 패배를 인정했다.

한때 7타차 선두를 달리는 일방적인 경기였지만 박인비의 표정은 여전히 무심했다. 미국 언론에서 붙여준 박인비의 별명은 '침묵의 암살자'다. 화려한 샷은 아니지만 감정을 표정에 드러내는 법이 없이 조용히 경기를 치르면서 상대 선수들의 추격을 따돌리는 박인비의 경기 스타일을 표현한 것이다. 국내에서는 '돌부처'라고 부른다.

이날도 박인비의 표정은 마찬가지였다. 가끔 버디를 잡은 뒤 터져 나오는 갤러리들의 박수에 답하기 위해 한 손을 가볍게 들어 보일 뿐이었다. 끝까지 무표정한 모습으로 경기하던 박인비는 우승을 결정짓는 마

금메달 확정짓는 박인비 / 김도훈

지막 파 퍼트를 넣은 후에 두 팔을 번쩍 들면서 보일 듯 말 듯 엷은 미소를 띠었다. 어떤 대회 우승보다 값지고 감동스러웠을 테지만 박인비의 얼굴은 그저 연습라운드를 마친 선수처럼 무심했다.

시상식 때에서야 박인비는 활짝 웃었다.

시상식에 이어 공식 기자회견까지 끝났지만 박인비의 금메달은 이번 리우올림픽에서 나온 한국의 금메달 가운데 팬들의 관심을 가장 많이 받은 것이어서 기자들로서는 거기서 취재를 중단할 수 없었다. 공식 기자회견은 정해진 시간도 짧고 메달리스트 3명이 함께 진행하는 데다 질문 가운데 일부는 은, 동메달을 따낸 리디아 고, 평산산에게도 돌아갔기 때문이다.

결국 한국 기자들은 별도로 남아 박인비 소속사를 통해 별도의 '한국 언론 인터뷰'를 요청했고 박인비는 흔쾌히 응했다. 최종 라운드가 끝나고 거짓말처럼 비가 내리기 시작해 빨리 숙소로 돌아가고 싶은 마음이 굴뚝같았겠지만 박인비는 모처럼 얼굴에 미소를 지으며 기자회견장에 돌아온 것이다.

그리고 박인비는 '진실'을 털어놨다. 올림픽 경기가 진행되면서 늘 나왔던 질문에 거짓말로 대답했다고 밝힌 것이다. 박인비는 대회에 앞서

리우의 가장 높은 곳에 오른 박인비 / 김도훈

엄지 상태에 대해 질문이 나오면 "통증은 없고 다 나았다. 더는 손가락 얘기를 묻지 않았으면 좋겠다."고 자르곤 했다.

그런데 이번에 솔직히 털어놓은 것이다. 엄지의 통증은 그대로였고 샷을 할 때마다 아팠다고.

"통증은 계속 있다. 다만 정도의 차이다. 그러나 이번 대회에서 그 핑계를 대고 싶지 않았다. 부상 때문에 거리도 줄고, 예상 밖의 미스 샷도 나온 것은 사실이다."

박인비는 올림픽을 앞두고 시즌 초반부터 내내 부진에서 비롯된 마음고생도 비로소 숨김없이, 비교적 길게 드러냈다.

"올해 계속 부진했고 대회에도 많이 출전하지 못했기 때문에 이겨내야 할 장애물이 많았다. 결과를 크게 기대하지는 않았고 준비한 것을 보여주고 싶었다. 주위에서 '다른 선수가 올림픽에 나가야 하는 게 아니냐'

는 말들도 많았다. 내가 아직 잘할 수 있다는 것을 확인해 주고 싶었고 오늘 결과가 행복하다."

그리고는 끝까지 남아 박인비의 금메달 현장을 취재(사실은 응원)한 한국 기자들과 함께 기념사진 촬영까지 선물했다.

박인비는 리우데자네이루 올림픽 제패로 골프 역사에 둘도 없는 진기록의 주인공이 됐다. 사상 첫 '골든슬램'이라는 타이틀을 딴 것이다. 골든슬램은 그랜드슬램에 올림픽 금메달을 보탰다는 뜻이다. 박인비는 앞서 2015년 브리티시여자오픈에서 우승하면서 한국인으로는 처음으로 그

LPGA 명예의 전당 케이크 커팅하는 박인비 / 장현구 2016. 6. 10

랜드슬램을 달성했다. 그리고 2016년 6월 LPGA 명예의 전당에 이름을 올렸다. 박세리 이후 두 번째다.

박인비는 박세리가 걸었던 길을 따라 걸었다. 박세리는 박인비에게 '등대'와 같은 존재였다.

1998년 7월 7일 초등학생이었던 박인비는 아버지 옆에서 TV 골프 중계를 보고 있었다. 당시 스무 살 박세리가 US여자오픈골프대회 우승 트로피를 들어 올리는 모습이 화면을 가득 채웠다. 어린 박인비는 "아빠, 나도 골프 할래."하고 말했다. 훗날 '골든슬램'을 달성해 박세리를 능가한 골프 여제는 이렇게 골프의 세계에 발을 내디뎠다.

한국 여자골프 역사 새로 쓴 박세리의 '맨발 샷'

박세리는 선구자였다. 명예의 전당뿐 아니라 골프에서는 뭐든지 한국인 최초였다. 1998년 LPGA챔피언십을 제패해 한국인으로는 처음으로 LPGA투어 메이저대회 정상에 올랐다. 한국인 처음으로 US여자오픈을 제패했고, 브리티시여자오픈 한국인 첫 우승 역시 박세리의 몫이었다. 또 한국 선수로는 처음으로 베어트로피를 받았다.

박세리가 2001년 브리티시여자오픈 우승 당시 드라이브샷을 하는 모습 / EPA 2001. 8. 5

그러나 박세리가 남긴 가장 큰 발자취는 박인비를 비롯한 수많은 '세리 키즈'가 아닐 수 없다. 박세리의 US여자오픈 제패 장면을 보고 골프선수가 되겠다고 마음먹은 수많은 어린 소녀들은 훗날 세계를 석권한 한국 여자골프의 주력부대가 됐다.

박세리의 첫 우승은 그에 앞서 열린 LPGA 챔피언십에서 나왔지만 세리 키즈 세대는 US여자오픈에서 탄생했다.

박세리의 US여자오픈 우승은 왜 특별할까. 당시로 돌아가 보자. 박세리가 처음 LPGA투어에서 우승했을 때만 해도 골프는 대다수 국민들에게 생소했다. 버디가 뭐고, 보기가 뭔지 모르는 사람이 대부분이었다. 박세리의 첫 우승 소식이 전해졌을 때 웬만한 국민은 큰 관심을 보이지 않았다. 생업에 바쁜 월요일 새벽에 끝난 경기를 지켜본 사람도 적었다.

하지만 US여자오픈은 달랐다. 무엇보다 90홀까지 이어진 끝장 승부가 화제가 됐다. 그리고 그 유명한 '맨발 샷'이 나왔다. 국제통화기금(IMF) 구제금융으로 신음하던 온 국민의 심금을 울린 명장면이었다.

박세리는 제니 추아시리폰이라는 태국 출신 아마추어 대학생과 72홀까지 승부를 내지 못했다. 이튿날 박세리와 추아시리폰은 18홀 연장전을 치렀다. 17번 홀까지 타수는 같았다. 18번 홀(파4)에서 박세리가 티샷한 볼이 연못 쪽으로 굴러 떨어졌다.

공은 물에서 약 20㎝ 떨어진 덤불에 걸렸다. 박세리는 신발을 벗었다. 하얀 맨발이 드러났다. 까맣게 그을린 종아리와 너무나 선명하게 대비된 하얀 맨발은 그동안 박세리가 얼마나 혹독한 맹훈련을 쌓았는지 알려줬다. 맨발로 연못에 들어간 박세리는 그린을 향해 볼을 쳐냈다. 파세이브에는 실패했지만 이 맨발의 투혼은 추아시리폰을 놀라게 했다. 추아시리폰도 파를 지키지 못했고 승부는 서든데스 연장전으로 넘어갔다. 사기가 오른 박세리는 서든데스 연장 두 번째 홀에서 버디를 잡아내 기나긴 승부에 마침표를 찍었다.

박세리의 맨발 샷은 한국 골프의 역사를 새로 썼다. 한국 골프가 박세리 이전과 이후로 나뉘게 된 계기가 됐다. 박세리 이전에 골프는 부자나 권력자들이 즐기는 고급 놀이였을 뿐 대중들에겐 딴 세상이었다. 하지만 박세리가 1998년 US여자오픈에서 우승한 뒤 골프는 국민 스포츠의 반열에 올랐다. 적어도 보는 스포츠로서는 그랬다.

골프를 몰라도 골프 중계를 시청하는 사람들이 생겼다. 골프를 몰라도 딸에게 골프채를 쥐여 주는 아버지가 많아졌다. 그만큼 한국 골프에 박세리라는 이름 석 자는 특별하다. 1998년 US여자오픈 맨발 샷은 이제 골프를 떠나 한국 역사에서 밑줄을 그어야 할 사건이 됐다.

골프의 전설, 박세리의 미소 / 윤동진

박세리와 박인비의 활약으로 한국 여자골프는 다른 어느 종목도 갖기 어려운 '국민 감동 스포츠'라는 지위를 갖게 됐다. 물론 아직 골프라는 스포츠에 대해 색안경을 끼고 보는 시선도 분명히 존재하지만 예전에 비해 국위선양을 하는 종목이라는 인식이 훨씬 강해졌다.

박세리와 박인비의 뒤를 이어 끊임없이 쏟아져 나오는 김효주, 전인지, 박성현 등 한국 선수들의 세계 여자골프 무대에서 활약상이 더욱 기대되는 이유다.

제4장 오지·
험지의 세계

국내 첫 인마르새트 사진 전송 성공기(김병만) l 한국 최초 우주인 이소연(도광환)
북극 탐험기(서명곤) l 남극을 탐하다(김주성) l 안나푸르나 등정기(김현태)
아프리카 순회 특파원 취재기(김수진) l 미수교국 쿠바의 속살(김지헌)
고(故) 조계창 선양 특파원 사고 수습기(성연재 박진형)

청와대에서도
'비상 핫라인' 활용

글 | 김병만 당시 사진부 기자, 현 콘텐츠편집부 선임기자

1991년 걸프전. 종군기자 피터 아넷이 전시 상황의 속보를 거침없이 토해냈다. 그 덕에 전 세계 시청자들은 미군의 토마호크 미사일이 바그다드를 강타하는 장면을 TV 생중계로 실시간 지켜볼 수 있었다. 당시 통신시설이 완전히 마비된 이라크에서 흘러나온 생생한 화면은 신생 CNN을 일약 세계 제일의 방송사로 올려놓았다. 사실 알고 보면 그건 오로지 인마르새트라는 첨단기기의 도움으로 가능한 일이었다.

1994년. 6월인데도 블라디보스토크의 바닷바람은 매서웠다. 하지만 등줄기에는 땀이 흥건했다. 사진을 현상하는 손끝이 긴장감으로 축축했다. 필름 두 롤을 교차로 엮어 한꺼번에 감는 재주를 부렸다. 시간이 촉박했다.

국내 언론들은 김영삼 대통령의 러시아 태평양함대 '아드미랄 비노그라도프호' 승선 사진을 게재하기 위해 톱 지면을 비워두며 기다리고 있었다. 당시 한국 대통령이 러시아 태평양함대에 처음 승선한 것은 빅 이슈였다. 인마르새트를 활용해 무사히 전송을 마쳤다. 이 사진은 다음날 조간신문 1면을 화려하게 장식했다.

연합뉴스에서 언론 사상 처음으로 인마르새트를 통해 위성 전송한 김영삼 대통령의 러시아 군함 승선 장면 / 연합뉴스 자료사진

현장에서 찍은 사진을 카메라로 곧바로 전송하는 지금이야 믿기지 않는 무용담이지만 유선전화 없이 인마르새트로 현장에서 뉴스를 내보내고 사진을 전송한 것은 당시로선 획기적인 사건이었다.

비둘기가 필름을 나르던 시대가 100여 년 전이다. 사진 전송기가 발명 되어 1980년대 인화지 전송, 1990년도 필름 전송시대가 열린 것도 불 과 한 세대 전에 불과하다.

이 취재기는 바로 그즈음 '혁신테크놀로지'의 여명기 얘기쯤 되겠다.

인마르새트는 적도 상공 3만6천㎞의 정지궤도 INMARSAT(국제해사위성 기구) 위성으로 전파를 쏴 원하는 지역의 위성지구국을 거쳐 통화할 수 있도록 한 기기다. 아날로그 방식으로 전화 외에 팩스, 텔렉스, 사진 전송 등이 가능한 인마르새트-A와 디지털 방식의 저속 데이터 전송 및 자동위치통보, 조난통신 등에 이용되는 인마르새트-C가 있다.

어떤 악조건에서도 사진 전송을 성공시켜라

우리나라는 1985년 인마르새트에 가입한 후 외국 지구국 중계를 통해 오다가 1991년 3월 태평양위성(동경 179° 적도 상공)과 1993년 11월 인도양위성을 직접 경유, 금산지구국을 통해 서비스를 제공했다. 당시 남극 세종기지용, 국가 비상용 등 국내에는 모두 20여 대가 보급돼 있었고 국내 언론사로는 연합통신(현 연합뉴스)과 KBS, MBC만이 보유하고 있었다.

연합의 장비는 'INMARSAT TCS-9700' 기종으로 단말기 안테나를 펼치면 직경 1.2m, 중량 19kg으로 한 사람이 들기에는 꽤 무거웠고 당시 대당 가격도 6천만 원을 호가했다.

1994년 5월, 필자는 CNN이 사용한 인마르새트보다 소형화되고 성능도 진일보한 위성전화를 들고 시베리아 상공을 날고 있었다. 모스크바 선발 취재에 때맞춰 김영삼 대통령의 러시아 방문 전송 시스템 점검을 겸한 출장이었다. 소련연방이 해체된 직후로 경제사정뿐 아니라 통신사정이 불안정한 러시아에서 '언론의 생명'인 마감 시간 맞추기가 어려울 거라는 염려가 컸다.

와이파이(Wi-Fi)가 빵빵 터지는 지금이야 우스운 얘기지만 당시엔 오지처럼 인식된 러시아에서 통신문제는 중요한 사안이었다. '어떠한 악조건에서도 사진 전송을 성공시켜라.'라는 특명을 받은 출장이었다.

11시간의 기나긴 여정 끝에 도착한 러시아 모스크바 세레메티예보 공항. 그러나 세관을 통과하는 데에만 꼬박 3시간이 소요됐다.

사진 전송기 NT-2000, 인마르새트 TCS-9700, 필름 현상 장비, 카메라 등 총 무게만도 50여kg에 육박한 장비들을 풀었다 폈다 하면서 설명하느라 진땀을 흘렸다. 사회주의의 세관원들에게 시간은 그리 중요해 보이지 않았다. 길고 지루한 취조와도 같은 질문 세례 끝에 공항 밖을 나서자 한국 최초의 러시아 특파원이 무척이나 반갑게 우리를 맞았다. 또다시 한 시간을 달려 한국인이 주인인 선상호텔 '신라 agmos'에 여장을 풀었지만 처음 겪는 백야 탓인지 긴장 탓인지, 잠을 잘 수가 없었다.

다음날, 선상의 좁은 창가에서 인마르새트를 폈다. 경도와 위도를 입력하자 방향을 잡는 방위각이 나타났다. AZIMUTH 151, ELEVATION 21. 순간 신호가 잡혔다. 하나, 둘, 셋 신호 세기를 나타내는 눈금이 커졌다. TR(Terminal Ready)는 언제든지 통신할 준비가 돼 있다는 뜻이었다.

한국과 통화가 가능한 쪽, INDIAN 위성에 맞추고 Odessa, Eik, Yamaguchi 등 인근 해안 지구국을 불러냈다. 뚜~뚜~. 신호가 갔다. 전화벨 소리가 그렇게 반가웠던 기억도 없을 것이다. 본사 사진부장이 전화를 받았다.

"여기 모스크바입니다. 위성전화입니다. 감 좋습니까?"

"어, 바로 광화문 같은데…."

자신감이 생겼다. 시내 중심 이타르타스 통신사에 입주해 있는 연합뉴스 사무실에서도 똑같은 조건으로 통화를 시도했다. 그러나 실패였다.

러시아 특유의 대리석 건물에다 두껍고 좁은 창문이 신호를 잡지 못한 것이다. 건물이 밀집된 지역에서는 이 최신 장비도 무용지물이었다.

곧바로 러시아 대사관으로 향했다. 이곳 또한 온통 장애물로 가득했다. 나침반을 들이밀며 이 방 저 방 빠짐없이 쏘다녔다. 드디어 한 대사관 직원 사무실에서 방위각이 잡혔다. 테스트용 필름을 전송했다. 약 12분 만에 컬러사진 전송을 마쳤다. 두 번째 통화와 첫 사진 전송은 성공이었다. 전화로만 사용하던 인마르새트를 사진 전송에 활용한 첫 번째 사례로 연합뉴스는 언론 역사에 또 다른 기록을 세운 것이다. 곧바로 편집국장으로부터 축하 전화를 받았다.

연합뉴스 인마르새트, 국가적 '핫라인' 인식

1994년 6월, '김영삼 대통령의 러시아—우즈베키스탄 순방' 수행 취재를 하게 됐다. 인마르새트를 들고 대통령 전용기에 몸을 실었다. 1990년 12월 노태우 전 대통령이 소련체제 아래 모스크바를 방문한 사실은 있지만, 소련이 해체된 이후 한국 대통령으로서 러시아를 방문하는 것은 김 대통령이 처음이었다.

필자도 대통령 해외순방 수행취재는 처음이었다. 비록 2진 기자였지만 중압감이 컸다.

소련연방이 해체된 지 얼마 안 돼 모든 게 혼란스러울 때였다. 청와대는 만약을 위한 대비책이 절실했다. 그런 때 청와대가 의존한 것은 연합뉴스의 인마르새트였다. 연합뉴스의 기사 송고용 통신이었지만 위급한 상황에서 국가적 '핫라인'으로 인식한 것이다.

청와대는 연합뉴스 인마르새트를 활용한 비상 매뉴얼을 만들었다. 즉, 위급한 순간에는 대통령이 연합뉴스 인마르새트를 통해 한국과 통신한다는 뜻이었다. 순방 수행팀과 경호팀도 각별히 신경을 썼다. 당시 이 매뉴얼은 국가적 특명 같은 임무였다.

하지만 모스크바에 도착하고 나서부터 고난의 연속이었다. 대통령 순방의 경우 청와대나 현지 프레스센터는 연합뉴스에 대한 의존도가 높았다. 펜기자 2명, 사진기자 2명이 커버하기에는 너무 벅찬 일정이었다. 각 언론사 한 명씩 총 11명으로 구성된 사진 풀단과의 은근한 경쟁도 심했다. 거기에 수시로 인마르새트를 펴고 접는 번거로움까지, 그야말로 죽을 맛이었다. 시내에서도 나침반을 항상 목에 걸고 다녀 당시 필자의 별명은 '모스크바 길잡이'였다.

그런데 불행(?)하게도 정작 모스크바에서는 러시아가 마련한 전용 직통라인이 좋아 인마르새트를 활용하지 못했다.

우즈베크에서 국내 첫 위성사진 전송

순방 엿새째. 드디어 활용할 기회가 왔다. 통신사정이 열악한 우즈베키스탄 타슈켄트의 호텔 인근에서 대형 날개를 펼치고 인도양위성을 불렀다.

수많은 구경꾼이 지켜보는 가운데 대통령 컬러 사진 2장을 전송했다. 정보 전달 속도가 6천baud로 다소 늦은 감은 있었지만, 전송까지 44분 만에 성공했다. 역사적인 순간이라며 청와대 측과 동료 출입기자들의 축하를 받았다.

연합뉴스에서 국내 언론 최초로 보도사진을 위성으로 전송하는 장면 / 연합뉴스 자료사진

그리고 순방 마지막 날. 인마르새트 전송이 다시 한 번 진가를 발휘했다. 블라디보스토크로 날아간 순방팀의 일정은 단지 몇 시간 체류에 불과했다. 김 대통령이 러시아 태평양함대에 승선하는 일정이었는데 마감시간까지 겹쳐 현장 전송이 절실했다. 마감에 실패하면 모든 신문이 지면 제작에 어려움을 겪을 수 있었다. 모두가 연합뉴스만 바라보고 있었던 것이다.

곧바로 태평양위성을 불러내 무사히 인마르새트 전송을 마쳤다. 본사 데스크로부터 전송이 완료됐다는 메시지가 왔다. 특명이 성공한 것이다. 대통령 전용기는 놓쳤지만, 언론사, 청와대, 현지 곳곳에서 축하 전화가 쏟아졌다.

필자는 후발 수행원, 수행 경제인 등과 함께 몇 시간 늦게 출발하는 대통령 2호기를 타고 귀국했다.

남북 정상회담에도 쓰일 뻔

인마르새트를 통한 전송 시스템이 정상궤도에 올라설 즈음, 1994년 남북 정상회담이 전격 발표됐다. 북한의 김일성 주석과 남측 김영삼 대통령이 평양에서 정상회담을 열기로 한 것이다. 남북한은 정상회담 생중계, 서울−평양 간 직통전화 사용건 등을 두고 신경전이 대단했다. 적국이나 다름없는 남북 간 경호와 통신문제는 양측의 민감한 사항이었다. 과거 고위급회담 때 서울−평양 간 직통전화는 수시로 도청됐다는 것이 북한을 다녀온 사람들의 증언이었다.

청와대는 대통령의 평양 체류 기간 중 만에 하나 통신두절 사태가 발생할 경우를 대비해 '서울상황실'과 연결하는 핫라인으로 남북한이 합의한 통신사항 외에도 따로 연합뉴스 인마르새트를 활용할 계획을 세웠다. 실무 경험이 풍부했고 최근 러시아에서 그 위력을 봤기 때문이다.

비상시 평양에서의 또 다른 핫라인은 비밀 병기였다. 공식 합의한 통신기기에 대한 감시·감청도 피하고 수시로 서울과 연락을 취할 수 있다는 복안이었다. 이에 인마르새트 모의실험이 더욱 강화됐다. 모스크바에 이어 평양 대비가 또 다른 특명으로 하달됐다.

그런데 아뿔싸! 역사적인 남북 정상회담 개최 2주를 앞둔 7월 8일, 김일성 주석이 갑자기 서거했다. 방북도 취소됐다. 모든 게 물거품이 돼버린 것이다.

아마 예정대로 남북 정상 간 회담이 이뤄졌다면 2000년 김대중−김정일 정상회담을 6년이나 앞당긴 역사적인 사건이었을 것이다.

기술의 발전은 거침이 없다. 이제 위성전화는 휴대전화처럼 작아졌고 오지 · 극지 등 열악한 현장 출장에는 기자들의 필수 취재 아이템이 됐다.

전쟁보도의 패러다임도 바뀌고 있다. 2016년 10월, 미국의 지원을 받은 이라크 정부군이 IS(이슬람 국가, Islamic State) 근거지인 모술 외곽에 포격을 날렸다. 아랍권 알자지라 방송은 스마트폰을 활용해 페이스북에 현장 상황을 실시간 중계했다. 포격 장면에 열광한 전 세계의 시청자들은 '좋아요'를 눌러 반응했다. 전쟁이 SNS로 생중계된 때문이었다. 25년 전 인마르새트 송고만큼 충격적이고 극적으로….

NEWS TIP

인마르새트(International Maritime Satellite Organization)

1979년 7월 유엔 산하 IMO(국제해사기구) 주도로 '국제해사위성기구(INMARSAT)에 관한 조약'에 의해 설립됐다. 1982년 2월 1일부터 업무를 시작한 국제해사위성기구는 1999년 4월에 인마르새트 벤처로 민영화됐다. 인마르새트 벤처의 본사 소재지는 영국 런던이다. 인마르새트는 지구 적도 상공 3만5천786㎞에 있는 통신위성을 이용해 태평양 · 대서양 · 인도양 지역에서 선박과 육상 간, 선박 상호 간, 육상의 이동지구국 간, 항공기와 지상 간 위성전화 및 패킷통신 서비스를 제공하고 있다. 우리나라는 한국통신(현 KT)이 서명자로 1985년 9월 16일 44번째로 가입했다.

미완의 행사,
문제는 '미래'다

글 | 도광환 당시 사진부 차장, 현 사진부장

'**대**한민국 최초의 우주인 탄생'은 첫 기획부터 선발 과정과 훈
련, 마지막 실행까지 많은 이야기를 남겼다. 온 국민의 관심
이 집중된 대형 이벤트였으며 수시로 뉴스의 헤드라인을 장식했다. 그
만큼 취재를 둘러싼 숨은 이야기도 많았다.

2008년 4월 8일 20시 16분 39초, 대한민국 최초의 우주인 이소연을 태운 소유스 TMA-12호가 화염을 내뿜으며
우주로 향하고 있다 / 도광환

장편 드라마 같은 우주인 프로젝트

2006년 4월 우주인 프로젝트 발표, 3만6천여 명 지원자 접수, 8명의 중간 후보 확정, 모스크바 가가린우주센터 원정 훈련, 2명(고산, 이소연)의 우주인 선발, 그리고 최종 우주인의 극적인 교체로 이어진 1년 5개월간의 사건들은 하나의 '장편 드라마'였다.

이소연은 원래 우주인 예비후보였다. 하지만 '거대한 여행'을 불과 한 달여 앞둔 2008년 3월 10일, 주연과 조연이 갑자기 교체됐다. 한국항공우주연구원 우주인관리위원회(이하 항우연)는 모스크바 가가린우주센터에서 막바지 훈련 중이던 고산이 '규칙 위반'을 저질러 탑승자격을 박탈당했다고 발표했다.

이와 동시에 최종 우주인은 이소연으로 변경됐다. 교체 과정과 이유는 지금까지도 미스터리로 남아 있다. '고산의 기술 유출설', '스파이설' 같은 이야기가 소설처럼 전해지고 있을 뿐이다. 어쨌든 대한민국 최초의 우주인은 그렇게 결정됐다. 처음 3만6천206명의 지원자 중 한 명이었던 이소연은 '광주 출신으로 한국과학기술원에서 기계공학을 전공한 태권도 공인 3단의 29세 미혼 여성'이었다.

어쨌거나 우여곡절 끝에 마침내 대한민국과 이소연이 우주로 날아가는 날이 정해졌다. 2008년 4월 8일 오후 5시 16분(현지시간)이었다. 대한민국의 꿈이 이뤄지는 날이었고, 이소연의 드라마가 시작되는 날이었다. 비록 다른 나라의 우주선과 기술을 빌리긴 했지만, 성공한다면 대한민국은 세계에서 36번째, 여성으로선 7번째 우주인을 배출하는 나라가 되는 역사적인 날이었다.

태극기를 선명하게 새겨 넣은 러시아 우주선의 이름은 '소유스 TMA-12'였고, 러시아 우주인 세르게이 볼코프 선장과 올레그 코노넨코 비행 엔지니어가 동행하는 여정이었다. 발사 위치는 러시아에 인접한 카자흐스탄의 바이코누르 우주기지였다.

항우연 기자단 구성…사진기자는 필자 한 명뿐

발사를 앞두고 대한민국 주최 측인 항우연은 기자단을 구성했다. 약 20명의 과학전문기자로 짜인 기자단에 사진기자는 단 한 명뿐이었다. 항우연은 취재 사진을 모든 언론에 제공하는 조건으로 연합뉴스에 동행취재를 요청했다.

출장 명령을 받던 날 설렘보다는 걱정이 앞섰다. 평소 우주와 우주인에 별 관심이 없었을 뿐만 아니라 뉴스의 규모에 부담도 됐다. 하지만 대한민국 모든 신문의 1면을 장식할 필자의 사진 크기를 떠올리며 긴장보다는 놀이에 몰입하기로 했다. 평소 꿈을 잘 꾸는 필자에게 우주선과 이소연이 꿈속 주인공으로 두어 번 등장하기도 했다. 주인공은 역시 우주선보다는 이소연이었다. 꿈속에서 이소연은 우주선에 탑승하기 직전 마지막 계단에서 환하게 웃으며 손을 흔들고 있었다. 꿈속 세상에서 필자도 셔터를 누르며 같이 웃고 있었다.

발사를 이틀 앞둔 4월 6일, 항우연 관계자들과 기자단은 인천공항을 출발했다. 필자를 비롯한 대부분의 출장자들은 이소연의 미소와 우주선의 불꽃을 직접 볼 기회를 떠올리며 상기되어 있었다. 하지만 그때는 몰랐다. 이 취재가 필자의 기자생활에서 가장 힘든 출장이 될 줄은….

기자단은 먼저 모스크바를 방문했다. 일련의 준비 과정을 브리핑 받는 동시에 바이코누르 기지로 향하는 전세기 일정에 맞출 필요도 있었다. 그때까지는 러시아의 아름다운 노을을 감상하는 낭만적인 시간이었다.

모스크바에서 바이코누르 기지까지는 비행기로 세 시간 거리였다. 전세기 사정은 그야말로 '참혹했다'. 우리나라 국적기에 비해 매우 낙후된 러시아산 여객기였다. 식사나 서비스도 형편없었다. 더군다나 승무원은 간단한 영어조차 할 줄 몰랐다. 비행시간은 3시간이었지만 별 통보도 없이 예정시간에 출발하지 않아 기내 대기시간이 또 그만큼의 시간을 잡아먹었다.

모든 것이 취재를 '방해'하다

발사 당일 오전에서야 항우연은 기자들에게 취재 일정을 전달했다.

'미디어센터-우주인 출정식 참관-발사 관람대 이동-발사 관람-미디어센터-전세기 탑승-모스크바 도착'.

일정을 보고 필자는 곧바로 항우연에 호소했다. 서울 출발 때부터 기지 도착 후까지 줄곧 요청한 일정 하나가 빠져 있었기 때문이었다. 애초 필자는 항우연에 우주선 바로 앞 마지막 계단에서 손을 흔들며 웃음 짓는 모습, 출장 전부터 꿈에서 보았던 모습, 대한민국이 우주와 미래로 향하는 모습을 담을 수 있게 해달라고 요청했었다.

출정식 후 최종 발사까지는 약 세 시간의 여유가 있었으므로 시간상으로는 문제가 없었다. 항우연에서 수차례 기지 측에 요청했지만 뚜렷한 답변을 주지 않았다.

우주선 앞 현장에 꼭 가고자 하는 기자는 필자를 제외하고 한 명이 더 있었다. 처음부터 이벤트를 후원한 서울방송(sbs)의 카메라 기자였다. 평소 국내 뉴스 현장에서 자주 만나 친분이 있던 우리는 출정식 현장에서 항우연과 기지 측에 우주선 바로 앞 현장까지 갈 수 있도록 다시 간곡히 요청했다.

소유스에 탑승하기 위해 걸어가고 있는 이소연 / 도광환

우주선 탑승 계단 앞의 우주인들 / ITAR-TASS

기지 측은 출정식을 마친 뒤 우리를 위해 미니버스를 준비해 주겠다고 말했다. 출정식이 열리는 건물 앞마당에는 우리 측, 러시아 측, 기지 측 관계자들 수백 명이 모여 있었는데, 매우 시끄럽고 부산스러웠다. 한참을 기다리자 우주복을 차려입은 세 명의 우주인이 등장했다. 대기실에서 나온 그들은 긴장된 미소로 수백 명의 참석자에게 손을 흔들어 인사한 뒤 바로 버스에 올랐다. 그리고 카운트다운 장소로 떠났다. 소감 발표나 기념촬영조차 없는, 예상보다 훨씬 짧은 출정식이었다.

현장으로 가는 차도, 요원도 없었다

필자와 sbs 카메라 기자는 인파를 헤집으며 황급히 준비된 미니버스를 찾았다. 그러나 없었다. 버스도 없었고 안내요원도 없었고 관계자도 없었다. 어렵게 발견한 항우연 홍보요원을 재촉했지만, 그도 우리처럼 허둥댈 뿐이었다.

10여 분이 지나 출정식 현장은 고요해졌고 기지 내 보안요원들은 우리에게 현장을 떠나라고 했다. 그러나 나머지 우리 측 기자들이 탄 버스가 아직 출발하지 않고 있었다. 별 수 없이 카운트다운 현장은 포기했다.

이제 '사람'보다는 '기계'를 촬영하기 위해 관람대로 향할 수밖에 없었다. 발사 관람대에는 일반인들로 크게 북적였다. 우주로 향하는 소유스호의 불꽃을 담기 위해 발사대 맨 앞자리로 비집고 들어갔다.

나름 시야가 좋은 자리였다. 바로 옆에 선 덩치 큰 외국인 중년 여성이 필자의 장비를 보더니 어깨 싸움을 걸어왔다. 렌즈를 안정적으로 세우기 어려울 만큼 자꾸 필자의 어깨를 파고들며 견제해 오는 게 아닌가.

그렇게 그 중년 여성과 신경전을 벌이며 발사대 쪽을 바라보던 필자는 또한 번 실망했다. 이번엔 화가 났다. 관람대에서 우주선까지는 약 1.8㎞ 거리였는데 그 중간의 섬처럼 만들어진 공간에 한 무리의 사람들이 자리를 잡고 있는 게 보였다. 바로 사진기자와 카메라 기자들이었다.

서울 출발 전부터 항우연에 집요하게 알아봐 달라고 부탁한 사항은 세 가지였다. 두 가지는 앞서 말한 위성전송기 휴대와 우주선 앞 취재 가능 여부였고, 나머지 한 가지가 우주선 발사장면 사진 취재 포인트였다. 항우연의 답변은 다른 취재 포인트는 없으며 일반인 관람대에서 사진을 찍어야 한다는 것이었다. 결국 세 가지 모두 항우연의 정보는 오류였다.

주최 측과 주요 외신기자들은 모두 섬처럼 마련된 공간에 자리 잡고 있었다. 우주선 1.8km 앞과 1km 앞 위치에서 촬영하는 사진의 질은 뚜렷한 차이를 보일 수밖에 없지 않은가. 하지만 방법이 없었다. 그저 주어진 자리에서 최선을 다할 수밖에….

한참을 기다리자 사람들이 웅성거리기 시작했다. 그리고 카운트다운 소리가 들려왔다. 파인더에서 눈을 떼지 못하고 우주선을 응시했다.

늘 맑은 날씨를 보이는 기지의 공기가 차갑게 느껴졌고 우주선이 이글거리기 시작했다. 마침내 거대한 쇳덩이는 화려한 불꽃을 뿜어냈다. 우주선을 받치고 있던 지지대들이 무너지면서 하얀 몸체는 빨간 불꽃과 하나가 되는가 싶더니 천천히 지면을 박차 오르기 시작했다. 그리고 잠깐 뒤, 우주선은 엄청난 속도를 내며 튕기듯 하늘로 솟구쳤다. 파인더를 가득 채우던 물체는 얼마 지나지 않아 하얀 점으로만 보일 뿐이었다. 그리

(왼쪽) 한국인 첫 우주인인 이소연 씨가 소유스 TMA-12호에 탑승해 발사준비를 하고 있다
(오른쪽) 우주에서 소유스호와 국제우주정거장(ISS)의 역사적인 도킹에 성공한 이소연 씨가 모스크바 관제소에서 러시아 관계자 및 항공우주연구원장 등과 영상대화를 하고 있다

355

고 '웅~' 하는 굉음만 남기고 시야에서 완전히 사라졌다. 그나마 다행스러운 건 우려와 달리 앵글은 그리 나쁘지 않았다는 것이다.

이벤트 아닌, 우주에 대한 꿈과 미래를 돌아볼 때

필자는 국내 신문들의 사진 게재 현황을 확인하고서야 그간의 어두웠던 기분에서 벗어날 수 있었다. 다행히 두세 신문을 빼고 대부분의 조간신문들은 필자의 사진을 1면에 실었다. 사진 속 파란 하늘, 하얀 우주선, 빨간 화염의 조합이 그제야 아름답게 보이기 시작했다. 2면이나 3면에는 출정식에서 보인 이소연의 밝은 미소 사진이 실려 있었다.

대한민국 최초의 우주인 프로젝트에 대한민국 유일의 사진기자로 참석한 과정과 결과는 순탄치 않았다. 시간이 흐르면 지난 일은 대부분 추억이 되지만, 바이코누르 기지 취재과정은 추억보다는 힘겨움으로 남아 있다. 우리 우주산업의 현주소가 기대했던 것보다 부족한 점이 많다는 것을 알게 되면서 느낀 허탈감도 보태졌다.

시간이 지날수록 우주인 프로젝트의 의미와 이소연의 가치는 대체로 부정적인 평가를 받고 있다. '우주인 이소연'은 단지 '이벤트'였던 것이다. 남의 나라 기지, 다른 나라의 기술, 타국의 우주선을 얻어 떠난 미완의 행사로서 '발전과 성숙'과는 거리가 멀었다.

문제는 '미래'다. 우주에 대한 꿈과 열망, 소망이 얼마만큼 익어가고 있는지를 다시 돌아볼 때다. 꿈이 여물어갈 때 대한민국은 또 다른 미소를 위한 도전을 이어갈 것이다.

카메라가 품기엔
너무 거대한 대자연의 눈물

글 | **서명곤** 당시 사진부 기자, 현 사진부 차장대우

항해 사흘 만에 북극곰과 조우

북극해를 항해하고 있는 국내 첫 쇄빙연구선 아라온호 / 서명곤

"**아**라온호 승선자들에게 알립니다. 지금 아라온호 우측에 북극곰이 출현했습니다!" 선교(船橋)로부터 낭랑한 목소리가 울려 퍼졌다. 안내방송이 나오자마자 실내에 있던 연구원들은 실외 작업용 두터운 외투를 걸칠 새도 없이 그대로 갑판으로 뛰쳐나왔다.

2013년 8월 23일, 우

리나라 최초의 쇄빙연구선 아라온호가 러시아 극동지방과 미국 알래스카 사이의 북극해인 축치해 물살을 가르며 북쪽으로 항해중일 때였다. 북극해가 여름을 나는 중이기는 했으나 여전히 기온은 섭씨 0도 정도의 추운 날씨였다.

그러나 아라온호 탑승자들은 추위를 느낄 새도 없이 저마다 휴대전화와 카메라를 들고 북극곰의 모습을 찍느라 바빴다.

"우와, 정말 북극곰이다, 북극곰!"

여기저기서 탄성도 터져 나왔다. 북극해를 연구하는 전문가들조차 흔치 않은 북극곰과의 조우에 매우 흥분해 있었다.

북극곰이 눈인사라도 하는 듯한 표정으로 아라온호를 바라보고 있다 / 서명곤

커다란 덩치에 새하얀 털을 가진 북극곰은 자신의 출현에 감탄하는 인간들에게 보여주기라도 하듯 아라온호 앞에 펼쳐진 해빙(海氷)에서 성큼성큼 움직였다. 근처에는 먹다 남은 동물 뼈와 핏자국이 보였다. 막 식사를 마친 듯했다. 북극곰이 얼음 뒤로 숨었다가 나타나는 모습, 물살을 가르며 헤엄치는 모습 등 10여 분 동안 단 한 순간이라도 놓칠까 싶어 숨을 잔뜩 죽이고 사진을 찍었다.

사진을 다 찍고 기사를 쓰기 위해 아라온호를 운용하는 극지연구소의 한 연구원에게 간단한 소감을 물었더니, "지구온난화로 해빙이 많이 줄고 물개 같은 먹잇감도 감소한 상황인데, 이번에는 북극곰이 먹이를 먹고 난 듯한 흔적도 볼 수 있어서 그나마 마음이 덜 아팠다."고 했다.

이번에 북극곰과 마주친 것은 알래스카 놈항에서 출항한 지 불과 사흘, 연구 해역에 들어선 직후였다. 만나기 어렵다는 북극곰은 이때 말고도 필자가 아라온호에 동승한 보름여 기간에 두 차례나 더 나타났다. 천운도 그런 천운이 없었다.

사실 운은 아라온호 동행 취재가 결정되던 순간 이미 시작됐다. 정부가 제2의 아라온호 건조를 추진하고 있기는 하지만 아라온호는 여전히 우리나라 유일한 쇄빙연구선이다. 쇄빙연구선은 말 그대로 얼음을 깨고 전진할 수 있는 능력을 보유해 남극·북극에서의 독자적 항해를 하면서 연구 목적을 수행하는 선박이다. 한 번에 수개월씩 해마다 두어 차례 연구 항해에 나서기 때문에 횟수 자체가 많지 않은데다 언론인이 여기에 동승할 기회를 잡는 것은 더욱이 어려운 일이다. 언론사로서도 국내 취재 일정이 이미 빡빡한 가운데 장기간 해외에 체류하며 호흡이 긴 취재를 해야 할 현장에 기자를 파견하는 게 쉬운 결정은 아니다. 국가기간뉴스통신사인 연합뉴스는 국내외를 모두 활발하게 누벼야 하며 평시의 환경뿐 아니라 재난재해가 있는 극한의 환경까지 마다하지 않고 기록해야 한다는 사명감에 취재가 성사됐다.

남극은 거대한 대륙이지만 북극은 1천400㎢ 면적의 바다다. 극지연구소는 북극해를 '지구의 기후를 조절하는 바다'[1]라고 설명한다. 그만큼 환경변화에 민감한 지역이며 지구 기후 전체와 밀접한 관련이 있다. 환경 외에도 자원탐사와 북극항로 개발 때문에 주목받는 곳이기도 하다. 국내 최대 언론사인 연합뉴스에서도 2017년 3월 현재까지 북극해 동행 취재는 필자가 처음이자 마지막이었다. 그만큼 드문 기회였다. 남은 것은 어떤 노력으로 멋진 결과물을 내놓느냐는 것이었다.

2009년 12월 첫 출항한 아라온호의 여덟 번째 극해 항해인 이 여정은 2013년 8월 5일 인천에서 출항해 축치해와 보퍼트해를 중심으로 69일간 북극해를 항해하는 것이었다. 극지연구소와 협의 끝에 동행 취재는 아라온호가 알래스카 놈항에 정박한 2013년 8월 21일 시작해 17일간 축치해 1차 탐사를 지켜보는 것으로 정했다. 인천국제공항에서 출발해 두 차례 환승한 끝에 놈에 도착해 아라온호에 승선하기까지의 여정은 고단했다. 일단 배에 오르고 나면 기자의 자율적인 판단대로 움직일 수 없을 게 분명했다. 기자로서 답답한 현장이 될 수 있는 곳으로 향하는 마음은 그럼에도 흥분과 기대감이었다.

마침내 아라온호에 올랐다. 전 세계를 누비는 연합뉴스 기자라지만 극해 항해란 흔한 기회가 아니었다. 기회가 왔으니 반드시 '진짜 북극'의 모습을 담아 와야 했다. 대형 망원렌즈를 비롯한 촬영장비, 기사와 사진

1) 극지연구소 '북극해를 말하다'(2012.12.28) p.20

송고를 위한 위성장비 등 큰 부피와 무게의 짐은 앞서 아라온호가 인천 항을 떠날 때 미리 실어뒀지만 카메라와 노트북, 만일의 사태에 대비한 추가 장비에 옷가지까지 짐이 산더미 같았다. 소형 선박을 타고 앞바다 에 정박한 아라온호로 옮겨 갔다.

북극은 지구의 운명 보여주는 가장 상징적인 존재

이번 항해에서 아라온호 임무는 북극해의 고(古)해양 환경 변화상을 정 밀 복원하고 급변하는 북극해 환경 특성을 살펴보는 것이었다. 차세 대 에너지원으로 꼽히는 가스 하이드레이트가 북극해에 묻혀 있는지 도 핵심 탐사 대상이었다. 사진기자로서 가장 결정적인 순간을 포착해 독자에게 전하는 것이 중요하지만 연합뉴스를 대표해 취재에 나섰으 니 글 기사도 당연히 써야 했다. 전문적인 연구조사 활동을 누구에게 나 쉽게 읽히는 기사로 소화하는 일은 쉽지 않았다. 이번 아라온호 북 극해 탐사의 1차 항해를 이끄는 극지연구소의 남승일 박사의 도움을 많이 받았다.

지구 기후가 시시각각 변하면서 온난화에 따른 대재앙이 머지않았으며 기상이변으로 이미 위기가 조금씩 나타나고 있다고 전문가들은 경고한 다. 북극곰은 그런 지구의 운명을 보여줄 수 있는 가장 상징적인 존재 다. 운 좋게도 그런 북극곰을 카메라에 담아내는 데 성공한 것이다. 그 와는 별개로 극한 환경에서 벌어지고 있는 지구의 변화를 묵묵히 연구 하는 연구원들의 활동을 기록하는 것도 취재 기자에게 주어진 중요한 임무였다.

아라온호 김봉욱 선장 / 서명곤

북극해에서 해양환경 연구 활동을 하고 있는 아라온호 연구원들 / 서명곤

아라온호의 김봉욱 선장을 인터뷰해 우리 쇄빙 기술에 대한 자부심 가득한 이야기를 들었고 우리 극지연구소 연구원들은 물론이고 아라온호에서 공동 연구에 참여한 외국인 연구원들의 시추 탐사와 연구 과정도 지켜봤다. 크레인을 비롯한 중장비와 안전모를 쓴 연구원들이 바삐 움직였다. 해저 깊은 곳까지 시추장비를 내려 해저퇴적물을 끌어올리는 모습, 얼음 속 플랑크톤을 진귀한 보물 대하듯 소중하게 다루는 모습 하나하나에서 열정이 묻어났다. 작업은 한 번 시작하면 12시간 넘게 이어졌다. 기자도 독자들의 눈앞에 현장이 가장 생생하게 펼쳐질 만한 위치를 찾아 바지런히 움직였다. 사람과 장비뿐 아니라 바다도, 하늘도, 공기도 끊임없이 움직였다. 핵심이 될 순간을 포착하려면 카메라는 멈출수 없다. 미끄러운 위쪽 갑판도, 시추봉 바로 앞도 마다하지 않고 다가섰다. 전문적인 작업인 만큼 기사에 제대로 반영하기 위해 연구원들의 설명을 귀 기울여 들었다.

북극해의 물살과 얼음을 가르며 항해하는 동안 눈앞에 펼쳐진 풍경은 기자에게 취재 현장의 의미가 무엇인지 다시 한 번 되새기게 했다. 해빙수 웅덩이의 신비로운 빛깔, 아주 가끔씩 구름 사이로 해가 떠오를 때 피어나는 무지개는 인간의 언어로는 표현할 수 있는 게 아니었다. 그야말로 '대자연' 앞에 인간은 한없이 작아졌다.

동시베리아해에 다가갔을 때는 높은 파도가 이틀간 계속됐다. 아라온호에 동승한 독일 알프레드 베게너 극지연구소의 프랑크 니센 박사는 37년간 북극에서 연구를 해왔다고 한다. 그는 20년 전만 해도 이곳은 얼음이 얼어 파도는 상상할 수 없는 고요한 곳이었는데 놀라운 속도로 환경이 변해간다는 이야기를 들려줬다. 극지연구소에 따르면 1970년대 750만 ㎢였던 북극해 해빙 면적에서 30여 년 동안 300만㎢가 사라졌다고 한다. 1천500년 세월 동안 최근 20~30년간 변화가 집중됐다는 것이다.[2]

아라온, 해빙, 그리고 무지개 / 서명곤

2) 극지연구소 '북극해를 말하다'(2012.12.28) p.46

장렬한 대자연 '북극의 눈물'에 전율

북극해는 작은 카메라가 품기에 너무나 넓었고 한계가 있는 언어로 설명하기에는 너무나 깊었다. 취재 현장으로서 그만큼 넘기 어려운 벽이기도 했다. 북극에서 얼음이 녹아내리는 모습을, 기나긴 세월 북극의 변화상을 북극곰 한 마리의 모습과 시추해 올린 퇴적물 사진 하나로 보여줄 수는 없는 노릇이었다. 그저 망망대해일 뿐인 곳을 카메라에 담아봤지만 녹아내리고 있는 북극해의 현장감이 살아나질 않았다. 반쯤 녹고 반쯤 얼어 있는 바로 그 지점에서 아라온호가 띄운 헬기에 올라탔다. 헬기에서 내려다 본 북극해의 얼음은 이미 많이 녹아 있었다. 슬프기보다는 장렬해 보이는 어머니 대자연, 북극의 눈물이었다. 그 모습을 카메라에 담으면서 지구 역사의 한 장면 위에 서 있는 듯한 느낌에 몸이 떨렸다.

북극해는 지구 생태계와 연결된 곳인 만큼 국경을 넘나드는 공동연구가 이뤄진다. 아라온호에 탑승한 레오니드 폴리악 미국 오하이오대 버드극지연구센터의 북극 책임자는 한국 연구원들이 모인 자리에서 시추한 퇴적물들 들고 분석기법을 상세히 설명했다. 그는 "이건 학문이며 앞세대가 뒷세대에 계속 전수해야 한다. 그 결과물이 쌓여야 글로벌 문제를 해결할 수 있다."고 말했다. 아라온호의 연구원들은 바닷속 퇴적물들을 통해 인간이 알지 못하는 지구의 어제 모습을 찾는다. 그렇게 함으로써 지구의 오늘을 이해하고 내일을 계획한다.

인류는 역사상 미지의 세계로의 탐험을 끊임없이 이어왔다. 그러면서 자연을 정복 대상으로 오해하고 자충수를 두고 있다는 비판도 뒤따랐다. 북극해도 마찬가지다. 인간이 항로를 넓힐수록 자연을 더 파괴하는 결과를 낳는 것은 아닌지 우려가 함께한다. 이것은 학문이며 그 연구 결과물이 쌓여야 인류 공동의 문제를 해결할 수 있다는 폴리악 박사의 말은 아라온호에 오른 열정적인 연구원들의 활동 모습과 겹치며 이런 의문에 일부나마 답을 준다. 학자들은 끊임없이 탐사하고 연구한다. 기자들은 그 과정과 결과를 끊임없이 기록하고 알린다. 대자연 앞에 인간은 먼지 같은 존재일지 모르나, 그 대자연을 지키고자 생각하고 움직이는 인간의 존재감은 절대로 작지 않다.

가지 않으면 전할 수 없는 곳

글 | 김주성 당시 사진부 기자, 현 사진부 차장대우

망망대해를 항해한 지 6일째, 남위 65도를 지나면서 유빙이 보이기 시작했다. 축구장만 한 빙산이 나타나면서 사납던 파도가

아라온호가 뉴질랜드를 출항한 지 닷새 만에 도착한 남극해 / 김주성

아라온호가 정박한 테라노바 베이 부근 정밀조사 지역에 아델리 펭귄이 나타나 인사하듯 고개를 숙이자 현대건설 직원이 반가워하고 있다 / 김주성

드디어 잔잔해졌다. 남태평양의 유일한 길동무였던 앨버트로스는 어느새 사라지고 남극의 포식자 도둑갈매기들이 쇄빙선 아라온호를 뒤따랐다. '찌지직, 쿵, 찌지직' 아라온호의 뱃머리가 남극해의 두꺼운 얼음을 깨며 남진을 계속하자 평화롭게 노닐다가 줄행랑치는 펭귄들이 카메라의 뷰파인더 안으로 들어왔다. 드디어 남극에 온 것이다.

2012년 새해 첫날 아라온호는 남극 장보고 과학기지가 건설될 테라노바 베이의 거대한 해빙 한쪽에 닻을 내렸다. 이어 필자도 아라온호에서 내려 남극에 감격의 첫발을 내디뎠다. 사실 사진기자로서는 카메라를 내려두고 뱃멀미를 참아가며 연구원들 인터뷰 기사를 쓰느라 여간 답답한 게 아니었다.

배에서 내리자 펭귄들이 카메라 렌즈 앞으로 다가와 '꾸벅' 새해 인사를 하며 장보고 기지 정밀조사팀을 맞았다.

펭귄들의 새해 인사로 시작된 남극 취재

필자의 취재 목적은 크게 두 가지였다. 하나는 극지 연구사에서 중요한 계기가 될 것으로 보이는 장보고 과학기지 건설을 위한 조사활동을 취재하는 것이고, 또 하나는 극지 과학자들의 다양한 연구 활동을 전하는 것이었다. 지금까지 우리나라는 아남극권인 킹조지 섬에 있는 세종기지 반경 200㎞ 안에서만 극지 연구를 제한적으로 수행해 왔다.

남극 대륙의 만년빙은 그 깊이만큼이나 지구의 오랜 역사를 간직하고 있다. 남극을 제대로 연구하려면 고도가 높은 대륙의 중심부로 향해야 한다고 극지 과학자들이 입을 모으는 이유이기도 하다. 그렇다고 남극이 무작정 내륙으로 들어갈 수 있는 곳도 아니다. 극한 환경 속에서 연구하려면 안전한 연구시설이 필요하고, 이를 마련하는 것은 재정적인 뒷받침이 있어야만 가능하기 때문이다. 각 나라의 극지 연구 수준을 대륙 중심부에 얼마나 가까이 과학기지를 두고 있느냐로 쉽게 판단할 수 있는 이유이기도 하다. 장보고 과학기지 건설은 극지 연구의 영역을 아남극

장보고 과학기지 정중앙에 펄럭이는 태극기 / 김주성   남극대륙에 설치된 운석탐사 베이스캠프 / 김주성

권이 아닌 대륙으로 확장하는 '전초기지'로서의 중요한 의미를 지닌다. 곳곳에서 장보고 과학기지 건설을 위한 조사활동이 시작됐다. 시도 때도 없이 바뀌는 남극의 변화무쌍한 날씨를 숱하게 경험한 과학자들은 하늘이 쾌청할 때를 놓칠세라 쉬지 않고 계획한 일정을 마무리해 갔다. 잠수부들은 드릴을 세 개나 부러뜨리며 3m에 가까운 얼음을 깨고 바닷속으로 들어갔다. 기지 주변의 해저지형을 정밀 파악하고 해저생물 연구를 위해 불가사리, 성게 등을 채집했다.

또 포괄적 환경영향평가팀은 먹이사슬의 정점에서 기지 주변 생태계에 큰 영향을 미치는 도둑갈매기 둥지를 찾아다니며 개체 수를 확인했다. 기지 건설 공사를 맡은 현대건설 직원들은 부지를 정밀 측량한 끝에 부지 정중앙에 태극기를 세우는 감격스러운 순간을 맛봤다.

극지연구소의 운석연구팀과 지질연구팀은 아라온호가 테라노바 베이에 도착하자마자 건설지에서 약 200㎞ 떨어진 빅토리아랜드 산악지대로 탐사활동을 떠났다. 2006년부터 극지 연구 선진국들과 공동탐사를 벌여왔지만 다른 나라의 도움없이 탐사에 나선 것은 이번이 처음이었다. 운석은 우주 공간을 떠돌다가 지구의 중력에 이끌려 지구 표면에 떨어진 암석으로 지구 탄생 초기의 역사를 밝힐 수 있는 중요한 물질이다. 남극 대륙 곳곳에서는 화성과 목성 사이의 소행성대에서 중요한 비밀을 간직한 채 지구로 떨어진 운석이 발견된다.

남극은 내륙으로 들어갈수록 위험요소가 많아진다. 영하 20도를 밑도는 추운 날씨와 초속 40m에 가까운 블리자드는 맨몸으로 운석을 탐사해야 하는 연구원들의 안전을 담보하지 못한다. 더군다나 이번 탐사를 수행 했던 빅토리아랜드 산악지대는 데이비드 빙하로 흘러드는 소규모 빙하에 의해 크레바스(빙하가 갈라져 생긴 틈)가 많은 곳이기도 했다.

남극 출장을 준비할 당시 운석탐사대에 동행 취재를 요청하자 설악산에서 진행되는 극지 적응 훈련에 참가할 것을 조언했다. 기초적인 암벽 등반 기술, 크레바스 탈출을 위한 로프 사용법 등 남극에서 겪을 수 있는 위기 상황을 가정해 대처방법을 습득해야 한다는 것이다. 비록 남극보다 덜 추운 설악산이었지만 3박4일간의 훈련은 남극 오리엔테이션으로서 충분히 가치가 있었다.

남극에선 안전요원이 '문명의 이기'

문명의 이기라고는 전혀 찾아볼 수 없는 남극의 산악지대에 도착한 운석 팀은 다음날 새벽 4시가 돼서야 베이스캠프 설치를 마쳤다. 탐사지와의 거리와 바람의 방향을 측정해 베이스캠프 위치를 정한 후에 블리자드에 날아가지 않도록 눈을 깊이 파내 텐트를 설치하고, 텐트 주변에 얼음 담장을 세웠다. 날씨만 허락하면 언제든지 탐사를 떠날 수 있도록 설상차에 기름을 채우고, 필자는 카메라 장비를 다시 점검했다.

극지연구소 지질팀의 우주선 박사(왼쪽)가 빅토리아랜드 산악지대에서 안전을 책임지는 유한규 코오롱 이사의 도움을 받아 퇴적층 시료를 채취하고 있는 모습 / 김주성

운석탐사대에는 베테랑 산악인 출신의 전문 안전요원이 동행한다. 취재하다 보면 그들의 통제가 때로는 불필요하다고 느낄 수도 있지만 무조건 따라야 한다. 남극에서 겪은 위험 상황에 대한 경험으로 판단할 때 안전요원들이 갖춘 전문성은 충분히 인정받아야 하고 그들의 조언은 꼭 귀담아들을 가치가 있다.

안전요원들이 가장 신경을 쓰는 위험 요소는 크레바스다. 눈으로 덮여 있어서 맨눈으로 보이지가 않고 그 깊이를 쉽게 알 수 없기 때문이다. 실제로 필자도 한쪽 발이 허벅지까지 빠진 적이 있다. 운이 좋게도 2m 정도밖에 되지 않는 틈이었고 주변 눈이 단단해서 부상없이 빠져나올 수 있었다.

다소 위험한 장면을 담는 것도 그들의 도움이 없으면 불가능하다. 절벽에 매달려 지질 표본을 채취하는 장면을 카메라에 담아야 했던 적이 있는데, 안전요원은 필자를 위해 로프를 설치하고 크레바스가 없는 이동 경로를 찾아주었다.

드러내면 찾고 감추면 못 찾아

다음날 오후부터 본격적인 탐사활동이 시작됐다. 극지과학의 주요 연구 대상인 운석을 찾아내는 방법은 꽤 단순하다. 첨단장비가 필요한 게 아니다. 빙하기 산악지대와 만나면서 생성된 청빙(Blue Ice) 지역을 두 발로 걸으면서 눈으로 찾아내는 방법뿐이다. 운석 탐사에는 더 편한 방법도 없고 더 과학적인 방법도 없다. 남극이 드러내 주면 찾고 감추면 못 찾는 것이 운석이다.

하루, 이틀, 사흘, 나흘… 청빙 위를 쉼없이 걸었지만 운석은 발견되지 않았다. 설상가상으로 갑자기 내리기 시작한 눈은 반짝반짝 빛나던 청빙을 하얗게 덮어버렸다. 탐사활동을 중단해야 할 수도 있다는 걱정으로 연구원들의 얼굴에서 핏기가 사라지고 있었다. 탐사 일정이 후반부로 접어들었지만 운석을 보관하는 아이스박스는 여전히 텅 비어 있었다. 일주일째 그들과 동행 취재하는 필자의 걱정도 이만저만이 아니었다. 탐사대의 고생담을 담은 기사와 사진은 이제 충분했다. 몸과 마음은 이미 탐사대의 일원이었지만 기자로서의 본색은 감출 수가 없었다. 필자가 전할 이야기를 해피엔딩으로 마무리해 줄 우주의 기운이 가득한 운석이 이제 나와 줘야 했다.

엎친 데 덮친 격으로 강한 블리자드가 몰아쳤다. 강한 눈보라는 베이스 캠프 주변의 눈 벽을 넘어서 텐트를 위협하고 있었다. 너나 할 것 없이 삽자루를 들고 눈을 퍼내기 시작했다. 필자 역시 카메라를 잠시 내려놓고 대한민국 최고의 극지 과학자들의 삽질에 동참했다.

드디어 심봤다!

다음날 아침 블리자드가 멈추자 운석팀은 위성지도를 다시 폈다. 강한 블리자드에 눈이 휩쓸려 청빙이 드러난 곳부터 탐사하기로 계획을 세우고 설상차에 몸을 실었다. 기대했던 대로 청빙 위에 두껍게 쌓였던 눈은 어느새 사라지고 단단한 청빙이 햇빛에 반짝이고 있었다.

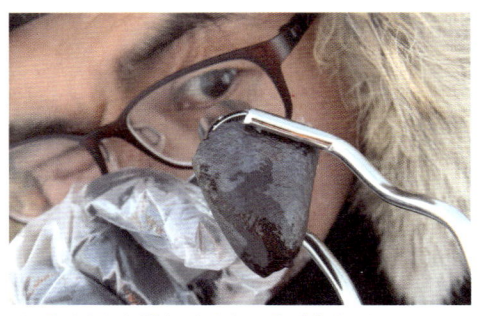

남극 운석팀이 발견한 '독자 탐사 1호 운석' / 김주성

청빙 위를 쉴 새 없이 걸은 지 여섯 시간 정도 지났을까. 심마니의 '심봤다'라는 소리보다 더 큰 함성이 대륙의 한복판에서 울려 퍼졌다. 독자 탐사에 나선 대한민국 운석 탐사대의 1호 운석이 발견된 것이다. 언뜻 봐도 그냥 돌이 아니었다. 감히 손을 대지도 못하고 실험용 집게로 잡은 운석을 이리저리 살펴보는 연구원의 얼굴에 생기가 돌기 시작했다.

운석탐사대와 동행한 이후 처음으로 인공위성 전화를 걸기 위해 인마르새트(International Maritime Satellite Organization) 단말기를 켰다. 인마르새트는 적도 상공에 떠 있는 위성을 사용하기 때문에 고위도인 극지에서는 통신이 안 되는 것으로 알려졌지만 1호 운석 탐사 장면은 꼭 남극에서 실시간으로 전하고 싶었다. 산악지대라 고도가 높아서인지 다행히 적도 상공의 위성은 남극과 대한민국을 실시간으로 연결해 주었다.

운석연구팀은 지난 2006년 남극 운석 탐사에 뛰어들어 146개의 운석을 수집해 연구해 오고 있다. 약 30년 전에 운석연구를 시작한 미국이나 일본이 1만 개도 넘는 운석을 보유한 것에 비하면 걸음마 단계에 불과하다. 하지만 장보고 기지 건설 주변 산악지대에서 한국이 독자적으로 수행한 운석 탐사는 남극 대륙 깊숙한 곳으로 연구를 확장하는 중요한 계기가 됐다는 평가를 받았다.

가지 않으면 전할 수 없는 곳

연합뉴스는 장보고 과학기지 부지 선정 초기부터 극지 연구 활동을 적극적으로 취재해 왔다. 얼어붙은 남극해를 깨며 대륙으로 전진한 한국 최초 쇄빙선 아라온호, 얼음에 갇혀 조난한 러시아 어선에 대한 첫 구조 활동, 장보고 과학기지 건설 과정, 남극 자연과 생태, 특히 국내 언론으로서는 처음 시도했던 남극 산악지대에서의 운석 탐사 활동까지 극지 과학자들의 고된 연구 활동과 활약상을 생생히 전했다.

남극은 '가기 힘든 곳'이지만 '가지 않으면 전할 수 없는 곳'이기도 하다. 남극으로 가는 길은 멀고도 험하다. 그럼에도 가야 하는 이유는 알려지지 않은, 알려야 할 이야기들이 많은 곳이기 때문이다.

해발 5,600m에서 위성전화로
쌍욕 듣는 느낌은?

글 | 김현태 당시 사진부 기자, 현 사진부 차장대우

쿠르르 쿵! 쿵! 콰르르 쿵! 산사태의 거대한 굉음과 몸이 휘청거리는 충격이 전해지기 무섭게 세르파(현지인 산행 가이드)의 다급한 목소리가 뒤따른다.

"미스터 김, 런^Run! 런!"

부족한 산소 탓에 그냥 숨쉬기도 어렵지만 이때만큼은 초인적인 힘으로 15kg이 넘는 장비를 들고 미친 듯이 내달린다. 2010년 4~5월 해발 5천600m 히말라야 안나푸르나 자락에서의 취재 일상이다.

술 · 담배 끊고 매일 5㎞ 달리기

연이은 두 번의 해외출장을 끝내고 회사로 출근한 지 열흘도 되지 않은 어느 날 사진부 이상학 선배가 들뜬 표정으로 필자에게 왔다.

"현태야, 너 안나푸르나 가라."

이 선배의 생뚱맞은 말에 "무슨 소리냐?"고 되묻자 오은선 대장의 안나푸르나 원정출발 기자회견에 갔었는데 KBS가 동행 취재한다기에 연합뉴스도 가도 되느냐고 관계자에게 요청해 흔쾌히 수락을 받았다는 것이다.

순간 히말라야, 안나푸르나, 산, 암벽, 빙벽 등 수많은 단어가 떠올랐다. 고등학교 1학년부터 산악부에 들어가 이후 대학 졸업 때까지 등반대회, 암벽대회, 빙벽대회에 출전하고 지리산 종주산행만 10여 차례, 두 번의 해외원정 등 필자에게 산은 일상이었다. 그러다 2000년 여름 53일간의 백두대간 종주를 끝으로 산과 멀어졌다. 즐기는 게 아닌 도전의 대상이 된 산에 미안했고 그런 등산에 지쳐서였다.

그런 필자에게 산이라니 대답은 명확했다.

"저 싫은데요."

이 선배에게 주저 없이 가지 않겠다는 의사를 밝혔다.

하지만 이후 회사 차원에서의 신청자 공지에도 지원자가 많지 않았고 아울러 일정 수준의 등산 전문지식과 경험, 체력을 등반대에서 요청했기에 결국 필자로 결정되고 말았다.

결정된 후부터는 고된 준비가 뒤따랐다. 출발까지 한 달이 채 남지 않은 기간에 체력을 키우려니 쉽지 않았다. 당장 술, 담배를 끊고 매일 청계산을 오르며 5㎞씩을 달렸다. 10년간 타지 않던 암벽도 다시 시작했다. 아울러 위성전화 사용법, 태양광 발전기 사용법, 800mm 렌즈, 1천 200mm 렌즈 수리 등 전송을 위한 기술적 준비도 함께했다.

신들의 땅 히말라야에 발을 딛다

준비로 정신없던 한 달을 보내고 2010년 4월 중순 오은선 대장의 소속사인 블랙야크 관계자들과 네팔 수도 카트만두에 도착했다. 카트만두에서는 경비행기를 타고 안나푸르나의 밑자락에 있는 도시 포카라로 이동

오은선 대장을 사진 취재하고 있는 김현태 기자

했다. 포카라에서는 고도 적응을 위해 일주일간 산행을 하며 몇 주 전부터 선발대와 오은선 대장이 훈련하며 머무르는 해발 4천200m의 베이스캠프로 이동할 계획이었다.

3천m 이상의 높은 산을 오를 때는 기본적으로 산소 부족 및 저기압에 따른 고산병을 방지하기 위해 일주일간의 적응 기간을 갖고 천천히 산행하면서 고도를 높여간다. 갑작스럽게 고도를 높이면 저기압에 따른 신체장기의 압력 변화와 산소 부족에 따른 호흡곤란 등으로 자칫 생명에 위협을 받을 수 있다.

포카라에서 이틀간 머물며 산행 마지막 준비를 끝낸 4월 22일. 아침식사를 하러 숙소 식당으로 갔다가 블랙야크 관계자로부터 다급한 소식을 들었다. 현장 날씨가 좋아 오은선 대장이 이날 베이스캠프를 떠났으며 3일 뒤 정상공략에 나선다는 것이다.

머릿속이 하얗게 변했다. 무려 한 달간의 준비를 하고 왔는데 오은선 대장의 정상공략을 취재 못 할 수도 있다는 말은 정말 사형선고나 같았다.

결국 블랙야크팀과 긴급회의 후 베이스캠프까지 헬기를 타고 이동하기로 했다. 헬기 이동은 응급환자 이송 등 정말 다급한 상황이 아니면 이용하지 않지만 다른 방법이 없었다. 현장 의료진과 만약 고산병 증세가 오면 바로 하산한다는 약속을 굳게 한 뒤 헬기에 올랐다. 지난 산악부 시절과 원정등반 때를 떠올리며 몰려오는 긴장과 두려움을 다잡았다.

헬기 문 열자 바로 주저앉아, 호흡곤란에 근육통까지

약 30분의 비행 후 베이스캠프에 도착했다. 헬기 문이 열리고 땅에 발을 딛는 순간 부족한 산소에 숨이 막히고 온몸에 쥐가 나면서 그대로 주저앉았다. 정말 이대로 죽겠다는 생각이 들었다. 그렇게 세 시간 가까이 정신을 반쯤 잃고 의료진 텐트에 쓰러져 있었다. 간신히 정신을 차리고 위성전화로 회사에 도착 보고를 했으나 목소리가 나오지 않았다. 무사히 도착했다는 짧은 말만 겨우 전하고 다시 쓰러졌다. 그렇게 꼬박 24시간을 따뜻한 물만 마시며 호흡곤란과 두통, 근육통에 시달렸다. 고산병은 몸이 적응을 못하면 하산하는 것만이 유일한 치료법이어서 몸이 견뎌내기를 기다리는 수밖에 없었다.

다음날 아침 다행히 몸이 적응을 끝냈다. 하지만 베이스캠프에서는 오은선 대장의 정상공략을 맨눈으로 확인할 수 없기에 약 여섯 시간의 산행을 더 해서 캠프보다 약 1천400m 높은 해발 5천600m의 관측 포인트까지 이동을 해야 했다. 급한 마음에 곧바로 현지인 셰르파 한 명과 관측 포인트 확인차 길을 나섰다. 여섯 시간의 산행 끝에 도착한 관측 포인트는 생각보다 상황이 열악했다. 관측 포인트는 산악용어로 산사태가 잦은 지역인 '너덜지대'였으며 가는 길 또한 협곡과 암벽 등반을 해야 하는 구간이었다.

셰르파는 관측 포인트가 너무 위험하다며 계속해서 철수하라고 재촉했다. 관측 포인트 확인 후 베이스캠프로 돌아오니 정상 부근의 기상악화로 오은선 대장의 정상공략이 27일로 미뤄졌다는 소식이 전해졌다.

까짓것 죽으면 그만이다

24일 아침 본사에 자료사진 등을 첨부해 관측 포인트 사정을 보고했다. 몇 시간 뒤 박창기 사진부장으로부터 연락이 왔다. 회사에서 오랜 논의 끝에 관측 포인트 취재를 하지 말자는 결정을 했다는 것이다. 박 부장은 혹시 모를 사고가 걱정돼 편집국과 경영진 차원에서 이런 결정을 내렸다고 이유를 밝히며 "너 절대 가지마. 이건 부장 명이야, 알겠지!"라고 몇 번이나 강조했다. 개인적인 아쉬움이 컸지만 관측 포인트의 상황이 너무 열악하고 위험했기에 회사의 결정에 안도가 되기도 했다.

그렇게 사흘이 지나고 27일 새벽. 오은선 대장의 정상공략이 시작된다는 설렘에 이른 아침 눈을 떴다. 그리고 멀리 안나푸르나의 정상을 바라보는데 여기까지 와서 정상공략을 사진으로 남기지 못한다는 게 너무나 아쉬웠다. 순간 '까짓것 죽으면 그만'이라는 이상한 오기와 객기가 생기면서 절대 가지 않겠다는 셰르파에게 200달러의 추가 비용을 쥐어

여성 최초로 8천m급 14좌 완등에 성공한 오은선 대장이 14좌의 마지막인 안나푸르나(8,091m) 정상을 향해 나아가고 있다(두 번째 그룹 두 번째) / 김현태

오은선 대장이 안나푸르나(8,091m) 정상 정복 후 하산하는 길에 연합 뉴스 사기를 펼쳐 보이고 있다 / 김현태

여성 세계 최초 8천m급 14좌 완등에 성공한 오은선 대장이 2010년 4월 29일 15시 45분께 무사히 안나푸르나 베이스캠프(4,200m)로 복귀하며 환영 나온 원정대원들에게 손을 흔들고 있다 / 김현태

주며 길을 나섰다.

관측 포인트에 도착해 오은선 대장의 모습이 1천200mm 렌즈에 잡히기를 두 시간이나 기다렸다. 그사이 세 번의 산사태가 발생해 안전지대로 전력질주를 해야 했다. 겁에 질린 셰르파는 관측 포인트에서 300m나 떨어진 곳에 서서 산사태가 날 때마다 나에게 "미스터 김, 런! 런!"을 목청껏 외쳤다.

산사태에 대한 공포와 오은선 대장의 정상공략을 눈으로 볼 수 있다는 흥분에 젖어있던 찰나 오은선 대장 일행이 카메라에 잡혔다. 재빠르게 사진을 찍고 위성전화를 이용해 회사로 송고했다.

통화당 10만 원 위성전화로 쌍욕 들어

사진이 전송되자마자 위성전화기의 벨소리가 격렬하게 울렸다. 아니나 다를까, 박 부장이 왜 지시를 어기고 관측 포인트에 갔느냐며 다양한 모진 말을 퍼부었다. 해발 5천600m 히말라야 산중에서 산사태의 위협 속에 한 통화당 최소 10만 원이 드는 위성전화로 욕을 먹는 기분은 정말 묘한 쾌감을 안겼다.

박 부장에게 한국 돌아가면 더한 말도 듣겠다고 지금은 죄송하다며 서둘러 전화를 끊고 베이스캠프로 내달렸다. 오은선 대장이 관측 포인트를 지나 정상까지 빠르면 다섯 시간이면 도착하기에 베이스캠프로 가서 기사 1보를 송고해야 해서였다.

베이스캠프에 도착해서 KBS의 현장 영상과 무전으로 오은선 대장의 정상공략을 확인 후 1보를 송고했다. 관측 포인트에 가서 찍은 사진도 매

인천국제공항에서 환영객들에게 손을 흔들고 있는 오은선 대장 / 김현태

핑했다.

당시 송고를 하던 순간은 지금까지도 기억이 생생한, 기자생활에서 손에 꼽힐 정도의 짜릿한 추억이었다. 지난 한 달간의 고된 준비기간과 자칫 무모하기도 했던 취재 과정이 그래도 하나의 성공적인 결과물로 나왔기에 가슴이 벅찼다.

오은선 대장의 2010년 4월 27일 안나푸르나 등정은 세계 여성 산악인으로는 최초로 히말라야 8천m급 14개 봉을 모두 오르는 기록이어서 의미가 컸다.

아울러 KBS가 방송으로는 처음으로 등정 과정을 생중계하고 연합뉴스 또한 국내 언론사로는 최초로 현지에서 사진과 기사로 기록하는 발자취를 남겼다.

해발 4천m 이상의 고산에서 2주간 취재는 다양한 추억도 만들었다. 산소가 부족해 밥을 먹고 나면 마치 100m 달리기를 한 것처럼 숨이 차올랐다. 밤이 되면 무서우리만치 적막감이 찾아왔고, 쏟아질 것 같은 별빛에 넋이 빠졌으며, 한낮에는 순간 30도를 넘는 더위가 찾아왔다가 금세 눈보라가 몰아치는 겨울 날씨가 당황스럽기만 했다.

정말 좀처럼 경험할 수 없는 일상들이었다. 물론 다시 그곳으로 취재를 가라면 이제는 정말 극구 사양할 것이다.

"안나는 푸릅니다!"

안나푸르나 출장을 다녀와서 수많은 선후배에게 가장 많이 들은 말장난이 있다.

"안나는 푸르나?"라는 익살 섞인 물음이었다.

안나푸르나는 척박한 취재환경이었지만 자연에 대한 경외와 한없이 약한 인간의 존재, 그래도 그 약함으로도 강한 의지로 환경을 이겨내는 인간의 능력, 그 모든 것을 느끼며 우주와 인간이라는 존재의 가치를 고민하게 했던 곳이다. 그래서인지 출장이 끝나고 마치 득도한 듯한 기분이었다. 이 때문인지 선후배들의 농에 나 또한 이런 선문답을 했다.

"안나가 푸르냐고요? 네, 안나는 푸릅니다. 눈부시게요."

방전된 열정을 찾아서

글 | 김수진 당시 아프리카 순회 특파원, 현 국제뉴스부 기자

2015년 9월. 특파원 모집공고를 보고 오랜만에 가슴이 뛰었다. 입사한 지 햇수로 5년. 햇병아리 기자 시절 품었던 열정은 다 어디 가고 하루하루 쳇바퀴 돌 듯 살아가기 바빴던 마음속에 다시 불꽃이 일었다. 다른 지역 특파원은 최소 7년 이상의 경력이 필요하지만 아프리카와 쿠바, 예루살렘은 입사한 지 3년 이상이면 자격 조건이 됐다. 게다가 아프리카 특파원은 다른 지역과 달리 여러 나라를 다니는 순회 특파원이어서 더 재미있을 것 같았다. 잘 모르는 대륙인지라 겁도 났지만, 호기심이 두려움을 앞섰다.

커피의 고향에 가다

2016년 3월 아프리카 순회 특파원으로 부임한 뒤 가장 먼저 취재한 아이템은 커피다. 첫 주재지가 커피의 탄생지로 알려진 에티오피아였고, 수도 아디스아바바에서 마침 국제커피기구(ICO)가 주관한 제4회 커피 콘퍼런스가 열리고 있었다. 에티오피아는 아프리카 내 최대 커피 생산국이자 우리가 예가체프로 알고 있는 이르가체페(Yirgacheffe) 커피의 원산

지다. 에티오피아 정부에서도 커피 산업에 각별히 신경을 쓰고 있다.

사전에 취재기자 등록을 한 덕분에 3박4일 동안 진행되는 커피농장 투어에 참가할 수 있었다. 시다모, 이르가체페 등 주요 커피 산지의 농장, 커피 농가 조합, 원두 가공시설 등을 둘러보는 일정이었다. 생전 처음 하얀 꽃이 핀 커피나무를 볼 수 있었다. 고산지대의 온화한 기후와 비옥한 토양이 질 좋은 커피를 생산하기에 최적의 환경임을 알 수 있었다.

하지만 필자의 관심을 끈 것은 축복받은 자연환경보다는 커피 농사를 짓는 사람들의 모습이었다. 커피 농가 사람들은 멀리서 찾아온 낯선 손님을 환영(혹은 구경)하러 마을 초입부터 구름처럼 몰려나왔다. 부족의 전통의상을 갖춰 입은 노인들이 노래를 부르며 환영의식을 선보였다. 남성 농민들이 커피 농장을 보여주는 동안 아낙들은 화로에 원두를 볶은 뒤 절구로 빻아 커피를 끓여줬다. 아이들은 방문단의 꽁무니를 쫓아다니며 신기해 했다.

에티오피아 아디스아바바 주택가 골목에서 소년들이 카메라를 향해 익살스러운 표정을 짓고 있다 / 김수진

이들이 건넨 커피는 따뜻하면서도 쌉쌀했다. 필자의 마음도 마찬가지였다. 에티오피아 내에서도 최고의 커피를 생산해 파는 마을임에도 사람들의 옷차림과 세간이 무척 남루했기 때문이다. 노인들 얼굴에 깊이 팬 주름이 고생으로 가득 찬 세월을 말해줬다. 농사를 도맡아 하는 농민들의 손톱은 거의 닳아 없어져 보였다. 아이들은 코를 찔찔 흘리며 낯선 이방인들에게 "머니money, 머니!"

하며 손을 내밀었다.

다음으로 찾아간 커피 가공시설에서는 더욱 속이 쓰렸다. 한국에서라면 학교에서 한창 공부를 하고 있을 시간, 딱 교실 두 개를 합쳐놓은 크기의 공간에서 소녀 80여 명이 썩거나 깨진 커피콩을 골라내고 있었다. 불량 커피콩을 골라낸 뒤 질 좋은 커피콩으로 60kg짜리 자루 한 포대를 가득 채우면 40비르(약 2천 원)를 받는다고 했다. 요즘 커피전문점에서 5천원 안팎인 커피 한 잔에 8~10g 정도의 원두가 들어가는 점을 고려하면 너무 적은 금액이라는 생각이 들었다. 동행한 현지인을 통해 한 소녀에게 학교에 가고 싶지 않으냐고 묻자 고개를 푹 숙이고는 커피콩 골라내기에 더 열중했다. 말을 꺼낸 게 미안해졌다. 아이들이 학교에 가지 않는 것은 비단 에티오피아 커피 농가만의 문제가 아니다. 아이들이 코 묻은 돈이라도 벌어 와야 생계를 이을 수 있다 보니 아프리카 시골 농가에서는 아이들을 학교에 보내지 않는 경우가 많다.

커피콩을 고르는 소녀들 / 김수진

'커피의 귀부인' 이르가체페 / 김수진

국가마다 차이는 있지만 평일 대낮에 농사일을 하거나 거리에서 물건을 파는 아이들을 흔히 볼 수 있다. 물을 긷는 일도 아이들 몫이다. 심지어 아디스아바바 길거리에서 필자의 휴대전화를 훔치려던 소매치기단 중한 명도 고작 예닐곱 살쯤 돼 보이는 꼬마였다.

혹시 아이들에게서 과일이라도 사게 되면 "네 미래를 위해서 공부도 열심히 해야 한다."고 진지하게 말해 주었다. 에티오피아 농가에서 만난 한 소년은 "그런 말을 해준 사람은 당신이 처음"이라며 "아이 러브 유"라고 외쳤다. 아이들과 마주칠 때마다 '집에 쌓여 있는 연필과 공책 좀 잔뜩 들고 올 걸…'하는 아쉬움이 들었다.

지구촌에서 가장 어린 나라 남수단

아프리카 순회 특파원으로 활동하는 동안 출장을 자주 다녔다. 아프리카가 한국의 반대편이다 보니 이 지역에서 열리는 주요 행사 취재를 맡았다. 그중 첫 출장지가 남수단이었다.

가수 김장훈이 남수단 수도 주바에서 평화콘서트를 연다고 했다. 2011년 7월 9일 수단에서 분리 독립해 지구촌에서 가장 어린 나라가 된 남수단의 첫 올림픽 출전을 응원하는 콘서트였다. 남수단은 당시 내전이 끝나지 않은 터라 다소 겁이 났지만, 좋은 일을 취재하러 간다는 생각에 설레기도 했다.

2016년 4월 9일 주바 농구경기장에서 열린 콘서트장에는 3천여 명의 관객이 몰렸다. 세계 최빈국으로 사회기반시설이 변변치 않고 더욱이 문화행사는 거의 열리지 않는 이곳에서 평화콘서트는 남수단 독립 이후 가장 큰 행사 중 하나였다.

콘서트가 본격적으로 시작되기 전 어린이들이 퍼포먼스를 선보였다. 유니폼을 맞춰 입은 아이들이 단체로 몸짓하며 시를 낭독했다. 절규하듯 등을 굽히고 "전쟁이 싫어요. 이제 그만!"(I hate fighting. Stop fighting.)
이라고 외치는 모습이 머릿속에서 떠나질 않았다. '아이들이 얼마나 시
달렸으면…' 참으로 안타까웠다.

'힘내라 남수단' 평화콘서트를 찾은 소년들이 즐거운 표정으로 공연을 감상하고 있다 / 김수진

김장훈이 무대로 나서면서 분위기가 달라졌다. 사람들은 '난 남자다',
'내 사랑 내 곁에' 등 처음 듣는 한국 노래에도 행복한 표정이었다. 젊
은이는 물론 아이들까지 온몸을 리듬에 싣고 남수단 깃발을 흔들었다.
김장훈은 관객과 무대 사이를 휘젓고 다니며 '콘서트 제왕'의 면모를 아
낌없이 보여줬다. 특히 그가 남수단 뮤지션과 함께 현지 인기곡을 열창
하자 사람들은 열광했다. 한 장면도 놓치고 싶지 않아 정신없이 카메라
셔터를 눌러댔다. 휴대전화를 꺼내 동영상도 찍었다. 객석 한가운데로
비집고 들어가 자회사인 연합뉴스TV의 뉴스 리포트에 넣을 '스탠드업'
을 하고 인터뷰까지 진행했다.
평화콘서트는 성공리에 마무리됐지만, 남수단에서는 아직도 총성이

멈추지 않고 있다. 살바 키르 대통령과 리크 마차르가 이끄는 반군은 2016년 7월 다시 충돌했다. 민간인을 포함해 약 300명이 사망했고 외국인의 탈출 러시가 이어졌다. 중국이 파견한 유엔평화유지군도 목숨을 잃었다. 정부군과 반군의 충돌은 연말까지도 이어져 수십 명의 사상자를 냈다. 불과 몇 달 전 '곧 평화가 올 것'이라며 기대에 부풀었던 남수단 사람들의 모습이 생생히 떠오르면서 내전이 재발했다는 소식에 안타까움을 금할 수 없었다.

남수단 한빛부대 "우리가 진짜 태양의 후예"

끝이 보이지 않는 내전 때문에 남수단에는 남수단유엔임무단(UNMISS)이라는 이름의 유엔 평화유지군(PKO)도 주둔하고 있다. 우리나라도 반기문 유엔 사무총장의 요청으로 2013년부터 PKO 공병대인 '한빛부대'를 남수단에 파병하고 있다.

남수단까지 와서 콘서트만 취재하고 돌아가기가 아쉬워 한빛부대를 방문하기로 했다. 이역만리서 고생하는 장병들을 만나기는 쉽지 않았다. 유엔기지 방문·취재 승인을 받아야 했고, 수도 주바에서 한빛부대가 있는 보르까지 찾아가는 일도 만만치 않았다. 유엔의 협조를 구하면 유엔 헬기를 이용할 수 있지만 승인이 늦어지면 주 2회 운영하는 민간 항공기를 이용해야 했다. 그나마도 승객이 12명 미만이면 운항이 취소된다고 했다. 다행히 본사 국방부 출입기자와 한빛부대의 도움으로 계획한 일정 내에 유엔 승인을 받을 수 있었다. 주바에서 한빛부대 협조 장교의 지원 덕에 무사히 헬기에 탑승했다.

보르에서는 1박2일간 부대 곳곳을 취재하고 새벽 기상부터 취침까지 장병들의 생활 모습도 지켜봤다. 우리 장병들이 유엔기지 내 보호소에 머무는 난민들과 친근하게 지내는 모습이 인상적이었다. 난민보호소에 한빛부대 장병들이 나타나면 어린이들이 으레 달려와 "안녕"이라고 인사를 건넬 정도였다. 한빛부대가 주 임무인 재건 업무뿐 아니라 의료 서비스·물품 지원 등 주민 친화 사업에도 심혈을 기울인 덕분이다.

한빛부대가 의료 지원을 한 어린이를 만나러 가는 길에 난생처음으로 방탄조끼와 모자를 착용하고 방탄차량까지 얻어 타기도 했다. 당시만 해도 정부군과 반군의 충돌이 소강상태였지만 길거리에 종종 소총을 든 주민이 드문드문 보였다. 가족과 재산을 스스로 지키기 위해 총을 소지하는 사람이 늘고 있다고 했다.

아쉬움이 노하우가 되길 바라며

2016년 3월부터 9월까지 에티오피아와 남수단 외에 르완다, 우간다, 케냐, 탄자니아, 남아프리카공화국 등 모두 7개국에 연합뉴스의 발 도장을 찍고 돌아왔다. 수시로 단전이나 단수가 찾아오는 바람에 '물과 전기 없이 버티기'의 달인이 됐고, 오지 출장지 숙소에서 흙탕물이 나오거나 도마뱀, 바퀴벌레가 출현해도 심드렁한 표정을 지을 수 있게 됐다.

물론 이런 모습이 아프리카의 전부는 아니다. 지면이 허락하지 않아 취재했던 내용 중 극히 일부밖에 소개하지 못하지만, 아프리카 각국은 나름대로 더 나은 미래를 계획하고 실천하는 중이다.

한국전쟁 당시 지상군을 파병한 에티오피아는 폐허 속에서 눈부신 성장을 거둔 한국의 발전 경험을 모델로 경제성장에 박차를 가하고 있다. 거리마다 고층건물이 즐비하고 도로공사도 한창이라 10년 뒤 수도 아디스아바바의 변화한 모습이 정말 궁금하다.

'아프리카의 스위스'라 불리는 르완다에서는 깨끗한 거리와 투명한 행정처리가 강점으로 느껴졌다. 농업 발전에 힘을 쏟는 우간다와 킬리만자로 등 천혜의 자연환경을 자랑하며 관광산업을 키우는 탄자니아에서는 아프리카의 밝은 내일을 봤다.

아프리카의 경제대국 남아프리카공화국에서는 1994년 이후 집권해 온 넬슨 만델라의 정당이 선거에서 참패하는 모습을 지켜보며 변화를 향한 국민의 열망을 느낄 수 있었다.

때때로 외롭고 힘들기도 했지만 특파원으로서 이 모든 것을 지켜볼 수 있어 진심으로 행복했다. 국내 언론사 중 유일하게 아프리카 각국을 돌며 현지 소식을 알리고 있다는 자부심에 쉽게 지치지 않을 수 있었다.

아프리카에서 돌아오고 적지 않은 시간이 흘렀지만, 아프리카 특파원으로서 얻은 소중한 추억은 마음속에 여전히 생생하다. '두근두근' 초심자의 열정이 필요할 때마다 꺼내서 들여다 볼 참이다.

회사에서도 처음 시행하는 제도이다 보니, 제1호 아프리카 순회 특파원으로서 맨땅에 헤딩해야 하는 일이 많았다. 이제 시작이니 만큼, 이 제도가 계속 유지된다면 연합뉴스만의 '아프리카 노하우'가 축적될 것이라고 생각한다.

매혹과 갈망 사이

글 | **김지헌** 당시 아바나 단기 특파원, 현 사회부 기자

살사, 올드카, 말레콘, 오래된 건물, 시가는 정말 낭만적인가?

쿠바는 '낭만의 나라'라는 이미지가 있다. 끈적한 날씨 속에 살사 리듬에 맞춰 격정적으로 몸을 흔들다가, 뚜껑 열린 올드 카를 타고, 말레콘을 달려 형형색색의 옛 건물을 지나, 무너질 듯한 술집 귀통이에 앉아, 멀리서 들려오는 '베사메 무초' 가락을 흥얼거리며, 럼주 한 잔을 시켜놓고 굵은 시가에 불을 붙여 한껏 연기를 머금는 모습에서 나오는 바로 그 느낌말이다.

여기에 무상교육, 무상의료로 대변되는 사회주의 국가의 체제가 더해 져 이 나라는 '지상천국'의 이미지로도 알려졌다. 다소 맞고, 크게 틀렸다. 교육과 의료는 모두 무상이다. 그러나 4인 가족 한 달 평균 생활비가 200달러 이상 든다는 수도 아바나에서 초년생 의사 월급이 25달러라면 의사가 희생한 가치를 무상의료 가격에 더해야 할 것이다. 무상으로 4년제 대학까지 마친다 하더라도 역시 평균 초임이 25달러에 그치고 마땅한 일자리는 없으며 대학 졸업 이후 2년간 무료 봉사활동을

미국 작가 어니스트 헤밍웨이가 자주 드나들었다는 소문이 나 인기를 끄는 쿠바 아바나의 술집 라 보데기타 델 메디오에서 바텐더가 칵테일 모히토를 만들고 있다 / 김지헌

해야 한다면 '무상'이라는 사회체제는 결국 전 국민의 희생을 담보로 한다.

살사, 올드카, 말레콘, 오래된 건물, 시가는 정말 낭만적인가. 아바나 해안을 따라 만든 방파제 말레콘에서 웃음꽃을 피우는 쿠바인의 모습에 감명 받을 수는 있다. 그러나 카리브해 섬나라 쿠바의 무더위를 낡아빠진 집에서는 견딜 수 없고

쿠바 아바나에 도착한 미국 크루즈선 아도니아호 앞으로 마차와 올드카가 지나가고 있다 / 김지헌

수많은 술집과 클럽의 가격을 감당하기 어려워 갈 곳이 마땅치 않은 이들이 말레콘에 모인 것이라면 낭만적일 수 없다. 1950년대의 정취를 뿜어내는 올드카는 차량이 모자라 환갑이 넘은 자동차를 어떻게든 '굴려야만' 하는 현실이다. 온갖 원색으로 외벽을 칠한 식민지풍 건물을 배경으로 평생 기억에 남을 사진을 찍을 수도 있겠지만, 설계의 개념조차 희박했던 수백 년 전 지어진 건물은 일조량이 풍부하다 못해 과도한 섬나라에서 실내로는 햇볕이 거의 들지 않아 벽이 온통 곰팡이로 뒤덮인 곳에 사는 사람들의 삶까지 낭만적일지는 생각해 볼 일이다.

여행자가 아닌 외국인이자 기자로서 쿠바에서 사는 일은 낭만과는 거리가 멀었다. 한때는 낭만의 'ㄴ' 소리만 들어도 피가 거꾸로 솟는 기분이 들었음을 고백한다. 진정한 낭만은 미수교국 한국에서 온 동양인 기자로서 사회주의 관료제의 온갖 장벽은 물론 무더위, 빈약한 인프라, 열악한 통신 사정과 투쟁해 그들이 살아가는 속내를 기록으로 남길 수 있었을 때야 비로소 느낄 수 있었다.

그래서 '특파원 주재국'으로서의 쿠바를 바라볼 때 아쉬운 점이 떠오를 수밖에 없다. 통신 불량이나 공산주의적 특성을 참아가며 취재할 인내심이 조금 더 있었더라면, 조금 더 긴 호흡으로 쿠바의 속도에 맞춰갈 수 있었더라면 다른 기사를 써낼 수도 있지 않았을까. 부디 이후 쿠바에 발을 딛는 한국인 기자는 이와 같은 아쉬움을 가지지 않기 바란다.

죽어도 안 된다던 한국이 쿠바에 왔다

현재 지구촌에서 쿠바만큼 '격동'이라는 단어가 어울리는 곳은 많지 않을 것이다. 1959년 공산주의 혁명 이래 카스트로 가문의 철권통치를 반세기 가까이 지속한 쿠바는 자본주의를 받아들이고 있었다. 변화의 정점은 단연 2016년 버락 오바마 미국 대통령의 방문이었다.

1928년 이후 88년 만에 미국 현직 대통령이 쿠바 땅을 밟았을 때 같은 장소에 있었던 것은 역사를 기록하는 최전선에 있는 기자로서 행운이었다. 이를 현장에서 한국어로 전하면서 국가기간뉴스통신사의 역할을 새삼 되새길 수 있었다.

'가까우면서도 먼 관계'의 정상화가 주는 기쁨은 사실 오바마 방문이라는 초대형 정치적 사안보다 미국 크루즈선의 아바나 기항이라는 민간 차원의 이벤트에서 더욱 극명하게 나타났다.

미국 크루즈선 아도니아호가 아바나에 닻을 내린 2016년 5월 2일, 아바나 항엔 쿠바인 수백 명이 몰렸다. 배의 승객들과는 아무런 관계가 없는 이들이 대다수였다. 한 시민은 "형제들을 환영하러 왔다."고 했다. 그는 미국인을 '형제'로 인식하고 있었다. 그의 말은 과장이 아니었다. 배에서 내려 아바나 항을 나서는 미국인 관광객과 쿠바인들은 눈물을 터뜨렸다. 전혀 모르는 이를 힘껏 포옹하며 "환영한다"고 외쳤다. 오랫동안 헤어졌던 가족을 다시 만난 것처럼.

쿠바와 한국의 관계도 쿠바와 미국 관계만큼이나 독특하다.

쿠바는 전통적으로 북한과 혈맹에 가까울 만큼 막역한 동맹 관계를 유지해 왔다. 다만 쿠바는 미국 수교에서 보듯 자본주의를 일부 수용하려고 하면서 일본이나 유럽 국가 대부분을 포함한 나라들과도 관계를 맺

버락 오바마 미국 대통령이 역사적인 쿠바 방문에서 첫 저녁 식사 장소로 선택한 '산 크리스토발' 민간 식당

고 있는데 오직 한국만은 예외였다. 피델 카스트로 전 쿠바 국가평의회 의장은 과거 "내 눈에 흙이 들어가기 전에는 안 된다."며 한국과의 수교를 일언지하에 거절한 것으로 알려져 있다.

그런 쿠바에 한국이 왔다. 윤병세 외교부 장관이 그해 6월 5일 쿠바를 방문해 브루노 로드리게스 외무장관과 대담했다. 역대 최고위급 한국 관료의 쿠바 방문이었다. 1921년 쿠바에 뿌리내린 한인의 후손들과 윤 장관이 만났을 때 후손들 눈가가 촉촉해 보였던 건 필자의 기분 탓이었을까.

보이는 것과 보이지 않는 것

낭만적이라는 쿠바 사람들의 실제 삶에 대한 궁금증은 쿠바에 발을 들인 이래 뇌리를 떠나지 않았다. 밖에서 보는 것과 안에서 겪는 실제 생활상의 차이를 전달할 수 있었던 것이야말로 쿠바라는 특수지역에서 특파원으로 일하면서 느낀 가장 큰 보람이다.

쿠바 최고의 명문 야구팀 인두스트리알레스의 외야수 요아산 기옌(27)은 여느 쿠바인과 달리 차분한 태도에 낮은 목소리로 조곤조곤 말하는 모습이 인상적이었다. 부모님, 아내, 아이를 부양해야 한다는 말을 하면서 울퉁불퉁한 어깨 근육에 힘을 주는 모습에선 넘치는 책임감이 전해졌다. 그러나 운동선수로서 절정기의 연령이지만 여전히 주전은 아니다. 햇볕이 들지 않는 그의 집은 부엌 겸 거실과 복도로 이어지는 방 한 칸이 전부였다. 두 살배기 딸은 아무것도 깔리지 않은 맨바닥에서 기어 다니고 있었다. 언젠가 미국 최고 명문 뉴욕양키스에 입단하고 싶다는 기옌의 꿈이 이뤄지면 가족들의 삶도 크게 달라질 것이다.

의사의 길을 관두고 식당 종업원을 택한 20대 초반의 아드리아나의 삶은 쿠바 사회의 현재와 모순을 가장 잘 보여줬다. 의대를 나온 아드리아나는 공무원인 의사가 받는 월급 약 2만7천 원과 민간 식당 직원 월급 약 37만 원 사이에서 고민하다가 후자를 택했다. 여전히 국영 식당도 성업 중인 쿠바에선 식당이 민간인지 국영인지가 중요한 구분 지점이다. 돈을 많이 주는 민간 식당에 취직하려면 지인들 인맥을 동원해야 한다.

인터뷰 이후 의사와 식당 종업원의 수입과 위상이 역전된 것처럼 직업윤리도 변했음을 보여주는 소식이 들려왔다. 아드리아나가 식당 손님과 개인적으로 만나다가 사장에게 발각돼 해고당했다는 것이다. 직원들의 평판과 사생활에까지 개입하는 '고소득 직장', 쿠바 민간 식당의 모습이다. 그가 새로운 살길을 찾았을지…. 부디 그렇기를 바란다.

매혹적인 만큼 갈망이 많은 나라

쿠바는 매혹적인 나라다. 대문호 어니스트 헤밍웨이의 터전으로 고국미국 이상으로 그가 28년을 보낸 쿠바가 꼽힌다. 세계인을 사로잡은 밴드 부에나비스타소셜클럽은 쿠바 전통음악의 정수를 보여준다.

매혹적인 만큼 갈망하는 것, 가지지 못한 것도 많은 나라가 쿠바다. 영국 밴드 롤링스톤스의 아바나 공연에 수십만 명이 몰려들었고, 명품 브랜드 샤넬의 패션쇼를 보려고 경계선 너머에서 까치발을 드는 이가 부지기수였다. 매혹과 갈망의 경계에 있는 모순이 쿠바의 일상이다.

쿠바에서 드물게 깔끔하게 정비된 헤밍웨이의 집, 그가 머무른 호텔 등

쿠바 아바나에서 열린 쿠바 밴드 부에나비스타소셜클럽의 '아디오스 투어' 최종 공연에서 간판 디바 오마라 포르투온도가 열창하고 있다 / 김지헌

을 돌아보면서 쿠바인들이 '미국인' 헤밍웨이에게 얼마나 큰 애정을 가졌는지 느낄 수 있었다. 부에나비스타소셜클럽은 헤밍웨이에 버금가는 쿠바인들의 자랑거리다. 이 밴드의 자국 고별공연을 취재하면서 들은 '디바' 오마라 포르투온도의 절절한 목소리가 잊히지 않는다.

훌륭한 문화자산을 가진 쿠바지만 반세기 동안 이어진 사회주의 체제에선 가지지 못한 것이 더 많았다. 오바마 방문 직후 열린 롤링스톤스 콘서트를 보려고 전날부터 기다렸다던 50대 중년 남성은 "30년을 기다린 공연이라면 설명이 되겠는가?"라고 했다. 엄혹한 냉전 시기 몰래 숨어서 듣던 자본주의 국가 가수의 음악을 현장에서 공개적으로 듣게 됐을 때의 기분을 감히 짐작하기 어려웠다. 아바나 인구가 100만 명, 쿠바 인구가 1천100만 명 정도인데 이 콘서트에 60만 명이 몰렸다면 어느 정도 짐작될는지….

아바나에서 열린 세계적 명품 샤넬의 패션쇼에 몰려든 시민들 / 김지헌

자본주의적 욕망의 상징이라 할 명품 브랜드의 패션쇼에서도 쿠바인들에게 없는 것이 잘 드러났다. 샤넬의 아바나 패션쇼는 쿠바에서 열렸지만 정작 쿠바인들은 초대받지 못했다. 쿠바 일반시민들은 경찰이 멀리서부터 쳐놓은 경계선 밖에서 저 멀리 보이는 패션쇼의 불빛과 음악에 신경을 집중해야 했다. 어느 중년 여성은 근처를 지나며 "평생 월급 모아봐야 샤넬 천 쪼가리도 못 사는데 무슨 패션쇼냐."는 솔직한 반응을 보이기도 했다.

대문호의 유산과 세계적 밴드가 있지만 또 다른 밴드의 공연과 명품 브랜드를 처음 접한 이들. 쿠바인들은 그렇게 살고 있었다.

쿠바를 떠난 지 약 4개월이 돼 간다. 머무른 시간만큼 떠나 있으니 기억은 희미해지고 때로 윤색 혹은 변색되기도 한다. 비행기로 20시간 넘게 걸리고 상주 한국인이 20명 안팎인 '먼 나라' 쿠바에 있었다는 게 가

꿈은 거짓말 같다.

지금의 빈곤은 미국 등의 경제제재 때문이라는 인식에 따라 외국인용 이중 화폐를 도입하는 등 외국과 외국인으로부터 최대한의 효용을 추출하려는 쿠바 정부, 그에 발맞춰 외국인에겐 일단 다른 가격을 부르고 보는 쿠바 민간인들과 실랑이를 멈출 수 없었던 기억을 떠올리면 정말 먼 나라였다는 생각이 든다.

하지만 이방인을 먼저 챙겨주며 시원한 부카네로 혹은 크리스털글라스에 맥주 한 잔을 건네던 이들의 손길도 함께 떠오른다. 약속 시간을 훌쩍 넘겨 나타나서는 활짝 웃으면서 "버스가 안 와서 2시간 동안 걸어오느라 늦었어!"라고 외치던 이들의 순진무구함도 그렇다.

열대의 소나기가 퍼붓고 난 후 해질녘 말레콘 도로를 따라 동쪽에서 서쪽으로 차를 달리며 바라본, 낡은 건물에 반사돼 바다로 돌아가던 분홍빛 노을…. 이 세상의 것이 아닌 듯하던 형언할 수 없는 그 풍경은 쿠바가 변해가는 와중에도 남아있을 것이다.

동북 3성을 베고 눕다

글 | **성연재** 당시 노동조합 사무국장, 현 콘텐츠사업부 부장대우
글 | **박진형** 당시 뉴미디어국 종합기획팀 사원, 현 미디어전략부 차장

2008년 12월의 어느 날, 너무나 황망한 소식이 당시 필자가 사무국
장으로 있던 노조 사무실로 전해졌다. 후배인 조계창 선양 특파원
이 출장을 가다 눈길에 차가 미끄러지는 바람에 목숨을 잃었다는 것이
다. 채 정신을 차리지도 못한 필자에게 당시 노조위원장이던 옥 철 선배
가 급히 중국 출장을 다녀올 것을 지시했다. 노조 차원에서 수습을 최대
한 돕고, 조 특파원의 죽음에 한 점 의혹이 없는지를 살펴보고 오라는
것이었다. 그야말로 '급파'였다. 인천의 집으로 가서 여권을 가져온 뒤
아무리 빨라도 며칠은 걸리던 중국 비자를 대사관에서 2시간 만에 만들

故 조계창 특파원 사고 현장 / 성연재

중국 당국이 꾸린 조계창 특파원 사고대책위 / 성연재

고 바로 출발했다.

유가족이 필요로 하는 것을 최대한 도와주고 한편으로는 회사에서 겪은 첫 사례이기 때문에 하나하나 꼼꼼히 이를 기록해 남기려고 노력했다. 오열하는 그들을 어루만져 주고, 돌보고, 잔심부름도 해야 하는 입장이었다. 따라서 집요하게 취재할 수도 없고 틈틈이 기록할 수밖에 없는 상황이었다.

공항에서 내려 시신이 안치된 호스피스 병원을 찾았을 때 참, 그 느낌을 뭐라 말로 해야 할지…. '이렇게 황량한 땅에서 계창이가 목숨을 잃다니….' 병원으로 가는 길을 마치 이 세상이 아는 듯했다. 이 세상 모든 활발하고 아름다운 색상이 물 빠진 듯 하나도 없이 사라진 거리의 색상은 생경하기 이를 데 없었다. 모든 게 회색빛이었다. 가끔 보이는 황톳빛 또는 회색빛 일색의 거리…. 그 와중에 도착한 병원의 침울한 건물 색상은 참으로 비현실적으로 느껴졌다.

숨 돌릴 틈도 없이 유가족이 시신을 확인하고 후다닥 빈소가 차려졌다. 이 과정에서 현지 한인회가 상당한 역할을 했다. 아무 일면식도 없는 한인회 소속 한인들 수십 명이 발 벗고 나서서 조문을 하고, 빈소를 차리고, 먹을 것을 내왔다.

알고 보니 중국은 사망하면 바로 화장을 한다고 했다. 조 특파원의 경우도 마찬가지로 추진됐다고 한다. 가족들이 확인도 하기 전에 화장될 뻔한 것을 한인회에서 시신을 옮겨와 호스피스 병원으로 모시고 왔다는 것이다.

오후에는 바로 공안당국에 가서 사고 경위 등에 관해 설명을 듣기로 했는데 이역만리에서 횡사한 후배를 위해서 조금이라도 이상한 점이 있나 확인하는 것이 임무라고 판단했다. 회사 대표로 사고를 수습하러 온 김홍태 국제뉴스3부장과 함께 한 마디 한 마디에 귀를 기울였다.

중국 쪽에서도 상당히 신경을 쓰고 있음이 느껴졌다. 외교적인 일로 비화하지 않기를 바라는 듯했다. "검안으로는 뇌진탕 등 직접적인 사인을 가리기 힘들어 부검을 통해 정확한 사인을 가릴 것을 권하고 싶다." 검안을 담당했던 중국 법의(法醫: 의학 경찰관)의 말이었다. 하지만 가족들은 형사적인 잘못을 묻고 싶은 마음은 없다며 부검에 반대했다.

조 특파원의 시신은 가족회의 끝에 화장하기로 결정을 내렸다. 시신을 그대로 한국으로 운구하기에는 절차가 너무 복잡했고 시일이 얼마나 걸릴지 알 수가 없기 때문이다. 안 그래도 가족을 잃은 슬픔에 잠겨 있는 유가족들이 치러야 할 대가가 너무 크다고 생각했다.

중국 현지의 책임보험은 제삼자에 대한 것만 유효했다. 자기차량과 그 차량에 탑승한 운전자와 승객에 대한 보험은 없는 것이다. 말하자면 보험은 있지만 무보험과 마찬가지란 뜻이다. 참 통탄할 노릇이었다. 남은 것은 차주(車主)와의 보상협의뿐이란 것이 한인들의 말이었다.

차주가 아내를 데리고 빈소에 와서 무릎을 꿇고 용서를 빌었다. 조 특파원의 부친이 차주의 손을 잡고 울었고, 차주도 눈물을 흘렸다. 우리가 나서긴 좀 어색했고 가족이 나서기도 좀 그랬다. 감정이 가라앉지 않은 상태니….

현지 한인회에서 많은 도움을 줬다. 한인회 관계자는 "5년 후쯤이면 그래도 차주 부부는 재기할 수 있고 둘이지 않느냐. 하지만 조계창 특파원 부부는 5년이 지나도, 10년이 지나도 사람을 되찾을 수 없지 않으냐."는 말로 차주를 설득했고 결국 합의가 원만하게 이루어졌다. 그런 다음 화장장을 알아봤다. 정신이 하나도 없었던 첫날은 그렇게 지나갔다.

다음날 아침, 창밖을 바라보니 눈이 펑펑 내린다. 아침 식사 도중 잘못하면 현장에 못 갈 수도 있다는 이야기가 나왔다. 하지만 필자는 현장에 무조건 가야 한다고 목소리를 높였다.

"비용이 얼마나 들지 몰라도, 사륜구동, 랜드로버를 빌리더라도 현장은 가야 한다."

수백 명의 사우를 대표해서 수습하러 왔는데 현장조차 가보지 못한다면 그것은 도리가 아니라는 생각이 들었다. 무엇보다 늘 밝고 희망찬 목소리를 들려줬던 후배에 대한 도리가 아니라고 생각했다.

날이 밝고 해가 떴다. 빙판길이긴 했지만 다행히 차는 다닐 수 있었다. 김홍태 부장과 함께 중국 공안 순찰차에 탔다. 유가족은 승합차에 타고 빙판길을 한참을 달려 사고현장에 도착했다. 현장으로 향하기 직전 필자는 빈소에 있던 조화에서 국화 몇 송이를 뽑았다. 하염없이 울고만 있게 할 수는 없는 일이라고 생각했기 때문이었다. 국화 몇 송이라도 바치도록 해야 할 것 같았다.

현장은 그야말로 심플하기 짝이 없는 쭉 뻗은 국

사고현장에 바쳐진 국화 / 성연재

403

도변일 뿐이었다. 완만한 언덕 아래에는 가로수들이 줄지어 심어져 있었다. 빙판길에 미끄러진 차가 언덕길 아래로 내려가면서 그 중 한 나무와 부딪치고 만 것이었다.

가족들은 또다시 오열했다. 현장에는 차량에서 떨어져 나온 범퍼가 나뒹굴었다. 하필이면 나무를 들이받는 바람에…. 하필이면 조수석에 앉는 바람에….

빈소로 돌아온 다음은 바로 화장이었다. 화장장으로 가는 길은 더욱 황량했다. 야트막한 언덕 위에 있는 화장장으로 가는 길은 외길이었는데 올라가는 길에 커다란 중국식 패방(牌坊)이라 불리는 대문이 서 있었다. 그 모습이 얼마나 황량하던지, 마치 다른 세상으로 들어가는 관문 같은 느낌이었다. 차는 그 문을 통과해 몹시도 바람이 부는 화장장으로 올라갔다.

"여보… 나를 두고 지금 이렇게 가면 어떡해….", "불쌍해서 어떡해…." 황량하기 짝이 없는 화장장에서 한 줌 재로 변한 남편의 유해를 만지며 조 특파원의 부인이 눈물을 흘리며 말했다.

모든 장례 절차가 끝난 후 노조 사무실에서 사진을 꼼꼼히 살펴보던 중에 한 장의 사진이 눈에 들어왔다. 조 특파원의 부인이 화장을 끝내고 나온 남편의 유해에 손을 내뻗고 있는 사진이었다. 육신을 태워 없앰으로써 남편의 형체는 이제 더는 존재하지 않게 된 것 아닌가. 말 그대로 한 줌의 재로 변한 남편….

조 특파원의 동생이 유해를 손에 들고 눈을 감은 채 이역만리 연길 땅의 화장장을 나선다. 야무지고 발랄했던 조 특파원의 부인이 성큼성큼 나아가는 시동생의 뒤를 종종걸음으로 따라간다. 닭똥 같은 눈물을 뚝

뚝 흘리며 남편의 유해에 손을 내뻗고 있다. 눈물은 그녀의 안경 창에 떨어질 만큼 굵고, 눈길은 세상에서 가장 측은한 표정이다. 표정에 애잔함이 뚝뚝 묻어있다. 이런 남편을 보낸 그녀의 심정은 어떠했을까. 둘째 아이를 낳은 지 두 달밖에 되지 않았다는 걸 아는 필자의 눈앞도 흐려졌다.

조계창 기자는

고 ㈜ 조계창 특파원은 1972년 태어나 한양대학교에서 생물학을 전공했고 대학 영자신문사에서 언론인의 꿈과 남북문제에 대한 관심을 키웠다.

1998년 연합뉴스에 입사했고 전북취재팀과 사회부 법조 담당을 거치면서 '이용호 게이트'와 '수지김 사건' 등 여러 사건의 특종 기사를 써서 사내외에서 인정받았다. 이후 북한을 담당하는 민족뉴스부 근무 당시 북한 신법전을 처음 입수해 분석한 기사 등으로 여러 건의 사내외 취재상을 받으며 남북문제 취재에 정진한다.

그는 북한을 가장 가까이에서 들여다보기 위해 2006년 6월 한국 언론 최초의 동북 3성 주재 특파원으로 부임했다. 그가 숨 가쁜 삶을 마감한 북·중 국경지대는 한국언론 특파원 주재 지역 중 가장 위험한 곳 중 하나다. 이는 물론 세계에서 가장 폐쇄적인 전체주의 국가 북한의 존재, 그리고 북·중 관계에 극히 민감한 중국 당국 때문이다. 중국 당국은 통

상 자국 내 외국언론 특파원을 감시하곤 하지만, 특히 북·중 국경지대
는 최고 수준의 감시 강도로 악명이 높다.

현지의 외국언론 기자들은 유선전화·휴대전화는 상시로 감청되고 사
무실 등지에도 도청장치가 설치돼 있다는 설을 사실로 받아들이는 분위
기다. 현지를 다녀온 한 국내언론 기자는 "국경지대로 출장을 가면 차
나 기차에 막 탈 때 당국에서 전화가 와서 소재를 확인한다. 식당에서
한국인 취재원을 만날 때 누군가 우리를 촬영하기도 했다. 미행이 의심
돼 가게에 들어가도 늘 입구가 잘 보이는 자리에 앉는 것이 버릇이 됐
다."고 말했다.

감청에서 취재원을 보호하기 위해 선불 휴대전화 유심칩을 사서 취재원

들에게 나눠주는 것도 이 지역 외국언론 기자들의 일상 중 하나다. 현지 취재원들은 정보를 외국언론 기자에게 알려줬다는 이유로 간첩죄로 무겁게 처벌될 수 있는 위험에 항상 노출돼 있기 때문이다.

특히 북한 관련 정보는 사소한 것도 당국이 예민하게 반응하므로 북한 관련 취재에는 첩보전 수준의 보안이 필요하다. 또 북·중 국경지대는 대부분 군사보호구역으로 출입·촬영이 금지돼 있어 사진을 찍으려면 당국의 눈을 잘 피해야 한다. 여기서 택시를 타고 가다가 사진을 찍으면 기사가 신고하기 때문에 믿을 수 있는 중국인의 자가용 영업차량을 쓰는 등 갖은 노력을 기울인다. 촬영하다가 당국에 붙잡히면 찍은 것을 다 삭제당하고 한참 뒤 풀려나는 경우가 다반사다. 조 특파원도 2007년 9월 한국인 운영 기업이 재판에 휘말려 강제 퇴거하는 현장을 찍다가 붙잡혀 중국 외교부까지 나선 끝에 4시간 만에 풀려나기도 했다.

믿을 만한 취재원을 만나는 것은 더 큰 문제다. 국경지대는 북한 무역회사와 기관 등에서 파견한 주재원들, 탈북자들과 이들을 돕는 사람들, 또 이 모두에 감시의 눈을 번뜩이는 중국 당국과 북한 공작원들이 얽혀 돌아가는 곳이다. 북·중 교역의 중심지인 단둥(丹東)시의 경우 한국·미국 등 각국 정보기관들의 대북 첩보전과 이에 맞서는 북한과 중국의 방첩활동이 치열히 부딪치는 곳이어서 '첩보 도시'로 불릴 정도다.

이런 곳에서 조 특파원은 귀중한 북한 정보를 얻기 위해 그냥 북한 무역 일꾼인지, 공작원인지 상대방의 진짜 정체를 알 수 없는 위험을 감수하며 북한 사람들을 여럿 만난 것으로 알려졌다. 하지만 탈북을 돕는 선교사들이 북으로 유인·납치되거나 의문의 죽음을 당하는 사례가 속속 나올 정도로 북한 공작원들의 활동은 살벌하다. 따라서 조 특파원도 이런 취재 과정에서 때로는 신변의 위협마저 느꼈을 것이라고 현지를 취재한 한 기자는 분위기를 전했다.

조 특파원은 2008년 세상을 뜨기 약 한 달 전에 연합뉴스 사보 기고문을 통해 국경지대에서 '북한 엿보기'의 지난함을 이렇게 토로했다.

"대북첩보계는 그야말로 기만과 협잡, 음모와 공작이 판을 치는 곳이었다. 대북정보를 미끼로 나에게 접근했던 한 소식통이 알고 보니 나의 일거수일투족을 정보기관에 알려주는 역할도 하고 있다는 사실을 우연한 기회에 확인한 적도 있었다. 역정보에 말려든 것도 한두 번이 아니다. 내가 알지 못하는 가운데 어딘가에서 나를 주시하고 있을 수백 개의 눈동자를 생각하면 오싹함을 느끼곤 한다."

이런 고난 속에도 진실을 찾으려 분투하던 고인은 2008년 12월 2일 북한과 맞닿은 옌볜(延邊)조선족자치주 투먼(圖們)으로 취재차 가던 중 타고 있던 택시가 빙판에 미끄러져 나무와 충돌하면서 유명을 달리했다.

그렇게 조 특파원이 떠나간 뒤 주변 사람들은 현지에 남긴 그의 발자취가 얼마나 컸는지 새삼 알게 됐다. 그가 주재한 선양(瀋陽)의 중국동포 등이 모이는 인터넷 카페는 고인을 추모하는 글 수십 편으로 순식간에 뒤덮였다. 게다가 보수 성향인 데일리NK · 북한 인권시민연합, 진보 쪽의 6.15 남측위원회 · 평화네트워크 같은 단체들이 나란히 고인을 추모했다. 이념 갈등이 가장 극심한 남북문제에서 서로 정반대에 선 이런 단체들이 한목소리를 낸 것은 거의 기적적인 일이었다.

고인이 이렇게 좌우 양쪽, 현지 동포 사회 등 누구에게나 인정받은 것

제40회 한국기자상 공로상에 고(故) 조계창 연합뉴스 선양 특파원이 선정돼 부인 김민정 씨가 대리수상을 하고 있다 / 서명곤 2009. 2. 18

은 어디에도 치우치지 않고 오직 발로 뛰어 정확히 취재하고 객관적으로 보도했기 때문이라고 이들은 입을 모았다.

"조 기자는 대한민국 언론사 중에서 최초로 동북 3성 특파원을 자청했던 기자였습니다. 정말 성실하고 유능한 기자였습니다. 북한이라는 거대한 철옹성 안에 감춰진 진실을 찾기 위해 분투했던 그의 기자정신은 수많은 동료, 후배 기자들에게 큰 도전정신을 일깨워 주는 밑거름이 될 것이라 믿습니다."(데일리NK 박인호 기자)

"조계창 기자가 비록 중국 땅에서 유명을 달리했지만, 그가 2년 반 동안 중국 동북 3성에 남긴 발자취는 실로 다른 사람의 10여 년, 아니 20여 년보다 더 값진 것임을 피부로 느끼고 있다. 발로 뛰어 정확하게 취재해 객관적으로 보도했기 때문에 동포사회의 신망이 두터웠다.”
(흑룡강신문 윤운걸 지린성 특파원)

“절대 귀동냥을 해서 기사를 쓰는 일이 없었다. 발품을 팔아, 직접 현장을 찾아 확인하고 당사자를 만나 정확한 내용을 들어야 직성이 풀리는, 발로 뛰는 기자였다.”(권유현 선양 한인회장)

나는 특파원이다

가지 않으면 전할 수 없는 곳을 탐(探)하다

초판 1쇄	2017년 6월 15일
초판 2쇄	2017년 7월 17일

발 행 인	박노황
편 집 인	심수화
주　　간	김경석

발 행 처	㈜연합뉴스
주　　소	03143 서울시 종로구 율곡로2길25
	www.yonhapnews.co.kr

디자인·인쇄	㈜나눔커뮤니케이션 02) 333-7136
편집진행	홍수연

정　　가	15,000원
구입문의	02) 398-3591, 3593-4

ISBN 978-89-7433-125-2

※ 이 책은 뉴스통신진흥자금으로 저술·출간되었습니다.